A rainha que virou pizza

Crônicas em torno da história da comida no mundo

J.A. Dias Lopes

Companhia Editora Nacional

A rainha que virou pizza

Diretor editorial	Antonio Nicolau Youssef
Gerente editorial	Sergio Alves
Editor	Célia de Assis
Assistente editorial	Vanderlei Orso
Ilustrações e capa	Beth Kok
Preparação e revisão de texto	Carmem Teresa Simões Costa Ligia Ricetto Margarida Maria Knobbe
Projeto gráfico e editoração eletrônica	Beth Kok Esperanza Sobral (Estúdio Girassol)

Dados Internacionais de Catalogação na Publicação (CIP)
(Câmara Brasileira do Livro, SP, Brasil)

Lopes, J.A. Dias
A rainha que virou pizza : crônicas em torno da história da comida no mundo / J.A. Dias Lopes. -- São Paulo : Companhia Editora Nacional, 2007.

ISBN 978-85-04-00754-1

1. Alimentos - História 2. Culinária 3. Gastronomia - História 4. Hábitos alimentares - História 5. Receitas 6. Usos e costumes - História I. Título.

07-3657 CDD-641.09

Índices para catálogo sistemático:
1. Alimentação e alimentos : História : Economia doméstica 641.09
2. Alimentos e alimentação : História : Economia doméstica 641.09

1ª edição – São Paulo – 2007

Companhia Editora Nacional

Av. Alexandre Mackenzie, 691 – Jaguaré – São Paulo – SP – 05322-000 – Brasil
Tel.: (11) 6099-7799

www.ibep-nacional.com.br
editoras@ibep-nacional.com.br

À memória de Palmyra Vargas (1881-1954),
minha querida avó materna, em cuja casa passei os melhores
dias da infância, na cidade de Dom Pedrito, Rio Grande do Sul.
Dedico-lhe este livro movido pelas razões do coração e em
louvor à caneta Parker 51 que me presenteou antes de morrer.

Antepasto
De erudição, inveja, admiração e prazer

De todas as erudições do conhecimento humano, fascina-me mais – por ser pecador confesso das transgressões da gula – a que diz respeito à gastronomia. Então, advém-me um segundo pecado: o da inveja. Sim, caro leitor, não o escondo. Fico me perguntando como é possível que os referidos eruditos tenham a disciplina e o tempo para se dedicar ao estudo de tema que, como já espero ter deixado claro, reputo como balizador da nossa civilização ocidental e glutona.

Se não escondo a inveja, deixo clara a admiração. O autor deste livro, J.A. Dias Lopes, é um erudito em gastronomia, razão pela qual recebe de mim os eflúvios relativos ao fascínio, à inveja e à admiração. Mas prevalece o da amizade, que anula qualquer sentimento negativo e me permite lê-lo toda semana, com prazer e curiosidade, interesse e respeito, no jornal *O Estado de S. Paulo*, e mensalmente na revista *Gula*.

Convidado por Dias Lopes a escrever este prefácio, dei-me conta, porém, de que sabia pouco sobre a disciplina e o tempo que o levam a fazer um trabalho tão cheio de histórias e minúcias, o que o configura – além de tudo – um historiador da cultura alimentar (aqui entendida obviamente como prazer e não como nutrição, o que abrange, é claro, a paixão pelo vinho e o interesse constante pelas outras bebidas).

Decidi, então, gentil leitor ou leitora, para nosso benefício comum, seu e meu, fazer uma rápida entrevista com o renomado autor, com o objetivo de extrair dele informações pessoais sobre seu processo de trabalho, coisa que – como se verá adiante – explica e justifica o sucesso sobre o seu (dele, claro) trabalho. Vejam só:

Quanto tempo dedica à leitura de livros sobre a história da gastronomia na sua rotina diária?
Dias Lopes *– Pelo menos dois dias da semana, geralmente sábado e domingo. É assim que me inspiro para escrever os textos de* O Estado de S. Paulo *e, obviamente, da* Gula. *Nos fins de semana, saio pouco de casa. Fico com os meus livros, no apartamento da avenida Angélica, em São Paulo, ou então na minha casa de Itanhaém.*
As idéias para os textos vêm da leitura ou de outro tipo de inspiração?
D.L. *– Surgem da leitura e, também, de sugestões feitas pelos leitores do jornal e da revista. Escrevo no* Estadão *desde dezembro de 2000. Antes de começar, fiz um "mapa" da história da gastronomia universal, da Mesopotâmia até os nossos dias. Minhas crônicas, portanto, não surgem aleatoriamente. Procuram contar a saga do homem através da comida e vice-versa. Por isso, os capítulos de* A canja do imperador *e, agora, de* A rainha que virou pizza, *são editados em ordem cronológica.*
Qual a sua rotina para escrever: horários preferidos, dias fixos, em cima da hora?
D.L. *– Escrevo sempre em cima da hora, na madrugada de segunda para terça-feira. Aliás, durmo tarde, raramente antes das 2 ou 3 horas da manhã.*
Quando e como apareceu a idéia para o primeiro texto no jornal?
D.L. *– Como nos encontrávamos às vésperas do Natal de 2000, decidi escrever sobre o peru, que no Brasil constitui um dos pratos obrigatórios da grande festa cristã. Aliás, torna-se irresistível quando recheado generosamente, assado no forno e servido sobre um leito de farofa. A cena me devolve à infância, em Dom Pedrito, no Rio Grande do Sul. Na ceia do Natal, eu e meus irmãos (sou o mais velho de cinco homens), disputávamos as pernas da ave. Obviamente, a generosidade dos meus pais e das duas tias que moravam conosco recompensava os perdedores com pedaços mais carnudos. Acompanhávamos com atenção todo o processamento do peru, desde a captura no quintal. Emília, a cozinheira lá de casa, preparava-se para o ritual do abate. Pedia à minha mãe uma garrafa cheia de*

cachaça. Dizia que era para dar à ave e "amolecer a sua carne". Nunca vi um peru embriagado. Quem ficava de olhos arregalados (e muito engraçada) era a Emília. Hoje, vive no céu. Deus pode ter descoberto que há no paraíso uma grande cozinheira.

Você cozinha com regularidade? O que gosta de fazer?

D.L. – *Não sei cozinhar. Nunca desenvolvi essa habilidade. Mas conheço razoavelmente a arte culinária. Considero-me um bom "gerente de fogão". Entretanto, sou padeiro amador. Costumo fazer o pão que como em casa. Ultimamente, uso uma máquina elétrica para bater e assar a massa. É mais prático e combina com a vida ocupada que levo. As receitas, porém, têm sempre meu toque pessoal.*

Comidas e cozinhas favoritas?

D.L. – *Gosto de tudo. Já comi inclusive macaco moqueado, oferecido por índios da Amazônia. Achei ruim, mas isso não vem ao caso. Minhas cozinhas favoritas: no Brasil, as do Espírito Santo, Pará e Rio Grande do Sul, até porque não quero ser chamado de filho ingrato; no exterior, aprecio as cozinhas regionais da Toscana, Lombardia, Emilia-Romagna, Sicília, Provença, Catalunha, País Basco, Andaluzia, Galícia, Minho, Beira Alta/Baixa e Alentejo. Também me encantam as culinárias do Japão e do Peru; e a alta cozinha francesa, codificada por Auguste Escoffier, que na minha opinião permanece incomparável.*

Quantas vezes por semana come em restaurantes?

D.L. – *De quatro a cinco dias.*

Quantos vinhos experimenta por semana? E os prediletos, de toda hora? E os excepcionais?

D.L. – *Bebo vinho todo dia, desde criança. Viajo para conhecer regiões vinícolas no mundo inteiro. Em casa, tenho adega climatizada. Mas não sou colecionador. Aprecio os tintos italianos da Toscana e Piemonte (Chianti Clássico e Barolo, especialmente); os espanhóis da Ribera del Duero (Vega Sicília e Pesquera, sobretudo); os portugueses da Bairrada (Luís Pato, sobretudo), Alentejo (Esporão, João Portugal Ramos e Tapada dos Chaves, notadamente) e Terras do Sado (Palácio da Bacalhoa); os insuperáveis franceses de Bordeaux e Borgonha (surpreenderam-me recentemente os tintos de Dugat-Py); os chilenos de* assemblage *lançados recentemente. Nos últimos tempos, porém, fascinam-me em particular os soberbos tintos do Douro (reservas do Crasto, Chryseia, Vale do Meão, Dona Maria,*

Vallado, Ramos-Pinto e Calços do Tanha, por exemplo). Isso sem falar que, naquela região, elabora-se o inimitável Porto Vintage (Taylor's, Fonseca, Graham's, Noval Nacional e Quinta do Vesúvio). Acredito que o Douro tem potencial para ser, na próxima década, uma nova Bordeaux.

Viram como valeu a pena, caros leitores? Pouco mais precisamos saber sobre o autor que desfrutaremos a seguir. Talvez melhore ainda mais conhecê-lo também como jornalista há 39 anos, dos quais 23 na redação da *Veja*, onde começou com a própria revista. Entrou para a *Gula* como diretor de redação em 1991, tornou-se sócio da revista, vendeu a sua participação e dali saiu em 2000. Está de volta há quatro anos e meio, de novo como diretor.

Formado em Jornalismo e Direito, lamenta não ter estudado História, pois hoje se dedica a contar a saga do homem por meio da comida e vice-versa. Só falhou duas vezes em sua crônica semanal, agora no caderno *Paladar*, do *Estadão*, a pedido da redação, que precisava ampliar o espaço de uma reportagem sobre o *ranking* dos melhores pratos de São Paulo. Inúmeros leitores estranharam a ausência e ele precisou explicá-la a cada um deles. Não tira férias "por medo de enferrujar".

Detesta dietas, mas uma vez por ano vai para o Spa Sete Voltas, em Itatiba, onde emagrece "uns quilos", fica "uns dois meses cuidando da silhueta", depois volta à "vida normal". É quando às vezes o encontro, comendo com gosto, sempre na noite dos restaurantes paulistanos, onde nos dedicamos ao prazer constante de voltar às mesmas iguarias, ou à aventura ansiosa de buscar a próxima, compondo nosso mosaico gastronômico de alegrias duradouras.

Thomaz Souto Corrêa

Sumário

Sopa para todos

Historiadores e antropólogos não chegam a um acordo sobre qual seria o mais antigo prato do mundo. Alguns indicam a sopa; outros, o assado. Mas o pesquisador e gastrônomo italiano Rosario Buonassisi, autor do livro *Ricette mondiali di zuppe & minestre* (Milão: Arnoldo Mondadori Editore, 1999), não tem dúvida. Invocando teses, explorando pesquisas e levantando hipóteses, sustenta a primazia da sopa. Afirma que ela surgiu há milhares de anos, quando o ser humano começou a fabricar utensílios de pedra e a desfibrar, descascar e triturar os ingredientes naturais, para misturá-los com água e torná-los mais apetecíveis. Buonassisi denomina aquela preparação incipiente de "proto-sopa", pois era feita crua e consumida fria, porque nossos ancestrais não sabiam usar o fogo. No receituário moderno, sobrevivem receitas assemelhadas. Permanecem sopas cruas e frias o *gazpacho* da Andaluzia, na Espanha (tomate, pepino, pimentão, alho, vinagre, azeite, pedaços de pão e água gelada) e a *panzanella* da Toscana, na Itália (tomate, pão duro, cebola, aipo, manjericão, vinagre, azeite e sal).

Entre 3 milhões e 1,5 milhão de anos atrás, porém, aconteceu um fenômeno de impacto monumental: o homem dominou o fogo e passou a cozinhar os alimentos. Entretanto, a "proto-sopa" continuou a existir, pois faltavam recipientes impermeáveis à água e resistentes ao fogo. Assim, por muito tempo nossos ancestrais se limitaram a assar os alimentos nas brasas, sobre pedras incandescentes ou cobertos por cinzas quentes. Outro método difundido, conforme Buonassisi, consistia em abrir um buraco no chão, em solo impermeável, e ali despejar os ingredientes juntamente com água. Depois, se acrescentava pedras fumegantes, fechando-se a boca com peles ou cestos revestidos com betume. Velhas lendas se referem a esse tipo de cozimento. Um conto gaélico, escrito em 1769 pelo irlandês Piaras Mac Gearailt a respeito da pré-histórica paixão do harpista Dubh Ruis e da princesa Mis, relata a preparação de um cervo inteiro com a técnica do buraco.

Vestígios arqueológicos encontrados na região do Colorado, Estados Unidos, indicam que o povo pré-colombiano Anasasi utilizou cestos impermeabilizados com betume para elaborar sopas antes do aparecimento dos recipientes de cerâmica, algo ocorrido na Anatólia, Turquia, em torno do ano 9000 a.C. Depois é que vieram os de cobre, bronze e ferro. Na Escócia, havia um método de cozimento parecido. Retirava-se o estômago de um grande animal e dentro se preparava um ensopado. Até hoje existe naquele país uma receita derivada. Chama-se *haggis* e emprega o estômago do carneiro. Influenciados pelo gosto terroso da argila dos buracos no chão, o cheiro enjoativo do betume e o fedor das peles e vísceras, os aromas e sabores da comida dos nossos ancestrais seriam repulsivos ao olfato e paladar modernos. "Portanto, é lógico acreditar que, a fim de tornar mais (...) apetecíveis aqueles ensopadões, se começasse a aromatizar e temperar com as ervas aromáticas e as especiarias oferecidas em abundância pela Mãe Natureza", conclui Buonassisi.

Com o estabelecimento de uma dieta baseada em alimentos cozidos ou assados – e a necessidade de transmitir às demais pessoas os elementares fundamentos culinários – nasceram as primeiras receitas. Outro fato relevante foi a capacidade de adaptação do cardápio às crianças e mulheres grávidas, aos velhos e doentes. Essa flexibilidade, segundo Buonassisi, ajudou a elevar a média de vida da população. Finalmente, o fogo amaciava os alimentos, facilitando a mastigação e a digestão. O melhor exemplo eram justamente os ingredientes da sopa. E aí, conforme o autor de *Ricette mondiali di zuppe & minestre*, encaixa-se como uma luva a teoria do etnólogo francês André Leroi-Gourhan (1911-1986). Despendendo menos esforço para comer, nossos ancestrais tiveram os músculos dos maxilares e a espessura do osso frontal do crânio reduzidos. Conclusão: aumentaram o volume interno da caixa craniana e do cérebro. Então, o *Homo sapiens* acelerou sua evolução natural e se converteu no homem de hoje. Faz sentido, portanto, a ambigüidade de uma frase atribuída à gulosa marquesa de Pompadour (1721-64), favorita de Luís XV: "Pedir uma sopa, às vezes, é sinal de inteligência".

Sopa de trigo integral

Ingredientes

1/2 kg de charque que perdeu o sal

1/2 kg de trigo integral em grão, deixado de molho durante a noite

1/2 kg de lingüiça de lombo

100 g de bacon *picado*

50 ml de azeite de oliva

2 dentes de alho picados

1 cebola picada

100 g de azeitonas fatiadas

1 folha de louro

caldo de carne (ou de legumes) o quanto baste

queijo ralado (para polvilhar)

azeite de oliva (para regar)

sal e pimenta-do-reino moída a gosto

Preparo

Corte o charque em pedaços pequenos e afervente-o.

Escorra o trigo e cozinhe-o em nova água, com o louro.

Afervente a lingüiça e corte-a em rodelas.

Numa panela grande, de fundo grosso, refogue o *bacon* com o azeite, o alho e a cebola. Junte o trigo escorrido, o charque e a lingüiça. Deixe tomar cor e incorpore o caldo. Adicione as azeitonas, tempere com pimenta e ajuste o sal.

Continue o cozimento, para intensificar os sabores.

Sirva a sopa em pratos fundos, polvilhada com queijo e regada com um fio de azeite.

Rendimento: 8 a 10 porções.

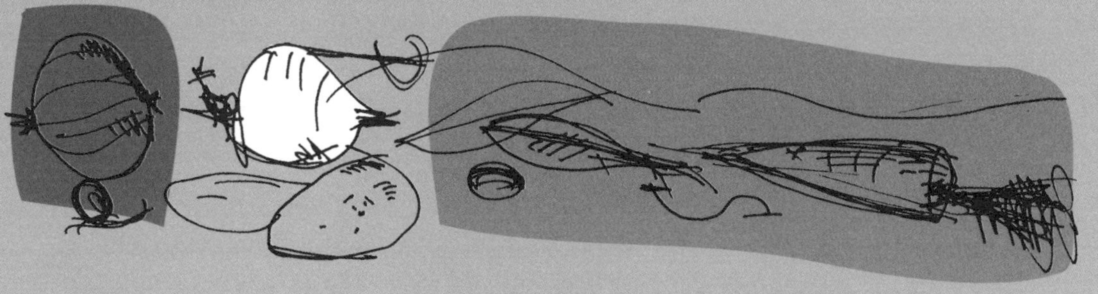

A invenção da faca

O talher estreou no ritual da mesa com uma peça solitária: a faca. Assim sugerem as escavações arqueológicas e as diferentes iconografias, sobretudo as pinturas antigas. Não nos referimos ao instrumento cortante usado como arma, nem ao das disputas esportivas ou mesmo ao das cerimônias de magia. Às refeições, a faca precedeu a colher, descendente da concha, invólucro natural dos moluscos, e o garfo, derivado do espeto, último a ser agregado ao trio. Possui função genial apesar de destruidora. Usamos a faca para cravar, desossar, cortar e picar. Há milênios exploramos sua versatilidade. No manuseio das carnes, tornou-se preciosa. Quando não existia, tínhamos que nos virar. Recorríamos a pedaços de pedra ou osso, dotados de ponta fina ou face afiada. O instrumento cortante com o qual comemos atualmente apareceu na Idade do Bronze – a fase de desenvolvimento da cultura material humana posterior à Idade da Pedra, cujo início variou conforme a região, mas que na Ásia Menor teria começado seis mil e quinhentos anos antes do nascimento de Cristo. Inúmeros povos assimilaram rapidamente a faca. O historiador e filósofo estóico grego Posidônio, que viveu entre os anos 135 e 50 a.C., contou os detalhes de um monumental festim realizado na Gália – antiga designação de uma parte da Europa Ocidental, onde agora se localizam França, Bélgica, oeste da Alemanha e norte da Itália.

Dezenas de animais foram abatidos e colocados inteiros sobre grelhas enormes, que alternavam labaredas e fumaças. O cheiro forte das carnes impregnava o ambiente. Ao serem consideradas prontas, apesar de parecerem queimadas por fora e cruas por dentro, atraíram os comilões, que avançaram com a fúria dos animais selvagens e disputaram no braço os melhores pedaços. No livro *In punta di forchetta* (Milão: Idealibri, 1988), Ingeborg Babitsch e Mariarosa Schiaffino assinalam que, até ali, o talher praticamente se resumia à faca. Cada homem tinha a sua. Transportava-a na cintura, às vezes numa bainha paralela à da espada. Os modos eram grosseiros. Com uma das mãos, o comensal levava um pernil à boca; com a outra, empunhava a faca e cortava a carne junto aos dentes.

Falamos de um utensílio precioso que comporta variações de tamanho e formato conforme a função. Na cozinha moderna, encontramos facas para descascar, tornear, cortar e decorar legumes e frutas; para filé de peixe, *sashimi* e abrir ostra; para limpar a carne, desossar, cortar ossos, retirar nervos ou gorduras, preparar fiambres e a de uso pessoal do *chef*. À mesa, existem facas para manteiga, primeiro e segundo pratos, peixe e sobremesa. Sem contar a destinada ao pão – e aí por diante. O fio das lâminas também variam. Os mais finos propiciam cortes suaves; os de serrinha se prestam aos ingredientes de exterior ou casca resistente. Quanto à ponta, continua fina em certos modelos de cozinha. Na de mesa se encontra arredondada há muito tempo, exceto na utilizada em grelhados. No livro *Les plaisirs de la table* (Antuérpia: Fonds Mercator, 2002), Leo Moulin sustenta que a mudança aconteceu no advento do garfo. A faca deixou de ser usada ocasionalmente para espetar bocados de comida e introduzi-los na boca. Antoine Furetière (1619-1688), autor do célebre *Dicionário universal* e uma das línguas mais venenosas da França, afirmou que o cardeal Richelieu, primeiro-ministro de Luís XIII, era adepto do antigo formato por uma razão particular. Teria mandado afinar a ponta de suas facas depois de ver seu chanceler limpar os dentes com aquele instrumento, por julgar o gesto "muito elegante". No livro *A etiqueta no antigo regime* (São Paulo: Editora Moderna, 1999), Renato Janine Ribeiro, professor da Universidade de São Paulo, São Paulo, SP, e diretor de Avaliação da Capes, em Brasília, DF, diz que aconteceu o contrário. Citando o sociólogo alemão Norbert Elias, conta que Richelieu, a fim de coibir a violência à mesa, mandou adotar facas de ponta redonda. Oferecidas pelo anfitrião - e não mais trazidas pelos comensais – serviam apenas para comer e não mais se prestavam para brigas sanguinárias.

A faca chegou ao ápice do refinamento na Idade Média e Renascença. Quanto mais trabalhada maior o *status* conferido ao dono. A cutelaria – arte de fabricar instrumentos de corte - alcançou notável desenvolvimento na Itália, Alemanha, França e Espanha. Apesar de já existir a colher, a faca continuava a reinar no serviço da mesa. No século 15, o flamengo Dirck Bouts pintou a visita de Jesus a Simão, um dos poucos fariseus que buscou sinceramente conhecê-lo melhor. O episódio é narrado no Evangelho de São Lucas (7:36-50). Entretanto, em vez de reproduzir o ambiente do tempo de Jesus, o artista preferiu o de sua época. Ilustrativamente, a única peça do talher colocada sobre a mesa é a faca. A lâmina recebia tratamento esmerado, mas os cabos roubavam a cena. Eram de ébano, marfim, porcelana da China ou cerâmica vidrada de Delft, cidade da Holanda famosa pelas suas faianças, e ostentavam pedras preciosas. Personalizados com esculturas ou baixos-relevos, exibiam as armas dos proprietários, cenas históricas ou episódios bíblicos. No século 14, os reis da França tinham facas adequadas ao calendário religioso. As que possuíam cabos escuros, em ébano, eram usadas na Quaresma, período de quarenta dias entre a quarta-feira de cinzas e o domingo de Páscoa; se combinassem essa madeira com o marfim, serviam para o Pentecostes, festa católica celebrada cinqüenta dias depois da Páscoa, em comemoração à descida do Espírito Santo sobre os apóstolos.

Agora, dispor do talher completo e saber usá-lo corretamente reflete civilização à mesa. Mas, como sublinham os autores de *In punta di forchetta*, esse conceito vale para o Ocidente. Em determinados recantos do mundo, povos igualmente civilizados dispensam o conforto. Chineses, japoneses, coreanos e vietnamitas preferem o *hashi*, formado por dois pauzinhos de madeira. Árabes, indianos e africanos ainda enfiam os dedos em pratos e bandejas. Na Grécia, uma das mais avançadas civilizações da Antigüidade, fazia-se o mesmo. Entre uma iguaria e outra, as pessoas lavavam as mãos em água perfumada. Na Roma Imperial, a faca continuava dominante. Mas, nas refeições das casas abonadas e banquetes solenes, começaram a surgir novos talheres. Dois deles se assemelhavam à colher moderna. Um terceiro, com a concavidade profunda e o cabo longo, destinava-se ao serviço de mesa. Mas esse é um tema para outro texto.

Pernil medieval

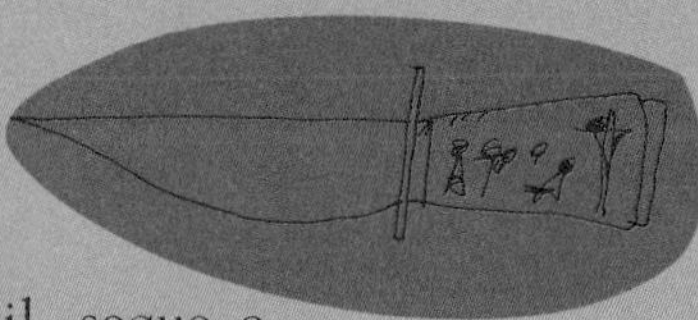

Ingredientes

- *1 pernil de porco com cerca de 4 a 5 kg*
- *3 garrafas (grandes) de cerveja preta*
- *3 colheres (sopa) de mel*
- *125 ml de aguardente de vinho*
- *8 dentes de alho amassados*
- *salsinha, alecrim, tomilho, alho-poró e salsão, amarrados com barbante*
- *alecrim (para polvilhar)*
- *sal grosso*
- *pimenta-do-reino moída grosseiramente*

Acompanhamento

Cebolas inteiras, com casca, assadas no forno

Preparo

Lave o pernil, seque e esfregue-o com sal, pimenta e alho. Coloque-o num recipiente com a cerveja, o mel, a aguardente de vinho, o amarrado de ervas e deixe-o marinar nesses temperos, na geladeira, por aproximadamente 24 horas, virando-o de vez em quando.

Passe o pernil para uma assadeira, com todo o líquido da marinada. Cubra-o, de preferência com papel-alumínio e leve-o a assar em forno médio, preaquecido a 180°C, por cerca de 3 horas.

Retire o papel-alumínio, aumente o forno para 200°C e deixe o pernil por mais uns 40 minutos, virando-o, até finalizar o cozimento e dourar. Introduza as cebolas nesse momento.

Se for necessário, pingue um pouco de água durante o cozimento.

Sirva polvilhado com raminhos de alecrim.

Rendimento: 8 a 10 porções.

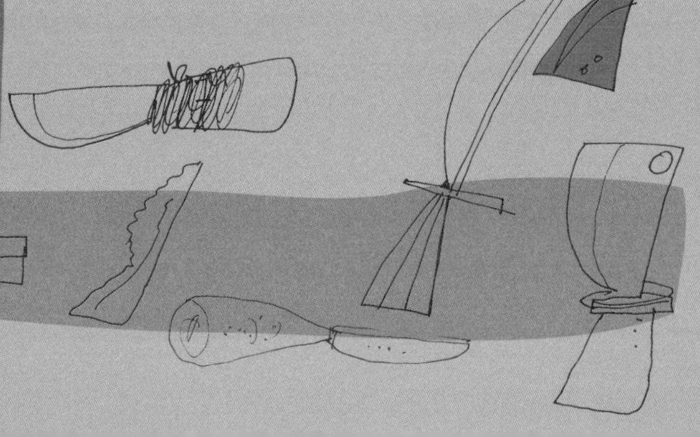

Os macarroneiros chineses

Uma preciosa descoberta arqueológica, revelada em outubro de 2005 pela revista inglesa *Nature*, decifrou um dos enigmas mais controvertidos da história da gastronomia. Quem inventou o *spaghetti*, a massa mais clássica? Chineses, árabes e italianos reivindicavam há muito tempo a sua paternidade. A *Nature* publicou a resposta: foram os chineses. Pesquisadores do Instituto de Geologia e Geofísica da Academia de Ciências de Pequim avalizaram essa primazia com um trabalho que tem a força de um exame de DNA. Eles encontraram nas ruínas de Lajia, junto ao rio Amarelo, um recipiente soterrado por várias camadas de argila que continha um fio cilíndrico de massa com aproximadamente 50 centímetros de comprimento, feito cerca de 4 mil anos atrás. Preparado com farinha de milhete (planta herbácea de origem asiática, de uso muito antigo), apresentava calibre grosso e se encontrava em bom estado de conservação. Até então, segundo o professor Houyuan Lu, chefe da equipe de pesquisadores, "o mais antigo registro sobre a massa era um texto chinês do tempo da Dinastia Han Oriental, portanto, escrito entre os anos 25 e 220 d.C.". Os chineses acreditam que a sua civilização teve início justamente em torno de Lajia. No final do neolítico, período no qual o homem já apresentava grande desenvolvimento cultural, a povoação foi destruída por um terremoto seguido de inundação. Muitos habitantes não conseguiram escapar, semelhante ao que viria a acontecer no sul da Itália com a cidade de Pompéia, arrasada em 79 d.C. pela lava do Vesúvio. Ambas as catástrofes permitiram que, séculos depois, escavações científicas as transformassem em museus a céu aberto.

Os pesquisadores explicaram que, além de ter sido elaborado à mão, o *spaghetti* de Lajia foi colocado para secar, a fim de perder parte da água, adquirir a necessária consistência e ser conservado durante longo tempo. Hoje, obtém-se esse resultado submetendo a massa a uma temperatura de 40 a 80 graus centígrados, durante 6 a 28 horas. Antes da publicação da notícia, acreditava-se que o *spaghetti* seco era uma descoberta dos árabes. Na Idade Média, eles o consumiam assim – e não fresco – porque suportava melhor as travessias pelo deserto. Chamavam-no de *itrjia*. Entretanto, as informações da *Nature* não confirmam a repetida teoria de que o alimento chegou à Itália no final do século 13, na bagagem do veneziano Marco Polo, quando o maior viajante do passado teria conhecido o *spaghetti*. Ele voltou de uma expedição a diversos países do extremo Oriente, sobretudo à China, realizada entre 1271 e 1295, que durou 24 anos. Ali, encantou-se com a versatilidade e sabor do produto chinês. Mencionou-o na obra *Il milione*, conhecida entre nós pelo nome de *O livro de Marco Polo*, que ditou ao amigo e literato Rustichello da Pisa. No livro, descreveu outras saborosas comidas, inebriantes perfumes e deslumbrantes jóias. Falou do uso do papel moeda e do gás na iluminação; da exuberância de cidades repletas de pontes de pedra. Marco Polo não introduziu o *spaghetti* na Itália, simplesmente porque a massa já existia naquele país antes de sua viagem. Em Bérgamo, na Lombardia, um museu conserva documento no qual um médico prometia devolver a saúde ao paciente, em 1244, se ele não comesse "nem de carne, nem de fruta, nem de couve, nem de massa". Em 1279, na pequena cidade de Pontedassio, da Ligúria, um certo Ponzio Bastione deixou em testamento à família uma bacia de *maccherone* (nome que atualmente designa na Itália uma massa longa, geralmente com um buraco no centro, de variado comprimento e espessura).

Após o achado de Lajia, o papel dos árabes passou a ser o de prováveis agentes da novidade. Eles teriam levado o *spaghetti* para a Sicília no século 9º, quando ocuparam a maior ilha do Mediterrâneo. Fizeram o mesmo com outras matérias-primas de origem chinesa, a começar pelo arroz. Acredita-se que os habitantes da pequena localidade de Trabia, junto a Palermo, capital da Sicília, foram os primeiros a misturar farinha e água para fazer um alimento em forma de fios, ascendente do moderno *spaghetti*. Não por acaso, a grande ilha tornou-se durante muito tempo o epicentro da produção e exportação de massa seca na Itália. A situação permaneceu inalterada até o século 18, quando Nápoles lhe roubou o primado. Na Itália, o *spaghetti* foi bastante aprimorado, incorporando técnicas de preparo e um ingrediente nobre: a farinha de *grano* (trigo) *duro*, única que permite prepará-lo como se deve. Cozinhando-o durante quinze minutos em água com sal, não empapa e nem se rompe. Além disso, seus fios podem ser saboreados convenientemente *al dente*, ou seja, quando ainda oferecem ligeira resistência à mordida.

O *spaghetti* – palavra derivada do italiano *spago*, que significa barbante – é a massa seca mais difundida no mundo. Conforme o diâmetro, também pode chamar-se *spaghettoni* (aumentativo) e *spaghettini* (diminutivo). Existem massas semelhantes denominadas *capellini*, *vermicelli* e *vermicelloni*. Nenhuma massa incorpora tão bem o molho como o *spaghetti*. Esse complemento adere aos seus fios longos e finos, em apetitosa simbiose, e o enriquece deliciosamente. Combina particularmente com molhos de pouca densidade, à base de tomate, limão, manjericão, alho e óleo, cebola, abobrinha, pimentão, ervilha, alcachofra, cogumelos, presunto, *bacon*, ragus etc. Peixes e frutos do mar o convertem em prato supremo. Camarão, lagosta, anchova, lula e atum são ingredientes primorosos. Mas nada se compara ao molho de vôngoles. Esse pequeno molusco, capturado nas águas arenosas do litoral, é uma jóia na cozinha. Quando preparado com vinho branco, alho, salsa picada, azeite, sal e pimenta, o molho de vôngoles transforma o *spaghetti* em uma obra-prima da culinária do sul da Itália.

Os italianos se converteram nos maiores produtores e consumidores mundiais não apenas de *spaghetti*, mas da massa em geral. É seu alimento favorito, juntamente com a pizza. Mereceria ser reproduzido na bandeira nacional. Cada italiano come em média trinta quilos de massa por ano, contra os 5,7 quilos dos brasileiros. Se precisassem eleger uma madrinha, sua gulosa conterrânea e atriz genial Sofia Loren venceria com folga as oponentes. "Devo tudo o que sou ao *spaghetti*", garante ela.

Receita básica de macarrão

Ingredientes

300 g de farinha de trigo
2 ovos
2 gemas
1 pitada de sal
farinha de trigo (para polvilhar)

Preparo

Peneire a farinha e o sal numa superfície de trabalho, fazendo um montinho.

Abra um vão no centro e ali disponha os ovos e as gemas.

Misture a farinha com os demais ingredientes e amasse-a com as mãos, até obter um composto homogêneo e consistente.

Embrulhe a massa em um filme plástico e deixe-a descansar na geladeira por 15 minutos.

Abra a massa em folhas finas, na máquina de macarrão.

Disponha as folhas de massa numa superfície polvilhada com farinha de trigo e corte-as no formato desejado.

Cozinhe em água fervente e abundante (1 litro para cada 100 gramas de massa), com um pouco de sal.

Sirva com o molho de sua preferência.

Rendimento: 4 a 6 porções.

O banquete fúnebre do rei Midas

Diz uma lenda, tão antiga quanto a nossa civilização, que Midas foi o último rei da Frígia, um país da Ásia Menor, ao sul do mar Negro, dentro do atual território da Turquia. Educado por Orfeu, cantor, músico e instrumentista maravilhoso, cuja lira sedutora domava os animais selvagens, fazendo-os deitar-se aos seus pés, demonstrava grande sensibilidade artística. Cultivava rosas, de beleza inigualável, tão grandes e exuberantes que, segundo Heródoto, o Pai da História, tinham sessenta pétalas cada uma. No tempo em que as divindades mitológicas ainda freqüentavam o mundo dos homens, Midas recebeu a visita de Dionísio, o deus grego do vinho e a quem os romanos assimilaram sob o nome de Baco. Tanto o forasteiro como o seu cortejo mereceram acolhida afetuosa, inclusive porque o anfitrião era conhecido pela generosa hospitalidade.

O grupo chegou e partiu às gargalhadas, falando coisas divertidas, entoando canções e trocando as pernas, em razão do permanente estado de embriaguez. Mas o velho Sileno, preceptor de Dionísio, cansado da farra, adormeceu no roseiral de Midas e ficou para trás. Foi encontrado pelos camponeses e levado preso ao rei da Frígia, que o reconheceu e se apressou em libertá-lo e entregá-lo ao deus do vinho. Dionísio, profundamente agradecido, quis recompensar o gesto, oferecendo a Midas o privilégio de fazer qualquer pedido. O rei da Frígia nem pestanejou. Solicitou ao deus do vinho o poder de transformar em ouro tudo o que tocasse. Realizado o desejo, até os alimentos passaram a se converter no metal precioso, ao menor contato com ele. Morrendo de fome e de sede, Midas pediu a Dionísio para desfazer o encantamento – e foi novamente atendido.

Outra lenda envolvendo o rei da Frígia conta que, certa vez, ele foi convidado para ser árbitro do duelo musical entre os deuses Pã e Apolo. O primeiro tocava a flauta; outro, a lira. O aprendizado com Orfeu, havia apurado o ouvido de Midas, que votou em Pã, por julgar melhor a sua exibição. Inconformado, o vaidoso e vingativo Apolo fez com que lhe nascessem orelhas de burro. Midas, envergonhado, escondeu-as sob um barrete frígio. Só o seu barbeiro sabia da deformação e, obviamente, estava proibido de revelá-la. Mas a discrição nunca foi a principal virtude dos barbeiros e ele não conseguiu guardar o segredo. Cavou um buraco no solo e contou-o à terra, tomando o cuidado de fechar o buraco. Quando soprava o vento, porém, as canas que nasceram no lugar repetiam aos passantes: "O rei Midas tem orelhas de burro, de burro, de burro!". Traído e humilhado, o rei da Frígia se matou. Então, seu país foi devastado pelos cimérios, conquistado pelos lídios, persas, macedônios, gálatas e, finalmente, romanos.

Falamos de um dos personagens fascinantes da mitologia greco-romana, ou melhor, do mais fabuloso acervo de histórias de deuses, semideuses e heróis da Antiguidade. Poderia ter sido uma figura imaginária, como muitos dos seus colegas de saga. Mas o rei Midas realmente existiu. Descartadas as duas lendas que acabamos de contar, foi um soberano de carne e osso. Viveu no século 7º a.C. e governou um país de verdade, que acumulou riquezas e cultuou as artes. Quem descobriu isso foram pesquisadores do Museu de Arqueologia e Antropologia da Universidade da Pensilvânia, liderados pelo cientista Rodney Young, após escavações demoradas no interior da Turquia, nas ruínas de Górdio, a antiga capital da Frígia. Os trabalhos começaram em meados do século 20. Curiosamente, foi a cidade de Górdio que deu origem à expressão "nó górdio". O dicionário *Novo Aurélio século XXI* (Rio de Janeiro: Editora Nova Fronteira, 1999), define-o como aquele

"que é impossível de desatar". Também significa dificuldade séria. Um oráculo prometia o império da Ásia a quem desfizesse o nó górdio exposto num templo local. Estava tão bem-feito que não se podiam ver as extremidades. Alexandre, rei da Macedônia, solucionou o problema. Cortou-o com um golpe de espada. Não por acaso, a expressão "cortar o nó górdio" exprime uma maneira esperta de resolver uma dificuldade.

Os pesquisadores da Universidade da Pensilvânia simplesmente localizaram o túmulo de Midas. A proeza foi considerada uma das descobertas arqueológicas mais espetaculares do século 20. Segundo a italiana Susanna Viganò, autora do livro *A tavola con re Mida* (Turim: Ananke Edizioni, 2002), o recinto estava em perfeitas condições. O caixão mortuário construído com troncos de árvores, encontrava-se incrivelmente preservado. Pedaços de madeira exibindo trabalhos de marchetaria pareciam haver composto uma grande mesa cerimonial. Em volta do caixão estavam vasos de cerâmica e metal, taças pequenas e recipientes maiores, seguramente utilizados para servir bebida, assim como grandes bandejas. Eram as peças usadas no banquete fúnebre de Midas. As últimas dúvidas foram desfeitas mais recentemente, quando o especialista em arqueologia química Patrick E. McGovern, do Centro de Ciência Aplicada do Museu da Pensilvânia, examinou os vestígios de bebida e comida, baseando-se na arqueologia molecular – e recorrendo a métodos como a espectroscopia infravermelha, a cromatografia líquida e gasosa, e a espectrometria de massa. Detalhes importantes do funeral puderam ser esclarecidos.

Nos cerca de 150 recipientes utilizados na libação e em três tonéis com capacidade para aproximadamente 150 litros, dispostos sobre tripés de metal – todos de bronze, e não de ouro, como se esperaria de um soberano cuja notoriedade mitológica veio do metal precioso –, havia sinais de uma bebida fermentada, mista de vinho, cerveja de cevada e mel. Patrick E. McGovern chegou a essa conclusão ao encontrar traços de ácido tartárico, oxalato de cálcio e cera de abelha. No fundo de dezoito vasos de barro foram identificados restos de um ensopado de carne, bastante apimentado, aparentemente deixado ali de propósito, com a intenção de servir de comida para o rei da Frígia após a morte. Continham ácidos graxos e triglicérides, atribuídos à carne ovina ou caprina, além de colesterol. Outros compostos fizeram o arqueólogo químico acreditar que a carne havia sido marinada, depois submetida ao fogo forte, e finalmente cozida com lentilha, anis e ervas picantes.

Traços de fitosterol informaram que foram igualmente preparadas leguminosas, quase certamente lentilhas, elaboradas com azeite de oliva, vinho e acompanhadas de mel. Após levantar as receitas preparadas na Ásia

Menor, no tempo de Midas, Susanna Viganò imaginou o cardápio do banquete funeral do rei da Frígia. Entre outros pratos, haveria sopa de lentilhas, torta de favas, frango ao mel, fígado de porco com alho, pombos recheados, cabrito ao anis e pão crocante ao leite, teoricamente para desempenhar a função de garfo e colher, confortos inexistentes na época. Quanto ao número de convidados para o banquete, ela não teve dúvidas. Após contar as peças usadas no serviço, calculou-os em uma centena.

Lentilhas da Frígia

Ingredientes

250 g de lentilhas
1 folha de louro
2 dentes de alho picados
1 cebola picada
50 ml de azeite de oliva
6 costelinhas de cordeiro pequenas
250 ml de vinho tinto encorpado
2 cravos
1 pedaço pequeno de canela em pau
Sal a gosto

Preparo

Lave e cozinhe as lentilhas em água com a folha de louro. Depois de cozidas, escorra-as, reservando o caldo.

Numa panela, aqueça o azeite. Em seguida junte o alho e a cebola, incorpore as costelinhas e deixe dourar, mexendo seguidamente. Acrescente o vinho, espere evaporar e coloque as lentilhas escorridas.

Misture muito bem e junte o caldo que ficou reservado.

Adicione os cravos e a canela. Levante fervura e tempere com sal. Complete o cozimento e sirva

Rendimento: 6 porções.

A mesa requintada da Magna Grécia

As enciclopédias de gastronomia exaltam a evolução de cinco cozinhas da Antiguidade: Egito, Mesopotâmia, Pérsia, Grécia e Roma. Além disso, destacam a posterior contribuição árabe. Nada mais compreensível. Foram os berços esplêndidos da mesa e do copo ocidentais. No entanto, os livros falam pouco da época de maior opulência e refinamento culinário de uma dessas civilizações. Referimo-nos à Magna Grécia, formada por uma extensa faixa de terra ao longo da costa meridional da Itália, onde existiam várias colônias helênicas, fundadas a partir do século 8º a.C. Ali, a gastronomia atingiu um nível até então incomparável. A região perdeu o direito à designação suntuosa entre os anos 280 e 265 a.C., quando os romanos a ocuparam para sempre. Hoje, abrangeria as regiões de Nápoles e Campanha, Basilicata e Calábria, Molise e Puglia, Sicília e ilhas vizinhas.

O escasso interesse das publicações especializadas pela culinária da Magna Grécia é compreensível. Poucos documentos testemunham sobre o seu patrimônio gastronômico. As principais informações foram legadas pelo greco-siciliano Arquestrato de Gela, nascido no século 4º a.C. Pioneiro mundial da literatura gastronômica, ele escreveu o tratado em versos *As delícias da vida* (*Hedypàtheia*, em grego). Relatou viagens a terras e mares, para conhecer comidas de qualidade e vinhos especiais. Falou do pão, mel, caças, peixes e da maneira de conservar os vinhos. Defendeu o consumo dos alimentos frescos, o respeito ao sabor dos ingredientes e a simplicidade das receitas.

Condenou o cozimento excessivo e o emprego demasiado de temperos. Sem dúvida, foi o mais eminente gastrônomo da Magna Grécia, uma região notabilizada pelos paladares refinados. Infelizmente, o texto de Arquestrato desapareceu. O conteúdo, porém, foi preservado graças ao greco-egípcio Ateneo de Neucratis, que viveu entre os séculos 2º e 3º d.C. Esse ilustre retórico e gramático utilizou *As delícias da vida* para escrever *O banquete dos sofistas* (*Deipnosfisti*, em grego), obra apresentada em forma de diálogo, na qual gastrônomos eruditos trocam idéias durante um banquete promovido pelo aristocrata romano Publio Livio Larenzio, dono de ampla coleção de livros. Acredita-se que Ateneo era o seu bibliotecário.

Na Grécia Antiga, comia-se frugalmente. O desjejum acontecia ao clarear do dia; na metade da jornada havia a refeição principal; à noite, servia-se uma ceia sóbria que, aos poucos, ganhou importância. Só em Atenas, no luminoso governo de Péricles (495-429 a.C.), a alimentação ganhou pratos requintados, preparados por grandes cozinheiros, e se multiplicaram os banquetes festivos. Na Magna Grécia, ao contrário, a gastronomia primava pelo requinte, segundo Arquestrato. Os banquetes eram muito mais freqüentes. Como na terra-mãe, dividiam-se em duas partes. A primeira se chamava *deypnon*. Transcorria no triclínio, uma sala suntuosa contendo três leitos dispostos em forma de ferradura à volta de uma mesa. Os recipientes do serviço não eram mais de madeira ou cerâmica, mas de metais preciosos. Arquestrato mandava perfumar o ambiente com mirra e incenso. Para alegrá-lo, sugeria que o anfitrião e os convidados ostentassem coroas de flores na cabeça.

Os ingredientes de cozinha não diferiam muito dos consumidos na terra-mãe. Na Magna Grécia, porém, receberam tratamentos sofisticados. Todos os cereais e grãos começaram a ser triturados regularmente, originando um leque de farinhas. No pão, por exemplo, eram preferidas as de cevada, centeio e gergelim. Enriqueciam-no com anis e queijo; temperavam-no com sementes de papoula ou linho; ou então incorporavam toucinho. As sopas favoritas tinham como base

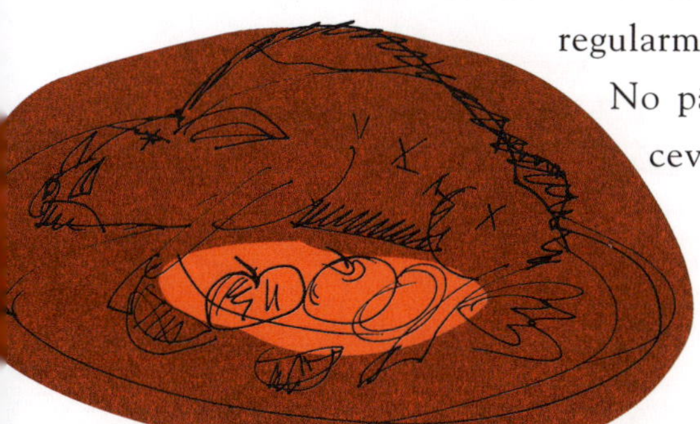

legumes cozidos e cereais. Uma das receitas misturava um tipo de cevada, equivalente à cevadinha, com coalhada.

Na Magna Grécia, ainda se comia uma espécie de polenta, a *pulsa*. Entretanto, em vez da farinha de milho, como hoje, empregava-se a de cevada. Surgiram os primeiros tipos de macarrão. Um deles se chamava *makaria*, palavra de onde poderia ter saído *maccheroni* (plural italiano de macarrão). Assemelhava-se ao nhoque contemporâneo. Na terra-mãe, comparecia exclusivamente aos banquetes fúnebres. O pai do nhoque começou a ser aperfeiçoado e popularizado em Síbari, na atual Calábria, cujos habitantes se tornaram famosos pela indolência e voluptuosidade. Virou obrigatório em todo o gênero de banquete. A seguir, transformou-se em *lagnon*, depois *laganon*, uma espécie de *tagliatelle* bastante largo. A cozinha romana assimilou o prato. No livro *De re coquinaria*, o gastrônomo latino Marco Gavio Apício, que viveu no século 1º d.C., batiza-o de *laganum*. O pesquisador italiano Giuseppe Polimeni afirma que o atual *strozzapreti* (esgana-padre, em português), macarrão grosseiro preparado no sul do país, também descende de *makaria*. Tais informações levantam poeira em torno da origem da massa. Sugerem deduções importantes. Conclui-se, por exemplo, que os árabes não introduziram o macarrão na Sicília no século 9º, quando conquistaram a ilha, como alguns acreditam, mas apenas o espaguete e talvez a massa seca, assim preparada para suportar as travessias no deserto.

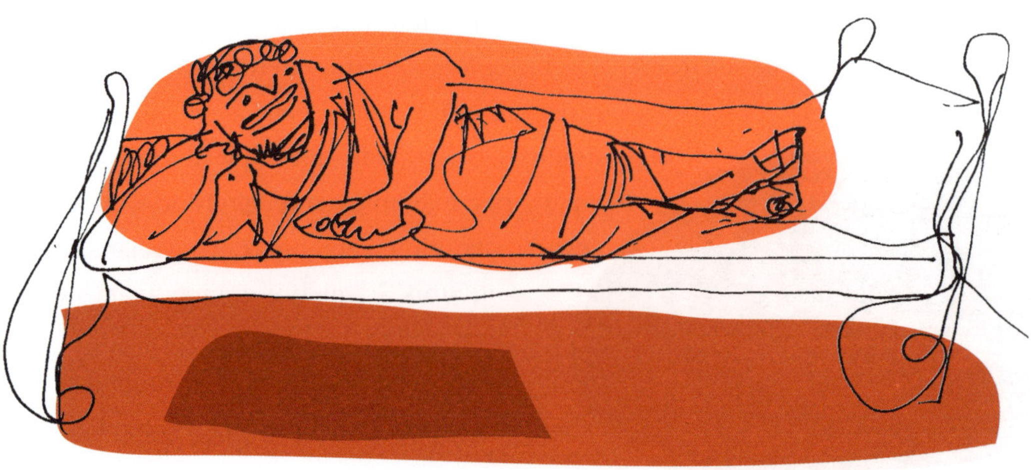

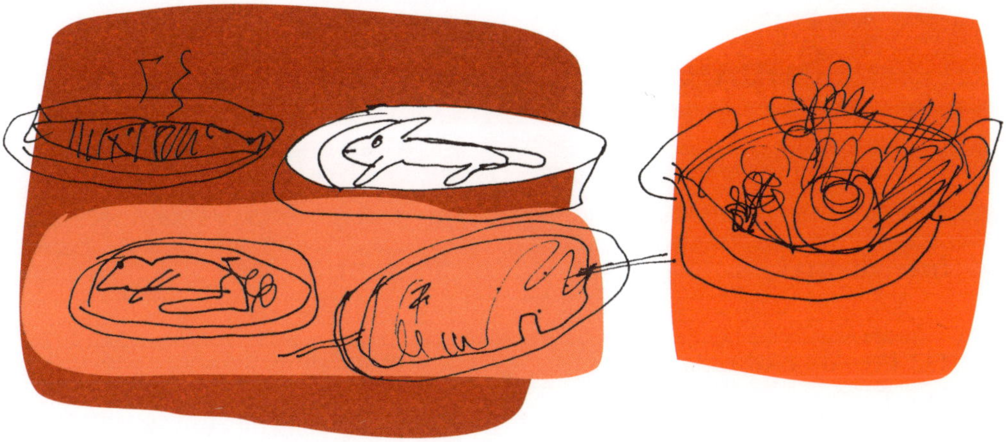

A primeira parte dos banquetes da Magna Grécia, ou seja, o *deypnon*, igualmente regalava os convidados com peixes e frutos do mar, abundantes na região. Anchova, atum, enguia, lagosta, peixe-espada e rodovalho, entre outros, ingressavam no triclínio elaborados com queijos frescos e temperados com sílfio (o laser dos romanos), planta com aroma do alho, extinta há dois mil anos. Cabras e ovelhas forneciam as carnes prediletas, feitas no espeto e na caçarola, com ervas aromáticas. Entre as caças, reinava a lebre. Arquestrato a sugeria nas brasas, pouco cozida e ligeiramente salgada. As iguarias chegavam harmonizadas com saladas, azeitonas e especialmente fresquíssimas coalhadas. E dê-lhe azeite de oliva!

Para arrematar, saboreavam-se uvas, ao natural e em passas, figos idem, maçãs e pêras recém-colhidas ou cozidas no vinho, tâmaras secas, amêndoas, nozes e marmelo cozido no mel, um produto cuja excelência se devia à apicultura altamente desenvolvida. Encerrado o *deypnon*, iniciava-se o *symposion* (simpósio, em português, que significava literalmente "beber juntos"). Era a parte crucial do banquete. Escravos apareciam com ânforas de vinho e água. As duas bebidas eram misturadas. A comida se resumia a acompanhamentos triviais: grão-de-bico, avelã e amêndoa tostada; azeitona e tremoço em conserva. Ouvia-se música, assistia-se a espetáculos de balé ou a representações teatrais. Contavam-se piadas, lançavam-se enigmas – os que não conseguiam resolvê-los mereciam punições, como dançar nus. Em meio à animação, discutiam-se assuntos sérios. Iam da gastronomia à política, da filosofia ao esporte. As pessoas que comiam bem na Magna Grécia eram felizes – e sabiam disso.

Sopa de cevadinha e coalhada

Ingredientes

1/2 litro de coalhada

1/3 de xícara (chá) de cevadinha

5 xícaras (chá) de água

1 colher (sopa) de manteiga

1 cebola picada

3 ovos inteiros

1 colher (sopa) de farinha de cevada

1 colher (sopa) de salsinha picada

1/2 colher (sopa) de hortelã picada

sal e pimenta-do-reino moída a gosto

Preparo

Forre uma peneira com um pano limpo, fino e ligeiramente úmido. Coloque a coalhada sobre o pano e deixe escorrer por cerca de 50 minutos, para que perca todo o soro.

Numa panela, cozinhe a cevadinha em 3 xícaras da água, até ficar macia. Escorra e reserve.

Em outro recipiente, misture a coalhada com as 2 xícaras de água que sobraram e bata bem. Passe para uma panela e reserve.

Numa frigideira, derreta a manteiga, junte a cebola e doure em fogo brando. Reserve.

Numa tigela, bata os ovos com a farinha de cevada até obter uma mistura homogênea. Coloque na panela com a coalhada e cozinhe em fogo lento. Bata com um batedor de arame, por cerca de 5 minutos. Cuide para não ferver.

Assim que a sopa pegar uma leve consistência, retire do fogo e misture a cevadinha, a cebola refogada, as ervas picadas, o sal e a pimenta.

Sirva quente ou fria, conforme desejar.

Rendimento: 4 a 6 porções.

Cleópatra e os festins egípcios

Embora não fosse bonita, pois era baixa, tinha o peso acima do ideal e o nariz adunco, Cleópatra VII (69-30 a.C.), rainha do Egito, era uma mulher irresistível aos olhos dos homens. Dois poderosos romanos caíram em seus braços. Foi amante de Júlio César e, mais tarde, casou com Marco Antônio. Havia sido educada em Alexandria, a influente capital e epicentro cultural do país. Falava sete ou oito línguas, conhecia música, arte, filosofia, literatura, história e medicina. Além disso, cuidava com esmero da aparência. Cleópatra tomava banho em leite e mel; untava as mãos com *kyphi*, uma pasta aromática à base de rosas e violetas; perfumava o corpo com incensos especiais e os pés com *aegyptium*, uma loção de amêndoas, mel, canela, flor de laranjeira e hena. Antes de seduzir um homem – e isso aconteceu nos encontros com Júlio César e Marco Antônio – colocava na banheira um punhado de açafrão. Atribuía à planta poderes afrodisíacos.

Cleópatra descendia de Ptolomeu I, o general estrangeiro que governou o Egito após o rei macedônico Alexandre, o Grande, anexar o país em 525 a.C. Era filha de Ptolomeu XII, conhecido como Auletes. Herdou o trono junto com o irmão, mas foi por este afastada. Recuperou o poder com a ajuda do amante Júlio César. Dotada de forte personalidade e habilidade política, assegurou a independência nacional. O filósofo, matemático e físico francês Pascal brincou com o nariz da rainha na obra *Pensamentos*, de 1669. "Se ele fosse mais curto, teria mudado a face do mundo", disse. Cleópatra conheceu a derrota, juntamente com Marco Antônio, na batalha naval

de Actium. O casal foi vencido por Otaviano, nome do futuro imperador romano Augusto. Marco Antônio se suicidou logo depois. Numa reação desesperada, ela tentou em vão seduzir o vencedor.

Prisioneira de Otaviano, Cleópatra pediu licença para visitar o mausoléu de Marco Antônio. Chegou ali e tomou um banho em leite e mel. A seguir, encomendou um banquete. Enquanto a comida era preparada, alguém lhe trouxe uma cesta de figos, sua fruta predileta. Os guardas examinaram a encomenda e não encontraram nada suspeito. Cleópatra comeu os figos. Depois, escreveu uma carta a Otaviano, pedindo para sepultá-la ao lado de Marco Antônio. Então, deixou-se picar por uma áspide (réptil peçonhento) que viera no fundo da cesta. Com a sua morte, extinguiu-se a dinastia iniciada por Ptolomeu I. O Egito se tornou uma província romana. A tragédia protagonizada pela rainha foi imortalizada em várias obras literárias, entre as quais a peça *Marco Antônio e Cleópatra*, escrita em 1606 por William Shakespeare. Um famoso baixo-relevo egípcio a confundiu com Ísis, deusa do casamento.

Ela adorava figos, seja ao natural ou em doces feitos com amêndoas e mel. Essa fruta, originária da Ásia Menor, aparece nos desenhos da grande pirâmide de Gizé, construída entre os anos de 2600 e 2500 a.C., perto das ruínas de Mênfis. Era largamente cultivada no Egito. Sua delicadeza e doçura viraram lendárias. O povo embalava o figo em magia. Cortado ao meio, simbolizava o sexo feminino. Cleópatra parece ter sido emérita comilona. Especialmente no período vivido com Marco Antônio, realizou festins monumentais, assinalados por excessos gastronômicos e descaradas orgias. No célebre afresco *O banquete de Cleópatra*, existente numa parede do Palazzo Labia, de Veneza, o pintor italiano Giovanni Battista Tiepolo (1696-1770) retrata uma dessas celebrações. A figura da rainha aparece idealizada, com traços europeus e vestes renascentistas, tendo os seios de fora. Na interpretação dos críticos, seria uma referência ao escandaloso romance com Marco Antônio. Infelizmente, nunca se conseguiu levantar com exatidão os cardápios dos banquetes que promovia. Mas o interminável elenco de iguarias identificado pelos pesquisadores em remotos funerais egípcios sugere que eram pantagruélicos e incluíam cerveja e vinho à vontade.

Apresentavam invariavelmente diferentes tipos de pão de trigo. O Egito, apesar das imensas áreas desérticas, sempre foi um país agrícola. Cultivava o trigo no delta do Nilo e no vale do grande rio. Também plantava cevada, aveia e centeio. Ignora-se qual foi o povo que primeiro transformou o trigo em pão. Alguns estudos localizam o prodígio nas várzeas do Eufrates, rio que nasce na Armênia turca e, depois de banhar a Síria e o Iraque, desemboca no golfo Pérsico; outros atribuem a invenção à população da antiga Abissínia. Entretanto, descobertas arqueológicas indicam que os egípcios foram os mais antigos comedores de pão, pelo menos do jeito que o conhecemos, ou seja, a partir de uma massa levedada. O viajante e historiador grego Heródoto também pensava assim. Num texto do ano 450 a.C.,

ele escreveu: "Todo o mundo teme que os alimentos fermentem. Mas os egípcios fabricam o pão com uma massa levedada". A bebida preferida para acompanhá-lo era a cerveja. O gastrônomo e escritor catalão Nestor Luján, autor da *Historia de la gastronomia* (Barcelona: Ediciones Folio, 1997) não tem dúvidas. Os egípcios conheceram primeiro a cerveja. Empregando sua levedura, fermentaram o pão.

Com a morte de Cleópatra, a primeira grande potência econômica da História entrou em declínio, devido ao caráter eminentemente militar da ocupação romana e aos impostos extorsivos. No primeiro século da nossa era, chegaram os missionários cristãos e batizaram incontáveis pagãos. Em 395 d.C., o Império Bizantino incorporou o Egito. A nova administração acelerou o estado de penúria. Empobrecido e vulnerável, o país foi anexado pelos

árabes em 641 e convertido ao islamismo. Luján informa que o povo egípcio foi o primeiro a domesticar os animais de maneira sistemática, utilizando-os não só no trabalho como na alimentação. Criava bois, cabritos, carneiros, porcos, pombos, galinhas-d'angola, perdizes e gansos. Aliás, é possível que, nos seus banquetes, Cleópatra servisse *foie gras* – o fígado de ganso hipertrofiado pela alimentação excessiva e transformado em jóia gastronômica. No Egito, como posteriormente em Roma, as aves recebiam goela baixo uma mistura de figos e mel. Hoje, prefere-se o milho.

O velho *foie gras* é um dos ícones da moderna culinária da França. O mais famoso procede do Périgord, embora outras regiões também o possuam. A ave pode ser ganso ou pato. Mas a França inventou pouca coisa. Um baixo-relevo conservado na parede de uma das pirâmides de Sakkarah, no subúrbio de Mênfis, não deixa dúvidas sobre sua antiguidade. Nele, escravos egípcios alimentam gansos da mesma maneira que no Périgord. Enfim, além dos figos, o delta e o vale do Nilo davam outros frutos: uvas, romãs, melões e melancias, sem falar nas tâmaras, simplesmente divinas. Na elaboração dos doces, o mel substituía o açúcar. A apicultura alcançou apurado estágio de desenvolvimento. Os egípcios também plantavam legumes e hortaliças, como cebola, alho, alho-poró e pepino. Evidentemente, ocorreram duros períodos de fome. Mas, até nesses momentos, as classes privilegiadas se viravam. Já as criaturas comuns consumiam basicamente pão, cebola, alguns legumes e a indispensável cerveja. Comer bem é um milenar sonho humano.

Pão de figo

Ingredientes

1 kg de figos secos picados

500 g de amêndoas picadas

1 colher (chá) de canela

3 colheres (sopa) de mel previamente derretido

1 colher (chá) de casca ralada de laranja

20/40 ml de aguardente de anis, ou mais se for necessário

3 colheres (sopa) de gergelim tostado, ou mais se for necessário.

Preparo

Numa tigela, misture muito bem os figos com as amêndoas, depois acrescente a canela, o mel e a casca ralada de laranja.

Incorpore a aguardente necessária, até obter uma massa úmida, porém compacta.

Divida a massa em dez partes e forme com cada uma delas uma tortinha de 5 cm de espessura.

Passe pelo gergelim e sirva.

Rendimento: 10 porções.

A descoberta da colher

Sem ter a ponta ocasionalmente afiada da faca e os dentes aguçados do garfo, a colher é a peça mais inocente do talher. Nem por isso deixa de ser imprescindível à culinária. A maioria dos alimentos que nos entrega na boca possui consistência líquida ou pastosa. Como dispensam a mastigação, atiçam mais rapidamente as sensações gustativas. Quando dizemos que certo prato é para comer de colher, referimo-nos a uma sopa ou ensopado, molho ou creme, mingau ou musse, pudim ou sorvete. Alguns nos remetem à infância, ao querido cuidado materno. Não por acaso, a voz do povo invoca a colher em expressões marcantes. Muitas estão nos dicionários. "Dar uma colher de chá" significa ajudar ou favorecer uma pessoa. "Estar de colher" indica algo extremamente acessível ou fácil de solucionar. "Meter a colher em" é o mesmo que "meter o bedelho em" e equivale a intrometer-se indevidamente em assunto que não lhe diz respeito.

Aparentemente originária do invólucro natural dos moluscos, elaborada primeiro em pedra e osso, depois em madeira e metal, é difícil precisar quando esse instrumento composto de concha e cabo se tornou obrigatório na mesa dos povos ocidentais. Não há dúvida, porém, que debutou nos banquetes da Roma Imperial. Estreou na condição de parceira da faca, o primeiro instrumento utilizado como talher, embora na época as pessoas continuassem a enfiar a mão nos alimentos. Ressalve-se que não se tratava exatamente da colher moderna. Na Roma Imperial, estrearam dois instrumentos assemelhados a ela. Um se chamava lígula ou língua. Possuía numa extremidade uma espécie de pá oval. O cabo era reto ou curvo, às vezes terminava numa figura esculpida; ou exibia a saudação *Utere Felix*, por exemplo, antecessora do nosso voto de bom apetite. No livro *In punta di forchetta* (Milão: Idealibri, 1998), Ingeborg Babitsch e Mariarosa Schiaffino explicam que os romanos a utilizavam para mexer e servir "os preciosos molhos nos quais sua cozinha se mostrava pródiga". Os mesmos autores acrescentam que, na época, para retirar da concha e comer um molusco terrestre ou marinho – já se criava *escargot* – havia o *cochlear* ou *cochleare*. Nesse caso, a pá era redonda e achatada; o cabo, reto e fino, retirava o acepipe de sua proteção nativa.

O eficiente utensílio se prestava igualmente para saborear ovo, alimento que os romanos apreciavam cru, acreditando que assim resultava mais nutritivo. Com a ponta do cabo quebravam a casca, a pazinha completava a operação. Após devorar o ovo, a etiqueta recomendava destruí-lo com o *cochlear*. Dessa maneira, eliminava-se um dos esconderijos prediletos dos maus espíritos. A superstição permanece até agora no inconsciente coletivo dos povos da Europa Ocidental. O vocábulo *cochlear* vinha de *cochlea* (caracol). Dele resultou o italiano *cucchiaio*, o espanhol *cucharra*, o francês *cuiller* ou *cuillère* e o português colher. Babitsch e Schiaffino lembram que apareceram formas requintadas desse talher. Uma possuía ligeira curvatura na metade do cabo, que permitia apoiá-la em alguns utensílios da mesa, nos intervalos e finais dos banquetes. Outra dispunha de ponta dupla numa extremidade, para espetar certas preparações, compensando a inexistência do garfo, desenvolvido séculos depois. Também se prestava à limpeza dos dentes: ninguém se espantava se isso acontecesse durante os banquetes.

Além do *cochlear*, apareceu o colherão, instrumento que no Brasil denominamos concha. Era mergulhado em recipientes com iguarias líquidas ou pastosas. Ingressava no salão trazido pelos encarregados do serviço: o *triclinarca*, espécie de gerente; os *pincernaie*, aparentados com os *maîtres*; os *structores*, que faziam as vezes dos garçons. Uma função de destaque era reservada aos *scissores*, os trinchadores. Todos atuavam vestidos de branco. Os profissionais experientes se ufanavam de encerrar o trabalho com a roupa imaculada. Os alimentos chegavam em bandejas de madeira ou prata. Também podiam vir em prateleiras redondas colocadas sobre um carrinho que acomodava várias delas, formando andares. Os comensais habitualmente se serviam da comida. Quando a receita exigia, estendiam o braço e capturavam o colherão. Evidentemente, no caso dos moluscos e ovos, eles ainda recorriam ao *cochlear*. Nos demais pratos, enfiavam a mão nos alimentos. Quando ficava engordurada demais lavavam-na em água perfumada. Outro ancestral da colher foi o *cyathus*, cuja concha tinha capacidade para aproximadamente meio litro. Empregavam-no para despejar o vinho nos copos.

Babitsch e Schiaffino assinalam que, com a difusão do cristianismo pelo mundo, o *cochlear* dos banquetes romanos virou instrumento litúrgico, convertendo-se na "colher da consagração". Ainda continua a exercer essa função no catolicismo de rito greco-oriental. Mas o seu principal âmbito de ação continuou a ser o da culinária. É conforto irrenunciável dispormos de um instrumento capaz de misturar, mexer, servir e levar à boca vários alimentos, operando trabalho inviável com a faca e o garfo. Não dá para entender como nossos remotos ancestrais viveram tanto tempo sem a colher. Hoje, existem a de molho e sopa, café e chá, açúcar e sal, sobremesa e sorvete – e tantas outras. Isso sem falar nas de uso estrito da cozinha.

Finalmente, convém reverenciar a perenidade da antiga colher de pau. Apesar de tudo, ela continua a rivalizar na cozinha com suas irmãs moldadas em metal de última geração. Uma colher de pau, como sublinha a italianíssima *Grande enciclopedia illustrata della gastronomia* (Milão: Reader's Digest, 2000), tem supremas qualidades. Em primeiro lugar, a madeira da qual resulta é invariavelmente má condutora de calor. Portanto, não oferece o risco de ficar insuportável ao tato quando mergulhada numa preparação escaldante. Além disso, raspa sem problemas os alimentos no fundo dos recipientes metálicos, sem arranhar os modernos revestimentos antiaderentes. Por último, custa menos que as outras colheres. Seus únicos inconvenientes são ficar impregnada do aroma de algumas preparações ou ingredientes com sabor dominante (sopa de peixe, alho e cebola, por exemplo), escurecer após certo tempo de uso e queimar com relativa facilidade. Mas esses defeitos não chegam a ser irremediáveis. Basta ter uma colher de pau reservada para casa uso. Afinal, nada no mundo é perfeito.

Sopa de brócolis e presunto cru

Ingredientes

1 kg de brócolis (talos e flores)

2 colheres (sopa) de azeite de oliva

2 colheres (sopa) de manteiga

2 xícaras (chá) de cebola picada

1 dente de alho picado

250 g de presunto cru picado

2 litros de caldo de carne

200 g de massa de fio longo, quebrada em pedaços

Sal e pimenta-do-reino moída a gosto

Preparo

Descasque os talos dos brócolis e pique-os.

Pique também as flores e reserve.

Numa panela, aqueça o azeite com a manteiga. Junte a cebola, o alho e deixe dourar em fogo brando.

Adicione o presunto e refogue por uns cinco minutos, mexendo de vez em quando.

Coloque o caldo de carne e leve à ebulição. Incorpore os talos dos brócolis, tampe a panela e cozinhe por uns vinte minutos.

Acrescente as flores dos brócolis e a massa. Deixe no fogo até a massa ficar *al dente*.

Tempere com pimenta e ajuste o sal.

Sirva quente.

Rendimento: 8 porções.

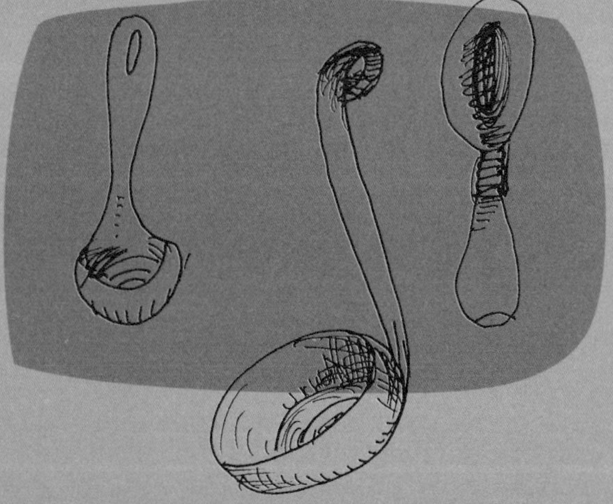

Novas e velhas surpresas de Pompéia

Inundada pela lava, asfixiada pelos gases e tomada pelo fogo do Vesúvio, um vulcão considerado extinto, a cidade de Pompéia, localizada no golfo de Nápoles, ao sul da Itália, foi completamente soterrada na manhã de 24 de agosto do ano 79 d.C. A catástrofe matou mais de duas mil pessoas, ou seja, cerca de 10% da população local. Surpreendidas pela súbita erupção, não conseguiram escapar dali. O mesmo destino fatal atingiu inúmeros habitantes da vizinha Herculano. A história era conhecida, mas as ruínas de Pompéia só foram localizadas em 1748. As escavações verdadeiramente científicas só começaram em 1860, sob a direção de Giuseppe Fiorelli, assinalando o nascimento da moderna arqueologia.

O mundo se emocionou com o cenário desenterrado. Emergiram cadáveres solidificados, como o de uma mãe petrificada no momento em que amamentava o filho, as imagens de três jovens em fuga e de um cão amarrado na corrente. Vieram à tona praças, ruas, termas, templos, tavernas, quitandas, residências, estátuas, afrescos, objetos ligados à cozinha e ao vinho. Era espantoso contemplar o acervo inanimado de uma comunidade do primeiro século da era cristã, onde veraneava a elite de Roma, assombrosamente intacto, parado no momento da erupção.

Nunca mais Pompéia deixou de fornecer informações sobre sua vida antes do Vesúvio. Ainda hoje os arqueólogos encontram ali relíquias de inestimável valor. Uma das últimas descobertas foi um aparelho de jantar com vinte peças de prata maciça e pesando mais de quatro quilos. Compõe-se de uma bandeja grande e quatro travessas redondas, dez cálices para vinho, com diferentes tamanhos, quatro suportes ou mini-aparadores de mesa e uma colher de concha oval, com cabo fino e longo, ainda chamada de lígula ou língua. No livro *In punta di forchetta* (Milão: Idealibri, 1998), Ingeborg Babitsch e Mariarosa Schiaffino informam que era utilizada para mexer e servir os preciosos molhos da cozinha romana. O aparelho foi descoberto em 2000 e, a seguir, completamente restaurado. Os trabalhos se estenderam até 2005, quando o levaram sob forte escolta policial a Roma, para exibição pública. Em 2006 foi para o seu destino final, o Museu Arqueológico Nacional de Nápoles. "Foi o achado mais importante dos últimos tempos", disse Pietro Giovanni Guzzo, responsável pelas escavações de Pompéia.

O aparelho se encontrava em uma cesta de vime, dentro de um banheiro público, na saída da cidade. Inicialmente, os arqueólogos levantaram duas possibilidades: uma pessoa tentou transportá-lo e não conseguiu, ao ser alcançada pela erupção; ou quis levá-lo e desistiu, ao perceber que seria mais fácil correr sem ele na mão. Entretanto, hoje se tende a acreditar na

primeira hipótese. Perto do aparelho, havia o corpo de um homem em fuga. Parece ter sido o carregador. Obviamente, a cesta e as peças estavam solidificadas. Trabalhando com recursos de última geração, os arqueólogos conseguiram separar a prataria e remover a grossa camada de lava endurecida. Embora dois outros jogos de prata tenham sido descobertos nos séculos 19 e 20 – um pertence ao Museu Arqueológico Nacional de Nápoles e o outro ao Museu do Louvre, em Paris – nenhum é considerado tão bonito.

Chamá-lo de aparelho de jantar talvez seja inadequado. Como sucedia em Roma, a população de Pompéia não seguia os mesmos horários das refeições atuais. De manhã cedo, entregava-se a um rico desjejum, chamado *ientaculum*, à base de carnes e pão, do qual existiam pelo menos dez tipos. Ao meio dia, havia o *prandium*, com alimentos leves e geralmente frios: frutas, legumes, ovos e peixes. Podia acontecer em casa ou na rua, ou num estabelecimento denominado *thermopolia*, espécie de *snack bar* no qual se podia comer alimentos quentes e vinho diluído em água a qualquer hora do dia. A ceia era a principal refeição e ocorria entre três e quatro da tarde. Nas casas abastadas, muitas vezes existiam convidados. Ficava-se ao ar livre, especialmente no verão, ou no *triclinium*, sala dotada de divãs ou leitos inclinados, dispostos em torno de uma mesa. Os participantes eram entretidos por músicos, dançarinos e prestidigitadores, segundo relatou o orador e literato Plínio, o Moço, no 9º livro de seu *Epistolario*, cujo tio, o escritor e naturalista Plínio, o Velho, morreu em Pompéia tentando socorrer os parceiros de caos. Essa refeição começava com a *gustatio*, um antepasto combinando ovo, alface e ostras embebidas em vinho e mel. A seguir, vinham três ou quatro carnes, incluindo a famosa *polpetta* (almôndega) de Pompéia. Acompanhavam-na diferentes molhos, sobretudo o concentrado *garum*, feito com peixe gordo fermentado, temperado com ervas aromáticas e sal, eventualmente vinho ou água do mar. Finalmente, chegavam frutas e doces. Também existiam queijos de ovelha ou vaca, defumados ou não. Encerrava-se a ceia com uma surpresa. Um árbitro, eleito pelos presentes, decidia se eles continuariam ou não a beber vinho.

Polpetta

Ingredientes

500 g de filé mignon bem picado com a faca

50 g de pancetta *bem picada com a faca*

50 g de presunto cru bem picado com a faca

1 colher (sopa) de farinha de trigo

10 gotas de suco de limão

8 gotas de molho de pimenta

6 ovos

raminhos de alecrim a gosto

sal a gosto

óleo (para untar a chapa)

Preparo

Em uma tigela, junte o filé, a *pancetta*, o presunto, a farinha de trigo, o limão, o molho de pimenta, 2 ovos e sal.

Misture rapidamente e divida esse composto em quatro partes iguais.

Com as mãos molhadas, molde-as em quatro bolos.

Achate-os com a palma da mão e, no centro de cada um, faça uma cavidade (sem furar) usando para isso o fundo de uma xícara.

Unte uma chapa com óleo, aqueça e frite as *polpette* com as cavidades voltadas para baixo, por 2 minutos. Vire-as e coloque dentro de cada cavidade um ovo cru. Deixe na chapa por mais 5 minutos.

Sirva as *polpette* com raminhos de alecrim.

Rendimento: 4 porções.

A natureza-morta em Pompéia

Muitas pessoas acham irônico o fato de um dos acervos mais preciosos das ruínas de Pompéia, no golfo de Nápoles, Itália, ser a coleção de naturezas-mortas. Podem estar certas. O valioso espólio reúne mais de trezentos afrescos e mosaicos que apresentam alimentos, seres e objetos como se tivessem sido abandonados ao acaso. Decoravam casas da cidade soterrada tragicamente, no ano 79 d.C., pelo vulcão Vesúvio. Hoje, continuam ali ou foram transferidos para museus. Quando as escavações promovidas a partir de 1860 começaram a exibir ao mundo o que restou de Pompéia, a humanidade se espantou com as cenas eróticas encontradas em várias paredes e relegou a um segundo plano os demais temas explorados. Encenavam o ato sexual de maneira incomum. Agora, diante do realismo sem limites da pornografia moderna, algumas não passam de imagens sensuais. Ultimamente, porém, observa-se crescente interesse pelas naturezas-mortas da mais impressionante evocação material da Antiguidade. Os autores dos afrescos e mosaicos não demonstravam o mesmo zelo pela forma dos pintores flamengos do século 15, por exemplo. Em compensação, tinham impressionante domínio da cor, do claro e escuro, da perspectiva e, sobretudo, grande delicadeza. Os artistas de Pompéia não expressaram idéias ou sentimentos. Reproduziram os alimentos, seres e objetos, interessados apenas na sua cor, superfície, textura e proporção. Essa, porém, constitui uma das características da natureza-morta em geral.

Para o arqueólogo Stefano De Caro, superintendente da região, as melhores obras datam das últimas oito décadas de vida da cidade e foram encomendadas por aristocratas empenhados em ostentar riqueza e poder. A gastronomia fazia parte da cultura local e dava *status* aos seus cultores. Voltados ao luxo, lazer e prazeres da vida, os moradores abastados seguiam o lema do poeta romano Horácio: "Vive bem quem come bem". As naturezas-mortas de Pompéia contavam com um vasto campo de inspiração. A culinária local manuseava variados ingredientes: manjericão, trigo, ervilha, lentilha, alface, chicória, brócolis, agrião, repolho, cenoura, alho-poró, grão-de-bico, cebola, alho, azeitona, noz, avelã, amêndoa, ovo e queijo. Ainda

dispunha de uvas, pêras, ameixas, melões, marmelos e figos, estes consumidos em doces, saladas e pratos fortes, habitualmente de sabor agridoce. Pouco antes da catástrofe final, Pompéia iniciara a importação de cerejas, abricós e pêssegos. Também existiam hortaliças frescas ou mantidas em vinagre, na condição de conservas. Pela mesma razão, as frutas eram desidratadas ao sol e guardadas no mel.

Além disso, algumas naturezas-mortas retratavam animais, aves, perdizes, lebres, peixes e aí por diante. O arqueólogo De Caro ressaltou uma curiosidade. Quando reproduzidos vivos, os bichos eram tratados como alimento, caça ou alvo de captura, "mesmo que se encontrassem, epigramaticamente ignorantes, dedicados a comer fruta ou verdura". De Caro sublinha: "É o tema filosófico do animal que come sem saber que será comido". Afrescos e murais documentaram igualmente utensílios de cozinha e mesa do primeiro século da nossa era: almofarizes, bandejas, travessas, cálices, ânforas, primitivas colheres, cestas etc. É verdade que a expressão natureza-morta ainda era desconhecida. Demorou muito para surgir, apesar de o gênero haver debutado na Grécia, ganhando notoriedade na cidade de Pérgamo, hoje pertencente à Turquia, e de ter sido condenado na Idade Média pelos teólogos católicos, que o classificavam na escala mais baixa da arte, "por se ocupar das formas mais inferiores de vida".

O professor alemão Norbert Schneider, titular de História da Arte na Universidade de Karlsruhe, e autor do livro *Naturezas-mortas* (Colônia: Editora Taschen, 1999), informa que a expressão surgiu na Holanda do século 17, em inventários de quadros. Inicialmente, competiu com a qualificação "natureza imóvel", entre outras. Cem anos mais tarde, os franceses a incorporaram. No final do século 18, eles definiam a natureza-morta como "uma representação de objetos imóveis". Em Pompéia, segundo o arqueólogo De Caro, empregava-se a palavra *xênia*, de origem grega, que designava a condição de estrangeiro. Seria porque o gênero se inspirava na arte helênica? Nas ruínas de Pompéia, aqueles alimentos, seres e objetos inanimados ficaram guardados por dezessete séculos em ambiente apropriado. Afinal, os restos da cidade que o Vesúvio sepultou não passam de uma assombrosa natureza-morta.

Salada de figos frescos recheados

Ingredientes

100 g de trigo integral em grão, colocado de molho em água durante a noite

1/2 folha de louro

12 figos grandes e maduros, com a casca

3 colheres (sopa) de cerefólio picado

50 g de uvas-passas sem sementes

10 azeitonas pretas picadas

1/4 colher (café) de canela em pó

3 cravos em pó

1 colher (sopa) de suco de limão

azeite de oliva para regar

folhas de alface a gosto

sal a gosto

Preparo

Renove a água do trigo e cozinhe-o com o louro, até ficar bem macio.

Lave os figos e reserve-os.

Numa tigela, misture o grão escorrido, o cerefólio picado, as uvas-passas e as azeitonas. Tempere com a canela, o cravo, o suco de limão e o sal. Regue com azeite de oliva, misture bem e reserve na geladeira, por cerca de 30 minutos.

Faça uma incisão em cruz na parte superior dos figos, abrindo-os delicadamente para receber o recheio.

Recheie os figos com a ajuda de uma pequena colher e sirva-os sobre um leito de folhas verdes.

Rendimento: 12 figos.

As vinhas da vida

O mundo se emocionou em 1860, quando as escavações verdadeiramente científicas, chefiadas pelo arqueólogo Giuseppe Fiorelli, começaram a desenterrar Pompéia, a cidade no Golfo de Nápoles, ao sul da Itália, soterrada na manhã de 24 de agosto do ano 79 d.C. pela erupção do vulcão Vesúvio. Morreram em torno de 2000 mil habitantes, cerca de 10% da população local. A mesma tragédia se abateu sobre os habitantes da vizinha Herculano. As escavações revelaram cenas de impressionante dramaticidade. Entre os cadáveres solidificados havia o de uma mãe surpreendida no momento em que amamentava o filho e o de um cão que não conseguiu escapar por estar amarrado na corrente. Vieram à luz praças, ruas, termas, templos, tavernas, quitandas, residências, estátuas, afrescos, objetos ligados à cozinha e ao vinho. Pompéia era (e continua a ser) o mais completo acervo testemunhal de uma comunidade do Império Romano. Tem aproximadamente 60 hectares de área, 20 dos quais ainda não foram escavados. Quase 2000 anos depois, permanece uma cidade parada no tempo. Os visitantes se impressionam com o ambiente lúgubre, dominado pelo clima de morte que povoa os cemitérios. Não existem cartazes pedindo silêncio, mas eles a percorrem falando baixo, às vezes ouvem apenas o latido de algum cachorro baldio vagueando pelas ruínas.

Obviamente, Pompéia jamais voltará a ser habitada pelo homem. Entretanto, passa a dar um tocante sinal de renascimento. Há videiras replantadas em cinco diferentes quintais de casas, exatamente como no passado.

São as vinhas da vida. Até o ano da destruição, eram cultivadas dentro e fora da muralha de pedra que abraçava a cidade. Agora, só internamente. Com uvas típicas, a população fazia um vinho prestigiadíssimo. O naturalista romano Plínio, o Velho, que morreu tentando salvar as vítimas do Vesúvio e nos deixou a preciosa *História natural*, em 37 livros, espécie de enciclopédia da história da ciência na Antiguidade, ressaltou-lhe a qualidade. Junto a um dos quintais, no denominado Foro Boario, situado diante do anfiteatro, foi encontrada uma cantina: pequeno galpão com dez ânforas de terracota enterradas no chão, cada uma com capacidade para 300 litros. Os romanos já sabiam da importância da temperatura na fermentação do vinho. Enterravam as ânforas para aproveitar a temperatura mais fria abaixo do solo. As uvas eram esmagadas em prensa de madeira. O mosto escorria para um lagar de pedra e um canal o levava às ânforas.

O replantio das vinhas começou em 1996, quando a Superintendência Arqueológica de Pompéia entregou o quintal de uma casa situada entre a Via di Nocera e Via di Castricio, com 200 metros de área, à prestigiosa Azienda Vitivinicola Mastroberardino, de Atripalda, na província de Avellino, perto dali. Sua equipe de agricultura e enologia entrou em ação. Reforçada por arqueólogos e botânicos, analisou sementes de uvas petrificadas pelo Vesúvio, fez exames de DNA, pesquisou referências bibliográficas e iconográficas – um afresco mostrando Baco, o deus do vinho, coberto de uvas, por exemplo – e localizou videiras equivalentes às cultivadas pelos romanos. Selecionou oito: *Columbina purpurea* (hoje Piedirosso), *Vitis oleagina* (agora Sciascinoso ou Olivella), *Vitis aminea gemina* (Greco), *Vitis apiana* (Fiano), *Vitis hellenica* (Aglianico), *Cauda vulpium* (Coda di Volpe), *Vitis alopecis* (Caprettona) e Falanghina (que manteve o nome). Algumas (ou todas) foram importadas da Grécia, em época pré-romana. A Mastroberardino as plantou no quintal pioneiro, batizado de Campo Sperimentale. Todas permanecem ali, sob avaliação. A primeira colheita aconteceu em 1999, realizando-se a seguir uma vinificação experimental.

No ano seguinte, a Superintendência Arqueológica de Pompéia entregou à Mastroberardino outros quatro quintais: Foro Boario, Osteria del Gladiatore, Casa del Triclinio Estivo e Nave Europa. A área explorada continuou pequena. Somados todos os vinhedos, não totaliza 1 hectare. Entretanto, na segunda vez, a vinícola se restringiu às variedades Piedirosso e Sciascinoso. Eram as que melhor se adaptaram ao solo vulcânico das ruínas. As videiras foram recolocadas exatamente nas cavidades ocupadas no passado, com a elevada densidade de 1,20 metro por 1,20 metro, encostadas em sarrafos de castanheira, no sentido norte–sul e seguindo o mesmo sistema de condução em espaldeira, no sentido norte–sul. Como tratamento sanitário, passaram a receber enxofre. Tudo rigorosamente como no tempo dos romanos. Ainda em respeito ao passado, limitou-se a produção a 3.000 quilos por hectare. "O projeto respeitou a história, os métodos de cultivo e a paisagem de Pompéia", afirma Piero Mastroberardino, presidente da vinícola.

Só o vinho foi elaborado com técnica moderna. Afinal, o que os romanos faziam seria imbebível pelos padrões atuais. Apresentava cor turva e sabor amargo. Para mascarar esses defeitos, antes de bebê-lo era filtrado. No verão, adicionavam-lhe água do mar e o refrescavam com gelo ou neve que os escravos buscavam nas montanhas; no inverno, serviam-no quente. Para completar, como desconheciam a microbiologia, só desenvolvida no século 19 pelo químico francês Louis Pasteur, o vinho estragava facilmente. Por isso, no final da elaboração, acrescentavam-lhe substâncias conservantes: bagas de murta, caroços de azeitona, bolotas, mirra, gesso, pó de mármore etc. Os romanos consumiam o vinho principalmente na ceia, iniciada entre três e quatro horas da tarde. A bebida animava os intermináveis banquetes que muitas vezes festejavam casamentos e aniversários, geralmente celebrações masculinas com a participação feminina limitada às prostitutas. Para essas ocasiões, havia dois tipos de vinho: o *vinum de cupa* ou comum, que permanecia nos recipientes de fermentação até o momento do consumo; e o envelhecido, acondicionado em ânforas de argila fechadas com pez, gesso e guardadas na *apoteca* (depósito de mantimentos).

Mas existiam outras variações: o *dulce*, à base de mosto virgem, colocado em recipientes pequenos e exposto ao sol, para sofrer uma segunda fermentação; o *passum*, elaborado com uvas colhidas tardiamente; e o *mulsum*, uma combinação de vinho e mel. Atualmente, as uvas são transportadas até Atripalda e vinificadas ali pela Mastroberardino, com tecnologia de ponta.

Na primeira safra comercializada, a de 2001, eram apenas 1.721 garrafas. Seis foram doadas ao presidente da Itália. As demais protagonizaram um concorrido leilão na internet, nos *sites* www.mastro.it e www.villadeimisteri.com. Alcançaram preços entre 250 e 300 euros (cerca de R$ 700 e R$ 900) a unidade. O dinheiro arrecadado reverteu em benefício da recuperação da cantina de Foro Boario. Seguiram-se as safras de 2002 e de 2003 – falta engarrafar a de 2004 – com vendas no varejo. A produção aumentou, mas jamais passará de 3.000 garrafas. O vinho é tinto e recebeu o nome de Villa dei Misteri em homenagem às ruínas de uma propriedade aristocrática fora de muralha. Matura um ano em barricas de carvalho e, a seguir, descansa no mínimo seis meses na garrafa. Tem cor rubi, aroma intenso evocando especiarias e frutas dos bosques; na boca, demonstra concentração e acidez médias, sabor agradável e equilibrado, é ligeiramente tânico, exibe boa persistência. A graduação alcoólica chega a 13,5% e, quanto às uvas, atualmente a proporção é de 85% de Piedirosso e 15% de Sciascinoso.

São castas curiosas. A primeira é uma variedade quase exclusiva da Campania, onde se encontra Pompéia. Fora dali, só a cultivam em Bari, na Puglia. Alguns ampelógrafos (especialistas na ciência das vinhas) acreditam tratar-se da variedade que Plínio, o Velho, chamou de Colombina em sua *História natural*. Cultivada nas colinas em volta do Vesúvio, a Piedirosso entra na composição de muitos vinhos da Campania, entre os quais o Lacrima Christi tinto e rosé. No passado, usavam-na para amaciar o potente Aglianico. Já a Sciascinoso, igualmente antiqüíssima, tem origem mais incerta, pois no passado se confundia com outras uvas. Agrupavam-na sob a denominação de Olivella, cujos frutos tinham em comum a forma oval e alongada da azeitona. Alguns acreditam ser a mesma Oleagina da época de Plínio. Dá um tinto de cor intensa, dotado de frescor e taninos equilibrados. O tinto Villa dei Misteri combina equilibradamente as duas velhas uvas. Não por acaso, um cronista italiano afirmou que, com apenas um gole do tinto Villa dei Misteri, "as pessoas imaginosas apagam a distância do tempo e se sentem de alguma forma no Império Romano".

Língua ao vinho

Ingredientes

1 língua grande de boi (ou de vitelo)

1 amarrado de ervas, com salsinha, cebolinha, 1 folha de louro, 2 talos de salsão

50 ml de azeite de oliva

2 dentes de alho picados

1 cebola picada

300 ml de caldo de carne (ou de legumes)

500 ml de vinho tinto encorpado

1 xícara (chá) de uvas-passas sem semente

sal e pimenta-do-reino moída a gosto

farinha de trigo para polvilhar

Preparo

Lave a língua e cozinhe-a na água, com as ervas, até ficar macia.

Escorra-a e retire a pele que a envolve. Descarte a gordura. Corte-a em tiras finas e reserve.

Numa panela, aqueça o azeite, junte o alho, depois a cebola e deixe dourar. Incorpore a língua e refogue. Polvilhe com um pouco de farinha de trigo, misturando bem.

Adicione o caldo e espere tomar consistência. Por fim, coloque o vinho. Tempere com sal, pimenta e, em fogo baixo, deixe o molho engrossar. Quase no final do cozimento, junte as uvas-passas.

Rendimento: 4 a 6 porções.

A boa mesa dos papas

Apesar de levar vida frugal e inspirar Santo Tomás de Aquino na formulação da doutrina dos pecados capitais, que condenou severamente sete graves transgressões dos preceitos divinos – soberba, avareza, luxúria, ira, inveja, preguiça e gula – o papa Gregório Magno (590-604) adorava comer cerejas. Como a maioria dos personagens da Idade Média, sua biografia foi embaralhada por episódios lendários. Segundo um deles, no final de um período de jejum, Gregório Magno sentiu desejo irresistível de saborear essa fruta pequena e carnuda. Não era época de cerejas, mas seus leais colaboradores foram procurá-las nas colinas de Roma. Queriam satisfazer o desejo do papa que tanto estimavam. O problema é que as cerejeiras ainda se encontravam em flor. Já estavam desistindo, quando um assessor pontifício enxergou no céu uma nuvem de fogo, sobre a qual levitava o evangelista São Marcos.

Percebendo a aflição do homem, o santo perguntou o que acontecia. Informado da situação, desceu da nuvem e abençoou uma cerejeira. A planta produziu frutos imediatamente. Por muito tempo, no dia 25 de abril, festa de São Marcos, os fiéis davam um jeito de conseguir cerejas para oferecer ao papa. Esse costume já extinto, segundo Mariangela Einaldi e Mariangela Vicini, autoras do livro *Buon appetito santità* (Milão: Golosia & C., 1998), sobre as preferências gastronômicas de vários pontífices, relacionava-se com uma festa pagã instituída por Numa Pompílio, o provável segundo rei de Roma, para evitar a ferrugem dos cerejais. Em seu ritual, consumiam-se as primeiras cerejas amadurecidas no ano.

Gregório Magno, além de ter sido um dos quatro grandes doutores da Igreja, juntamente com Santo Agostinho, Santo Ambrósio e São Jerônimo, foi cristão exemplar. Nascido em Roma, numa antiga família patrícia, herdou imensa fortuna, que usou para promover a sua fé. Entregou todas as propriedades recebidas à Igreja. Converteu em mosteiro o palácio familiar e fundou outras seis casas religiosas. Assumiu o pontificado num momento difícil. Mas conseguiu unificar os territórios da Igreja, ameaçados pelos bárbaros lombardos; combateu a pobreza que grassava na Itália; evangelizou a Inglaterra, para onde enviou cinqüenta monges; reformou a liturgia da missa e aperfeiçoou o gregoriano, o rito e o canto para Deus. A iconografia medieval o representa com uma pomba branca no ombro. Os fiéis acreditam que o Espírito Santo, simbolizado por essa ave, inspirou sua notável obra literária, na qual se destacam o *Livro de normas para os pastores*, um clássico espiritual usado antigamente para formar o clero, e *A moral de Jó*, prodigiosa exegese alegórica, moral e mística.

Outra lenda conta que ele não queria ser eleito papa. Para escapar da escolha, ocultou-se num bosque de Roma. Mas o Espírito Santo, sob a forma de uma pomba cercada de luz, guiou os fiéis ao esconderijo, que o transportaram em triunfo até a cidade. Quando era monge, Gregório Magno dormia numa cama de pedra e se alimentava de sopa de

legumes preparada pela mãe Sílvia, elevada junto com o filho à glória dos altares. Não se permitia sentir prazer à mesa. No tempo de pontificado, manteve a dieta austera. A capitulação às cerejas não passou de um pecadilho na saga heróica de um santo que os católicos festejam a cada 3 de setembro.

Partindo dos conceitos de Gregório Magno, Santo Tomás de Aquino, autor das obras *Suma teológica* e *Sobre o mal*, ambas do século 13, chamou a gula de "desordem de um desejo natural" e a definiu como "o gosto de comer e beber mais do que é necessário". Ao fazer isso, avalizou a antiga convicção religiosa de que a abstenção ou redução do consumo dos alimentos abrevia o caminho para o céu. Inúmeros católicos seguiram esses ensinamentos. Inocêncio III (1198-1216), o papa que estimulou a quarta cruzada, para tomar dos muçulmanos os lugares santos do cristianismo que ocupavam na Palestina, alimentava-se diariamente de um único prato, preparado com ingredientes triviais. Nada de sofisticações. Defendia a moderação, exorcizava o prazer à mesa e sustentava que, para o cristão, a única função do alimento é manter a saúde.

Muitos dos seus sucessores, porém, comportaram-se de maneira oposta. Revelaram apetites extraordinários e jamais refrearam os clamores do estômago. Martinho IV (1281-85), comilão assumido, adorava peixes, especialmente enguias. Entretanto, exigia-as rigorosamente frescas. Mandou construir um enorme tanque e ali despejou um cardume de enguias. Na hora de preparar a comida, o cozinheiro pontifício as tirava da água, afogava-as no vinho branco doce e assava na grelha, servindo com um pouco de sal e longos fios de azeite. Um século depois, o cardeal Pietro Tomacelli, eleito papa com o nome de Bonifácio IX (1389-1404), legou aos livros de culinária seu prato favorito. Eram escalopes de vitelo enrolados e amarrados em barbante, dourados na manteiga e aromatizados com vinho branco. No recheio, entrava pão umedecido em caldo, cogumelos, alho, salsinha, manjerona, *pinoli*, queijo ralado, ovo cru, pimenta e sal. Os gastrônomos o batizaram de *tomaxelle*, corruptela do nome civil de Bonifácio IX.

Obviamente, a linha de cozinha dominante variava conforme o pontífice que ocupava o trono. No reinado de Leão X (1513-21), por exemplo, vigorou a culinária toscana. Antes de ser eleito, o papa se chamava Giovanni de Médici, ou seja, pertencia a uma das mais ilustres, ricas e influentes famílias de Florença. Seus parentes, abonados comerciantes e banqueiros, ajudaram a promover o Renascimento, o grande movimento de renovação artística, literária e científica iniciado na Itália em meados do século 14. Após a morte de Leão X, a culinária toscana ameaçou perder o prestígio, mas recuperou a importância dois anos depois, por ocasião da escolha de Clemente VII (1523-34), nascido Giulio de Médici, o papa que sofreu o cisma anglicano, provocado pelo rei britânico Henrique VIII. Suas melhores receitas eram doces, sempre à base de açúcar, novidade absoluta em Roma, e não de mel, como anteriormente. O confeiteiro pontifício elaborava geléias e frutas em calda ou cristalizadas. No final das refeições, Clemente VII costumava beber licor.

Mas nenhum teve um cozinheiro tão habilidoso quanto Pio V (1566-72). Isso não impediu que, graças à sua piedade; amor pelos pobres; reforma do missal católico; combate à reforma protestante e orações em favor da vitória contra os turcos, obtida na batalha de Lepanto de 1570, o papa fosse santificado, com direito a festa no dia 30 de abril. A serviço dele esteve Bartolomeo Scappi, o maior *chef* de seu tempo e um dos melhores que o mundo já teve. No livro *A tavola nel rinascimento* (Bari: Laterza, 1996), Silvano Serventi e Françoise Sabban afirmam que representou para o século 16 o mesmo que o francês Antonin Carême significou para o 19. Já havia trabalhado para outros cinco papas, mas quando cuidou da cozinha de Pio V, o último dos ilustres patrões, alcançou o auge do saber e da técnica. Scappi se queixava dos prolongados jejuns e abstinência aos quais o devotado sucessor de São Pedro se submetia. Mas dedicou-lhe o tratado *Opera dell'arte del cucinare*, publicado em Veneza no ano de 1570, onde revela as preferências do pontífice: caldo de carne, sopa de urtiga, peixe do lago de Garda e caviar de Alexandria. Curiosamente, o papa que considerava mais inapetente era Pio V.

Torta de cerejas à antiga

Ingredientes

Massa

300 g de farinha de trigo

120 g de manteiga

100 g de açúcar

1 ovo

casca ralada de 1 limão

1 pitada de sal

Recheio

1 kg de cerejas maduras (prefira as pretas)

75 g de açúcar

1/2 copo de vinho branco

1 pitada de canela

2 colheres (sopa) de pão amanhecido ralado (pode ser usada farinha de rosca)

Cobertura

3 ovos

70 g de açúcar

1 colher (sopa) de farinha de trigo

20 g de manteiga

licor de menta (para regar)

Preparo

Massa

Coloque a farinha de trigo sobre uma superfície lisa, faça um vão no centro e ali disponha a manteiga em pedacinhos, o açúcar, o ovo, a casca do limão e o sal. Misture, amassando rapidamente. Faça uma bola com a massa e deixe-a repousar em lugar fresco por, pelo menos, 15 minutos.

Estire a massa com um rolo sobre uma superfície enfarinhada. Forre com ela uma fôrma redonda de fundo falso, de 25 cm de diâmetro, previamente untada.

Leve ao forno preaquecido a 220°C, por cerca de 10 minutos e retire do forno.

Recheio

Lave as cerejas e descarte os caroços. Passe-as para uma panela, junte o açúcar, o vinho branco, a canela e leve tudo ao fogo, por cerca de 6 a 7 minutos, até as cerejas murcharem.

Retire do fogo e polvilhe com o pão ralado. Reserve.

Cobertura

Separe as gemas das claras.

Bata muito bem as gemas com o açúcar até crescerem, ficando claras e espumantes. Incorpore a farinha de trigo, a manteiga amolecida e, por último, as claras, firmemente batidas em neve.

Finalização

Espalhe por cima da torta o recheio de cerejas.

Sobre o recheio, disponha a cobertura e volte com a torta ao forno preaquecido a 200°C, por cerca de 25 minutos.

Retire a torta do forno, deixe esfriar um pouco e desenforme.

Sirva a torta fria, regada com um leve toque de licor de menta.

Rendimento: 8 a 10 porções.

O legado árabe em Portugal

Quando Maomé morreu, na primeira metade do século 7º, encerrando uma vida prodigiosa – ele fundou o islamismo após ter uma visão do Arcanjo Gabriel, lutou contra vizinhos hostis, submeteu e converteu numerosas tribos árabes –, a influência de sua religião se restringia à península Arábica. Cem anos depois, uma parte expressiva do mundo estava submetida aos ensinamentos do último profeta. Com rapidez vertiginosa, os árabes conquistaram a Síria (634), a Caldéia e a Assíria (636), o Egito (639), a Pérsia (642), a África do Norte (de 696 a 708) e o sul da península Ibérica, notadamente da Espanha (711), onde desenvolveram uma civilização ilustre. O império islâmico, maometano, ou muçulmano, como é chamado, estendia-se por três continentes. Em 750, dividiu-se em dois califados: Bagdá e Córdova. Em 909, surgiu um terceiro, em Túnis, mais tarde transferido para o Egito.

A civilização à qual nos referimos abrangia o sul da Espanha e Portugal, a partir do litoral do Mediterrâneo. Foi introduzida por sucessivos contingentes de árabes vindos do leste, e pelos berberes, agricultores ou pastores nômades originários do norte da África. Houve resistência. Os novos invasores precisaram subjugar os antigos, ou seja, os vândalos, povos germânicos chegados no século 5º. Permaneceram cerca de setecentos anos ali. Chamaram a região de al-Andaluz, palavra árabe que significa "terra dos vândalos". Sua fronteira norte oscilou segundo as vitórias e os reveses militares. Entre os anos de 711 e 1031, compreendia dois terços da península Ibérica.

No século 15, quando desapareceu, caiu no esquecimento. Mas escavações arqueológicas realizadas no século 20 devolveram aos olhos do mundo os encantos daquela civilização. Realizaram-se tanto na Espanha como em Portugal. Estão longe de terminar. Agora, os dois países se orgulham do patrimônio desenterrado.

Em Portugal, os trabalhos têm como epicentro o concelho (circunscrição administrativa imediatamente inferior ao distrito) de Mértola, perto de Beja, na região do Alentejo. Inicialmente, concentraram-se nos terrenos da antiga alcáçova (castelo fortificado). Iniciadas em 1978, as escavações já localizaram os vestígios de uma antiga mesquita, refeita no início do século 12, posteriormente convertida em igreja católica, dedicada à Senhora de Entre Rios; e preciosas ruínas de residências.

O acervo arquitetônico, as peças de uso doméstico, classificadas como louças de cozinha e mesa, vasilhas de armazenamento e utensílios de fogo, permitiram reconstituir usos e costumes da população. O material recolhido nas latrinas e fossas completou os detalhes que faltavam sobre os seus hábitos alimentares. Examinando em laboratório alguns vestígios de espinhas de peixes, por exemplo, os cientistas identificaram tanto as espécies às quais pertenciam como o tipo de cozimento pelo qual passaram.

Os resultados das pesquisas compõem o livro *Mértola islâmica – séculos XII e XIII* (Portugal: Centro Arqueológico de Mértola, 1996), escrito pelo pesquisador Santiago Macías. O autor revela que a base da alimentação era sobretudo vegetal. Os cereais apareciam em primeiro plano. Serviam de ingredientes para pão, sopas e papas. Seguiam-se as leguminosas. A matéria-prima do pão, feito em casa e assado em fornos comunitários, variava conforme as posses da família. O de trigo se destinava às mesas das pessoas abonadas. As menos favorecidas o preparavam com farinha de cevada, lentilhas, ervilhas, favas, feijão e grão-de-bico, ingrediente obrigatório da sopa do Ramadã, o nono mês do ano islâmico, no qual se prescreve o jejum entre o alvorecer e o pôr-do-sol. Com os cereais, notadamente o trigo, fazia-se a *harisa*, uma papa à base de carne picada, gordura, manteiga ou mel, eventualmente leite, ancestral das *migas*, uma das receitas características da atual culinária de Mértola e de toda a região do Alentejo.

Outro prato bastante apreciado era a *tarida*. Elaborado com pedaços de pão embebidos num caldo gorduroso, no qual haviam sido cozidas carnes e verduras, seria o antepassado da tradicional açorda alentejana.

As frutas constituíam outro item importante na dieta cotidiana. "Por muito tempo, o figo contribuiu com aproximadamente 50% das proteínas ingeridas pela população", afirma o pesquisador Cláudio Torres, diretor do Campo Arqueológico de Mértola. "Era consumido fresco, evidentemente na safra, ou seco ao sol, nas demais estações do ano". Outras frutas de prestígio: ameixa, pêssego, nêspera, pêra, maçã, melão, romã, cereja e uva.

Não existiram vinhedos. As parreiras dividiam a terra com árvores frutíferas variadas; com a amendoeira, cujo grão era consumido assado ou cozido e servia para a preparação de doces; e com a oliveira, que dava a azeitona, saboreada pura ou transformada no apreciado azeite. A uva tinha múltiplos destinos. Prestava-se à elaboração de uma passa que complementava muitas receitas. Conservavam-na em potes repletos de mel. Não por acaso, a palavra acepipe (*az-zebib*, em árabe) significava originalmente passa de uva. Hoje, designa iguaria delicada, petisco, pitéu.

Uma segunda utilidade da uva era a preparação do vinho, bebida vetada pelo Alcorão, o livro sagrado dos povos islâmicos, porque contém os ensinamentos de Maomé. Embora a produção fosse controlada, destinava-se aos rituais. Seu consumo era autorizado socialmente, nos momentos de celebração, quando as pessoas podiam ficar alegres. As classes pobres bebiam pouco, pois davam menos festas. Finalmente, com a uva se fazia o vinagre, tempero e conservante valioso. Examinando sementes recolhidas nas latrinas e fossas de Mértola, os antropólogos identificaram as cepas plantadas na região. Nas celebrações, também havia largo consumo de carne, alimento pouco saboreado no dia-a-dia.

Nas ocasiões especiais, as pessoas a comiam até se fartar. Eram carnes assadas ou cozidas, de ovelha, cabra, coelho, cervo e aves, ocasionalmente de boi, javali e porco, pois o capítulo do Alcorão que vetava o consumo de suínos nunca chegou a ser cumprido ao pé da letra.

Os historiadores explicavam que o al-Andaluz deixou de existir quando os islâmicos do sul foram expulsos pelos cristãos do norte. Hoje, essa informação é discutível. A elite dirigente efetivamente foi mandada embora. Entretanto, a população ficou. Segundo o arqueólogo Cláudio Torres, exames de DNA mostraram que a população de Mértola e do Alentejo em geral é a mesma do período islâmico. Portanto, não houve expulsão completa, mas uma conversão ao cristianismo.

Sopa do Ramadã

Ingredientes

200 g de carne
2 cebolas grandes
200 g de grão-de-bico
100 g de lentilhas
1 talo de aipo
4 dentes de alho
2 litros de água (aproximadamente)
1 xícara (chá) de arroz
1 colher (café) rasa de canela em pó
suco de meio limão
50 g de farinha de trigo
2 ovos
gengibre em pó a gosto
coentro picado a gosto
salsinha picada a gosto
sal e pimenta-do-reino moída a gosto

Decoração
ramos de salsinha
folhas de louro

Preparo

Em uma panela grande, coloque a carne cortada em pequenos cubos, a cebola triturada, o grão-de-bico deixado previamente de molho por 12 horas, as lentilhas, o aipo e os dentes de alho, muito bem picados, o gengibre, o coentro, a salsinha, o sal e a pimenta.

Acrescente a água, tampe a panela e deixe em fogo moderado, até os grãos cozinharem.

Coloque o arroz, a canela em pó e o suco de limão. Continue o cozimento em fogo moderado, por mais uns 10 minutos.

Dissolva a farinha de trigo em um copo de água morna, adicione à panela e deixe no fogo por mais uns 5 minutos, mexendo delicadamente.

No final, bata os ovos e misture-os aos demais ingredientes. Levante fervura, mexendo sem parar.

Verifique o tempero, passe para pratos fundos, decore com os ramos de salsinha, as folhas de louro e sirva.

Rendimento: 4 porções.

O velho fogão da Catalunha

Quem se aprofundar um pouco na história da culinária européia, não se espantará com o sucesso atual dos fornos e fogões da Catalunha, no leste da Espanha, diante dos quais Ferran Adrià resplandece como o *chef* mais incensado. Desde 1996, quando seu colega francês Joël Robuchon foi visitá-lo e o qualificou de "o maior cozinheiro do mundo", suas alquimias atraem uma crescente legião de *gourmets* ao restaurante El Bulli, na pequena localidade de Cala Montjoi, a cerca de 150 quilômetros de Barcelona. A maioria dos *chefs* parte de uma base conhecida para empreender vôos criadores. Adrià decola de sua imaginação. Elabora com genialidade tanto os pratos de própria autoria como os "desconstruídos" – expressão que confiscou do jargão literário para definir as receitas em cuja execução decompõe as harmonias, texturas, formas e temperaturas habituais dos ingredientes, ou seja, nas quais põe a cozinha tradicional de cabeça para baixo.

A fascinante Catalunha, uma região espanhola com governo semi-independente e língua própria, caracteriza-se pelos contrastes. É delimitada ao norte pelas montanhas dos Pirineus, intercaladas por vales verdes e correntes de água; ao sul, existem planuras quase áridas; a leste, as extensas praias da Costa Dourada. Essa diversidade se reflete numa cozinha popular extremamente bonita, aromática, apetitosa, erudita e antiga. Algumas de suas velhas receitas misturam carne e peixe, antecipando-se a uma das propostas inovadoras da culinária moderna. Essa cozinha é denominada *mar i muntanya* (mar e montanha). Vários desses pratos são preparados ininterruptamente há mais de mil anos.

Os romanos ocuparam a região por quase 700 anos, os árabes por quatro séculos, deixando contribuições fundamentais. Os primeiros levaram a uva e o vinho, as azeitonas, o azeite e o pão; os outros, as amêndoas, tâmaras, laranjas e açafrão. No século 12, a Catalunha fez parte de um império autônomo, formado sob a bandeira do vizinho reino de Aragão, ampliado com a conquista de Valença, Ilhas Baleares, Córsega, Sardenha, Sicília e Nápoles, que só desapareceu do mapa no final do século 15. Suas naves dominavam o Mediterrâneo, sobretudo do ponto de vista comercial. Sempre aberta ao mundo, a Catalunha enriqueceu sua culinária. Na Idade Média, possuía uma cozinha tão marcante que o italiano Bartolomeo Sacchi, o Platina, autor do clássico *De honesta voluptate et valetudine*, publicado em Roma no ano de 1474, antecipou-se em séculos ao elogio que Robuchon fez a Adrià e afirmou que os grandes cozinheiros catalães eram "os melhores do mundo".

Nas panelas dos primeiros tempos destacaram-se Sent Soví e Robert de Nola. Ambos foram cozinheiros-escritores e produziram obras-primas do ofício. O primeiro deixou o *Libre de sent soví*. O gastrônomo espanhol Néstor Luján, autor de *Historia de la gastronomía* (Barcelona: Ediciones Folio, 1997), assegura que esse é um dos mais recuados manuscritos europeus sobre culinária em língua não latina. Redigido em catalão, começou a circular em 1324. Precedeu duas obras cuja antiguidade os franceses costumam festejar: *Le viandier*, de Taillevent, lançado após 1373, e o manuscrito *Le ménagier de Paris*, datado de 1393, de autor incerto. O *Libre de sent soví* coleciona primazias: saiu antes até do mais antigo texto em italiano, o famoso *Libro della cocina*, firmado pelo incerto Anonimo Toscano e conhecido a partir da segunda metade do século 14; e de outros dois preciosos textos europeus, o inglês *The forme of Cury* e o alemão *Das Buch vem guter Speise*. Em Portugal, o mais velho manuscrito de receitas é o *Livro de cozinha da infanta D. Maria*, do século 16. Na opinião de Luján, o conteúdo do *Libre de sent soví* comprova que os catalães de então já dispunham de "uma cozinha característica, segura de si mesma".

A segunda obra fundamental da veneranda culinária foi conhecida um pouco depois. Recebeu um título quilométrico: *Libre de doctrina per a bem servir de tallar i el art de Coch ço es de qualsevol manera de potages y salses.*

Trouxe a assinatura do "mestre Robert de Nola, coch del Sereníssimo senyor Fernando, rey de Nàpols". Portanto, seu autor o escreveu quando trabalhou no sul da Itália, durante a dominação aragonesa. A mais antiga edição em língua catalã do *Libre del coch* (seu nome popular) é de 1520. Virou *best-seller*. Teve quatro reedições sucessivas, lançadas em 1535, 1560, 1568 e 1578, além de outras em castelhano.

Entretanto, Luján concluiu ser obra mais antiga, seguramente aparecida no século anterior. A primeira evidência é que o patrão de Nola, Fernando I, foi soberano de Nápoles de 1458 a 1494. A segunda tem fundamento religioso. Todos os textos culinários de então levavam em conta as severas abstinências estabelecidas pela igreja católica, especialmente para os dias da Quaresma. Ai de quem ameaçasse desamarrar esses espartilhos! As restrições figuravam no *Livro de horas* – repertório de orações e comidas adequadas a cada dia do ano. Em 1491, a Igreja abreviou o elenco de interdições. Permitiu que os fiéis comessem ovos e derivados de leite durante a Quaresma. "Tudo isso é desconhecido no *Libre del coch*, uma prova a mais de que a edição de 1520 constitui uma reprodução fiel de um texto anterior, no qual não foram realizadas atualizações", assinala Luján.

A cozinha de Nola é multinacional. Combina receitas catalãs, aragonesas, francesas e até mouriscas. Explora a prodigalidade dos peixes do Mediterrâneo. Recomenda carnes nobres, do cordeiro à caça, para as diferentes estações do ano. Delineia as atribuições do trinchante ou trinchador, figura de relevo no serviço dos banquetes. Tempera a comida com ervas aromáticas, salsinha, açafrão e vinho. Usa amêndoas, avelãs, figos e outras frutas. Fala da alimentação dos enfermos.

Alguns já duvidaram que o grande *chef* fosse catalão. Teria nascido em Nola, perto de Nápoles; ou, então, em Noia, na Galícia. O debate esteve requentado no século 20 pelo polemista andaluz Dionísio Pérez, o mesmo que chamou os franceses de "ladrões de molhos". Luján discorda das hipóteses de Nola e Noia. Apesar de receber múltiplas influências, o autor do *Libre del coch* foi um cozinheiro fundamentalmente catalão. Essa marca seria evidente em sua obra. Muitas das receitas incorporam a picada. Falamos de um molho exclusivo da cozinha catalã, como assinala Alan Davidson na enciclopédia *The oxford companion to food* (Reino Unido: Oxford University Press, 1999).

Pisada no almofariz, a picada leva amêndoas tostadas, avelãs ou pinhõezinhos árabes, alho, salsinha e azeite. Serve para engrossar outros molhos, dar liga e obviamente temperar. Apesar das semelhanças com o italiano pesto, nenhuma cozinha do mundo dispõe de uma preparação indicada aos mesmos fins. Quanto à grosseria de Pérez com os franceses, pode ter explicação. A cozinha rival efetivamente assimilou molhos estrangeiros, um dos quais seria a maionese. O nome viria de Mahón, em Menorca, nas Ilhas Baleares. Acredita-se que o cozinheiro do duque de Richelieu, sobrinho do cardeal do mesmo nome, conheceu-a ali, quando as tropas daquele marechal de França tomaram a cidade em 1756. Emulsionou-a fria, como manda a fórmula, serviu-a debaixo de aplausos nos festejos da conquista e depois a levou para o país natal, onde a novidade desembarcou sob o nome de *mahonnaise*, justamente em homenagem à vitória militar. Só mais tarde o nome mudou para *mayonnaise*. Como sempre, há quem conteste a versão. Desta vez, porém, é conveniente ficar com ela.

Frango com lagosta

Ingredientes

1 frango de 1,2 kg, aproximadamente

100 ml de azeite de oliva

1 cebola picada

1 pimentão sem pele e sem sementes picado

250 ml de vinho branco doce

300 ml de caldo de ave

1 folha de louro

2 dentes de alho picados

1 colher (sopa) cheia de amêndoas moídas

1 colher (chá) de açafrão

1 colher (sopa) cheia de pão dormido ralado

1 colher (sopa) cheia de salsinha picada

20 ml de brandy

2 lagostas limpas, previamente cozidas em água aromatizada com talos de salsinha, folha de louro, grãos de pimenta-do-reino, gotas de vinagre de vinho branco e sal grosso

sal e pimenta-do-reino moída a gosto

Preparo

Lave bem o frango, escorra-o, corte-o em pedaços e tempere-o com sal e pimenta.

Em uma panela grande, de fundo grosso, doure o frango em quatro colheres (sopa) do azeite. Junte a cebola e refogue. Incorpore o pimentão e continue a refogar. Por fim, adicione o vinho e após alguns minutos o caldo e a folha de louro.

Cozinhe em fogo brando, por cerca de 15 a 20 minutos.

Num pilão, amasse os dentes de alho com as amêndoas, o açafrão, o pão ralado, a salsinha, o *brandy* e o azeite que sobrou, até obter uma pasta. Junte esses temperos à panela com o frango, e continue o cozimento por mais alguns minutos para os sabores se mesclarem.

Corte as lagostas em pedaços grandes, coloque-as delicadamente na panela e deixe-as repousar nos temperos, fora do fogo e com a panela tampada, por cerca de 5 minutos, antes de servir.

Rendimento: 4 a 6 porções.

O pecado da gula

Em sua doutrina sobre os pecados capitais ou mortais, Santo Tomás de Aquino (1225-1274), o moralista, filósofo e teólogo que criou o mais importante sistema de idéias da igreja católica, condenou a gula. Na verdade, ele aprofundou conceitos sustentados anteriormente pelo escritor ascético italiano Giovanni Cassiano (350-432) e por Gregório I, o Magno (540-604), um dos papas mais enérgicos e importantes da Idade Média. Nas obras *De Malo* (Sobre o Mal) e *Summa Theologica* (Suma Teológica), Santo Tomás asseverou que gula indica a desordem de um desejo natural. Definiu-a como "o gosto de comer e beber mais do que é necessário". E, de quebra, reforçou a convicção milenar de que a abstenção ou redução do consumo dos alimentos, com intuitos votivos, pavimenta o caminho para o céu.

Santo Tomás arrolou a gula entre os sete pecados capitais, ao lado da vaidade (depois substituída pela soberba), avareza, luxúria, ira, inveja e acídia (atualmente preguiça). Qualificou-os assim porque, em sua opinião, são vícios que originam "outros cinqüenta atos condenáveis". A palavra capital, segundo ele, deriva de *caput*, cabeça. A pessoa que cometer uma das sete faltas transgride gravemente a lei de Deus, ou seja, habilita-se ao fogo do inferno. A doutrina do genial moralista, filósofo e teólogo medieval prescreve três remédios contra a gula: rezar antes e depois das refeições; praticar mortificações à mesa, deixando de comer os alimentos mais apetitosos; evitar as tavernas e as pessoas que costumam levar as demais aos desvarios etílicos.

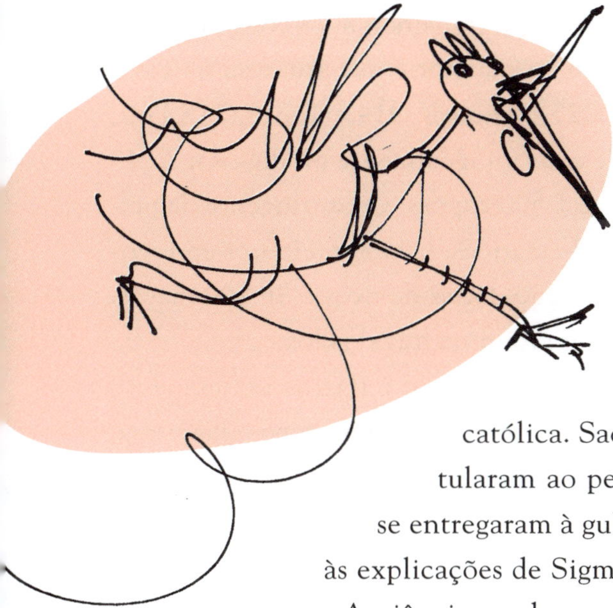

Na época de Santo Tomás, os gulosos foram incriminados no mesmo tom do sermão que, durante séculos, estigmatizou o sexo, limitando-o à função reprodutiva. Felizmente, durou pouco. Era um veto insustentável. A reação partiu inclusive do inte-rior da igreja católica. Sacerdotes e freiras simplesmente capitularam ao pecado gustativo. Hoje, julgamos que se entregaram à gula por uma motivação transcendente às explicações de Sigmund Freud, o fundador da psicanálise. A ciência moderna descobriu que o apetite à mesa e à cama obedece ao mesmo comando cerebral. Os impulsos motivadores de ambos os prazeres se encontram no hipotálamo, o QG das atividades do sistema nervoso autônomo. São despertados pelo mesmo hormônio. Daí o ilimitado apego à comida de inúmeros sacerdotes e freiras. Compelidos à obediência dos votos de celibato e castidade, resta-lhes exercitar um prazer capaz de compensar a surdez aos clamores do sexo.

Apesar de condenar a gula e legislar contra ela, a alta hierarquia eclesiástica jamais a penalizou com a mesma severidade dispensada aos demais pecados mortais. "Nunca considerou que comer bem fosse inibitório para a salvação da alma" assinalam Alfredo Saramago e Manuel Fialho, no livro *Doçaria dos conventos de Portugal* (Lisboa: Assírio & Alvim, 1997). Sobretudo nos mosteiros e conventos da Idade Média e Renascença, a mesa dos religiosos permaneceu escandalosamente farta. É verdade que sacerdotes e freiras observavam o jejum e a abstinência nos dias indicados pelo calendário litúrgico. Mas, nos domingos e datas festivas, o apetite corria solto. Foi nas cozinhas das instituições eclesiásticas e nos palácios reais que a culinária de então alcançou o supremo esplendor.

Alguns pontífices deram o exemplo. Quase sete séculos atrás, nos preparativos do banquete de coroação do papa Clemente VI, o mais controvertido chefe da igreja de Avignon, no sul da França, trabalharam os cozinheiros de todos os cardeais presentes ao conclave e os quatorze que atuavam na cidade. Essa brigada colossal preparou 1.023 carneiros, 914 cabritos, 118 bois, 101 vitelos e 60 porcos. O número de aves foi igualmente prodigioso: 7.048 frangos, 3.043 galinhas, 1.146 gansos e 1.500 capões. O contingente de peixes até parecia modesto: 300 lúcios e 15 esturjões. Já os confeiteiros apresentaram 50 mil tortas de frutas, usando 3.250 dúzias de ovos e 36.100 maçãs. Clemente VI comeu até se fartar. Sempre foi respeitável guloso.

A lenda diz que, certa vez, um velho cardeal o flagrou no momento em que entornava vorazmente um pote de cozido, em plena Quaresma,

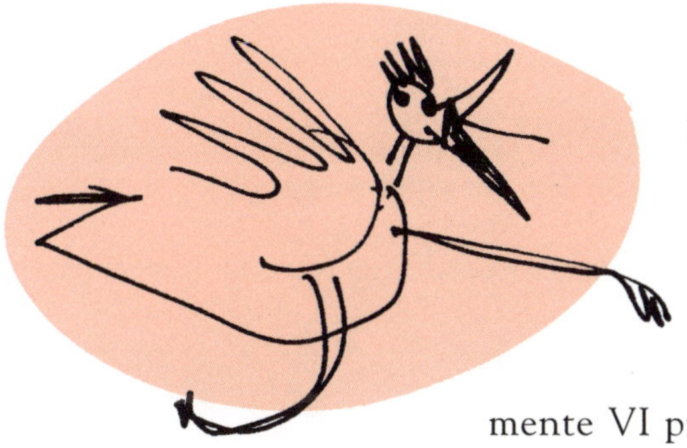

período de compulsórios jejuns e abstinências. Ao vê-lo "pecando", o veterano dignitário indagou-lhe se a gula continuava a ser pecado. Em vez de responder a pergunta, Clemente VI proferiu uma sentença antológica. "Deus também está nos cozidos", afirmou o papa glutão.

Há muito tempo, comer com avidez deixou de ser algo punido com o fogo do inferno. Atualmente, apesar da patrulha dos médicos, substitutos dos moralistas, filósofos e teólogos do passado, tornou-se um direito ao prazer. Para a descriminalização da gula e, mais recentemente, do sexo, contribuiu a certeza de que comer e amar são os únicos verbos transitivos diretos conjugados pelo ser humano durante a vida toda. Ao mesmo tempo, reafirmam a superioridade da nossa espécie. "Os animais se nutrem, o homem come; só o homem de espírito sabe comer", afirmou o gastrônomo francês Jean-Anthelme Brillat-Savarin, autor de *A fisiologia do gosto* (São Paulo: Companhia das Letras, 1995). A diferença é que certas pessoas demonstram exacerbado interesse pela mesa ou cama – e habitualmente avançam o sinal. Enfim, o vício de comer e beber exageradamente, bem como o interesse excessivo pelo sexo, perderam a condição de pecados capitais por serem referendados por duas conquistas civilizadas: o direito ao prazer e a riqueza de espírito.

Frango do rei

Ingredientes

Frango

4 peitos de frango sem osso

200 ml de vinho tinto seco

100 ml de caldo de frango

20 g de açúcar

8 dentes de alho limpos

200 g de cebolas miúdas sem casca

30 g de manteiga gelada sem sal

4 fatias de pão de fôrma sem casca

óleo de milho o quanto baste

sal e pimenta-do-reino moída na hora a gosto

Recheio

100 g de queijo tipo ricota picado fino

1 colher (sopa) de cebola picada fina e refogada em 1 colher (sopa) de manteiga

1 ovo

1 colher (sopa) de queijo tipo parmigiano reggiano, *ralado bem fino*

2 colheres (sopa) de farinha de rosca

sal e pimenta-do-reino moída na hora a gosto

Preparo

Frango

Limpe os peitos de frango e faça três cortes transversais profundos, de fora para dentro, em cada um deles. Reserve.

Numa panela, leve ao fogo o vinho, o caldo de frango, o açúcar, os dentes de alho e as cebolas. Cozinhe em fogo baixo, por 20 minutos, até as cebolas e os alhos ficarem macios e o molho reduzir à metade. Tempere com sal e pimenta. Retire do fogo e misture a manteiga gelada, para emulsionar o molho. Reserve em lugar quente.

Recheio

Numa vasilha funda, misture todos os ingredientes do recheio. Tempere com sal e pimenta.

Finalização

Recheie os peitos de frango e pincele-os por fora com óleo de milho.

Numa frigideira, aqueça 50 ml de óleo de milho. Junte os peitos de frango e sele-os em fogo alto, por 2 a 3 minutos de cada lado.

Retire os peitos de frango e coloque-os sobre um papel absorvente para que percam o excesso de gordura. Passe-os para um prato refratário; polvilhe por cima um pouco mais dos ingredientes do recheio e leve ao forno médio, preaquecido, por cerca de 10 minutos, para completar o cozimento.

Numa frigideira, aqueça 2 colheres (sopa) de óleo de milho, junte as fatias de pão de fôrma e doure-as por 1 minuto de cada lado. Retire-as e corte-as usando moldes em formato de estrelas.

No centro dos pratos, disponha o molho, com as cebolas e os alhos. Distribua os peitos de frango recheados e sirva com as fatias de pão.

Rendimento: 4 porções.

Taillevent e o gosto medieval

Baixo, gordo e barrigudo, vestindo calças muito justas e um gibão folgado demais, usando na cabeça um barrete preto de bordas reviradas, só retirado diante do rei, o francês Guillaume Tirel estava longe de ser um modelo de beleza. Para completar, tinha um nariz tão achatado e grande que, segundo os seus contemporâneos, "cortava o vento". Daí o apelido de Taillevent, recebido como pilhéria, mas do qual gostou e adotou. Mesmo assim, foi uma das pessoas mais assediadas de seu tempo. O carisma de Taillevent – um cozinheiro genial nascido em 1310 e falecido em 1395 – vinha da incomum habilidade no fogão. Algumas pessoas chegavam de longe para saborear os pratos preparados por ele. Taillevent deixou um livro de inestimável valor documental, *Le viandier*, considerado o primeiro tratado profissional de culinária em língua francesa, embora no acervo da Biblioteca Nacional da França, em Paris, exista um texto redigido anteriormente, por um autor anônimo.

A obra de Taillevent, escrita em torno de 1380, só foi editada muito depois da sua morte. Mas já era suficientemente conhecida, pois circulava como manuscrito. Seu autor chefiou a cozinha de monarcas famosos num período conturbado do país: Filipe VI ou Filipe de Valois, que iniciou a Guerra dos Cem Anos, assinalada por uma série de conflitos militares entre a França e a Inglaterra; João II, o Bom, capturado e encarcerado pelos ingleses, libertado em troca de reféns, e que voltou por conta própria ao cativeiro quando um deles escapou, para morrer na prisão; Carlos V, o Sábio, responsável pela reconquista de parte do território francês ocupado pelos ingleses;

e Carlos VI, o Louco, cujos acessos de insanidade o fizeram entregar o governo a conselheiros corruptos. Todos adoravam as receitas de Taillevent.

Le viandier é uma obra abrangente, pois trata de tudo. Possui até uma seção de pratos para doentes. Apresenta receitas à base de verduras, legumes, cereais, peixes e carnes em geral: tordo, cotovia, pombo, codorniz, perdiz, faisão, garça, ganso, cisne, cegonha, frango capão, galinhola, galinha, marreco, pato, coelho, lebre, porco, cabrito, cordeiro, carneiro, vitela e boi. Taillevent servia aos seus patrões coroados pratos fiéis ao paladar da época, a Idade Média. Privilegiava as elaborações ricas e ostentatórias. "Fantasiar" a comida era uma das habilidades do grande *chef*. Ele a tingia com corantes naturais, retirados do mirtilo, do girassol, do açafrão e das ervas. Tornava-a azul, vermelha, amarela e verde. Certas aves chegavam à mesa com as penas impecáveis, recolocadas após o cozimento. Pareciam vivas, "ameaçavam" voar. Pedras preciosas substituíam os olhos; hastes de ferro fixavam as patas ao corpo; guarnições camuflavam os adereços postiços.

Além disso, Taillevent utilizava generosamente as amêndoas e abusava dos condimentos, com resultados discutíveis para os dias de hoje, mas aplaudidos pelos seus contemporâneos. Na bela obra *2000 ans de festins* (Paris: Éditions de La Martinière, 1999), a pesquisadora Ruth Keenan, especialista em culinária antiga, observa que as receitas dele eram excessivamente temperadas, "a ponto de esconder o gosto real do ingrediente principal, com especiarias, sucos ácidos (...) e vinagre". Se bem que nem todas eram assim. A própria Ruth Keenan incluiu alguns pratos equilibrados no banquete inspirado no *Le viandier* que apresenta em seu livro. Ali se encontram, por exemplo, uma salada de agrião com molho verde, uma caldeirada de repolho e uma variação da *fromentée*, mingau de trigo moído, semelhante ao usado para fazer quibe. A receita alcançou popularidade na Idade Média e não era de Taillevent, mas foi aperfeiçoada por ele. A *fromentée* podia ser salgada, quando levava caldo de galinha, ou doce, se acrescida de mel. A população inteira a preparava. Os ricos a saboreavam como acompanhamento; os pobres, como prato principal.

As receitas de Taillevent também carregavam no mel e no açúcar, um produto importado, raro e caro, usado apenas pelos nobres e ricos, salpicado na comida como se fosse especiaria. Vários alimentos eram moídos ou esmagados, engrossados com ovo, pão ou farinha, para facilitar o consumo. Afinal, inexistia o garfo, comia-se apenas com a colher. A faca servia para cortar os assados em grandes porções, cuja carne, segundo a etiqueta, precisava ser arrancada do osso com as mãos, previamente lavadas, durante a refeição. O ritual da mesa aconselhava limpá-las com a parte superior da mão ou com a manga da roupa, porque não existiam guardanapos e sujar a toalha indicava má educação.

Ruth Keenan conta que os reis franceses gostavam de comer acompanhados e, nos seus palácios, as refeições eram servidas numa grande sala decorada com mesas na forma de U. O soberano se instalava num sofá, diante de uma delas, situada perpendicularmente às demais. Os comensais sentavam em bancos, dispostos conforme o título de nobreza e nível social.

Um banquete característico de Taillevent, segundo os cálculos de Ruth Keenan, compunha-se de pelo menos cinco serviços, com diversos pratos cada um. No primeiro, o *chef* exibia saladas, sopa, aves, cervo e cabrito; no segundo, pavão e cisne assados, coelho ao molho picante e perdiz; no terceiro, capão recheado, patê de pombos e assado de cabrito; no quarto, enguias, pêras ao vinho temperado, pão dourado e agrião; no último, creme com queijo branco, avelãs e pêras. Às vezes, ingressavam no salão vários pratos intermediários – a noção de *entremets*, expressão francesa que significa "entre pratos", hoje difundida no mundo, viria dessa época. Todas as receitas citadas encontram-se no *Le viandier*, embora ofereçam dificuldades de execução. Seus ingredientes aparecem listados, mas faltam as quantidades e a preparação é apenas parcialmente explicada.

Taillevent começou a trabalhar com 12 anos de idade, na função de *enfant de cuisine*, a serviço da rainha Joana d'Évreux. Em apenas 20 anos de carreira ficou célebre. Escreveu *Le viandier* quando o prestígio já estava nas alturas, estimulado pelo patrão Carlos V, um soberano esclarecido e amante dos livros. Paradoxalmente, não se envaidecia por ser um cozinheiro famoso. O que mais o orgulhava era o título de primeiro escudeiro do rei, recebido do maluco Carlos VI. Ninguém é perfeito, sentencia a voz do povo.

Fromentée

Ingredientes

250 g de trigo moído (para quibe)
1 litro de água
1 colher (café) de sal
1 pitada de açafrão (opcional)
250 ml de caldo de galinha
2 gemas de ovos

Preparo

Numa panela de tamanho médio, coloque o trigo moído, a água, o sal e o açafrão. Espere ferver, reduza o fogo e cozinhe por 20 minutos, mexendo sempre.

Retire do fogo, tampe a panela e deixe repousar por 15 minutos. O mingau engrossará mais um pouco e absorverá toda a água.

Volte ao fogo e junte o caldo de galinha, misturando bem. Levante fervura e cozinhe em fogo baixo. Mexa constantemente, por 5 minutos, até que o líquido tenha sido quase que totalmente absorvido.

Bata as gemas e junte-as ao mingau, mexendo energicamente. Cozinhe por 1 minuto e retire do fogo. Sirva em seguida.

Rendimento: 6 porções.

Bartolomeo Stefani e a mesa dos Gonzaga

Um dos pratos de ascendência mais nobre e refinada do mundo é um tipo de massa italiana. Chama-se *tortelli mantovani di zucca*. O nome informa os ingredientes e a terra natal. Os *tortelli* são variações dos *ravioli*. A receita surgiu em Mantova, na região da Lombardia e possui recheio à base de abóbora. Além disso, leva biscoitos *amaretti* (feitos com pasta de amêndoa) e mostarda de Cremona (frutas em calda doce com tempero picante). Seu efeito gustativo é apaixonante. Conforme Stella Donati, autora de *Cucina regionale italiana* (Bergamo: Euroclub, 1986), surgiu na corte dos Gonzaga, a família principesca que reinou em Mantova de 1328 a 1708 e a transformou numa das capitais do Renascimento. Ali trabalhou e morreu o pintor Andrea Mantegna (1431-1506), cujo genial domínio da perspectiva, manifestado em pinturas e afrescos inspirados no mundo antigo, até hoje provocam admiração e estudo.

Adeptos da boa mesa, os Gonzaga contratavam e pagavam regiamente ótimos cozinheiros. O mais famoso foi Bartolomeo Stefani. São ignorados detalhes importantes de sua biografia, incluindo as datas de nascimento e morte. Sabe-se apenas que o *chef* era natural de Bologna e esteve na corte de Mantova na segunda metade do século 17, a serviço de Carlos II. No prefácio do livro que lançou em 1662, intitulado *L'arte di ben cucinare et instruire i men periti in questa lodevole professione*, Stefani informava apenas ser sobrinho e ter sido aluno de Giulio Cesare Tirelli, cozinheiro da corte de Londres e, a seguir, do doge de Veneza.

A *Grande enciclopedia illustrata della gastronomia* (Milão: Selezione dal Reader's Digest, 1990), sublinha que sua obra não se limitou a divulgar as nobres receitas dos Gonzaga. Também sugeriu pratos destinados à cozinha diária do povo. Ao mesmo tempo, forneceu indicações de peso e volume das matérias-primas da culinária, algo revolucionário nos manuais da época. Ao mesmo tempo, Stefani ensinou como decorar pratos e servir os alimentos. No final do livro, descreveu os três banquetes suntuosos que o então duque de Mantova ofereceu à rainha Cristina, da Suécia. O último ocorreu a 27 de novembro de 1655, no palácio dos Gonzaga. A soberana escandinava havia se convertido ao catolicismo e viajava na direção de Roma, para receber a comunhão das mãos do papa Alexandre VII, na vigília de Natal.

Stefani descreve em detalhes a exuberância do banquete, no qual não economizou açúcar. Raro e caro, esse ingrediente foi utilizado com prodigalidade. "No meio da mesa havia uma enorme escultura de açúcar representando o monte Olimpo com o altar da fé, no alto dela estavam as figuras de dois meninos que sustentavam uma coroa real sobre as armas de Sua Majestade", escreveu o *chef*. Outras peças semelhantes ingressaram no salão trazidas pelo serviço faustuoso e apresentadas em triunfo aos embasbacados presentes. Os pratos eram tão numerosos e fartos que alguns sequer foram tocados. Afinal, o duque de Mantova patrocinara a comilança mais por exibicionismo do que por generosidade. Na época, os banquetes serviam para mostrar o poder e a riqueza dos senhores. Habitualmente, convertiam-se em espetáculos teatrais e palcos de maravilhas.

Na obra *L'arte di ben cucinare*, Stefani ensina receitas que, passados 343 anos, continuam reproduzidas do mesmo jeito. Denominam-se sopa de erva-doce, empada de peixe, dobradinha à Bartolomeo Stefani, faisão assado no espeto com molho real, assado de porco ao molho de presunto, pastelão branco à bolonhesa, pastelão de morangos, e aí por diante. Sua cozinha se revelava avançada. Ao contrário dos colegas franceses, o *chef* dos Gonzaga usava menos especiarias. Organizava *menus* que hoje seriam considerados equilibrados. Privilegiava verduras e frutas. Entre as quatorze receitas de pastelões incluídas no seu livro, só duas têm recheio de carne. A obra dedica amplo espaço às massas elaboradas à mão, às vezes servidas como acompanhamento.

Segundo os historiadores gastronômicos, as preparações idealizadas por Stefani fizeram tanto sucesso que ele virou a estrela mais luminosa na brilhante mesa dos Gonzaga.

Os usos e costumes da família, sobretudo à mesa, passaram a ser imitados por nobres e plebeus. Todos idealizavam comer como os duques de Mantova. Stella Donati, na citada *Cucina regionale italiana*, observa que, além dos *tortelli di zucca*, outras elaborações culinárias saíram do palácio ducal para cair no gosto do povo. Foi o caso dos *agnolini* dos Gonzaga, massinhas aparentadas aos *cappelletti*, recheadas com polpa de frango capão temperada com especiarias. Ainda vale citar o arroz *alla pilota*. Ressalte-se que a técnica de preparação desse prato difere do *risotto* milanês. Primeiro, o arroz vai à panela com uma quantidade de água suficiente para ser absorvida em dez minutos de fogo. Depois, descansa por dez minutos. A panela é mantida tampada. Então, recebe um embutido regional e queijo.

Séculos após a invenção do *tortelli di zucca* e de a receita difundir-se internacionalmente, os italianos ainda não decidiram qual o melhor formato dessa massa. Talvez jamais cheguem a um acordo. Em Mantova, conforme a mencionada *Grande enciclopedia illustrata della gastronomia*, prefere-se moldá-la em retângulos grandes. Aliás, a incerteza envolve os demais *tortelli* preparados no país, com diferentes recheios. O gastrônomo e escritor Pellegrino Artusi (1820-1911), autor do clássico *La scienza in cucina e l'arte de mangiar bene*, lançado em 1891, aconselhava fazê-los como meias-luas. Todavia, outros os preferem trançados, triangulares, quadrados ou redondos. Mas a divergência não tem a menor importância. Independente do formato, os *tortelli* – e, sobretudo os de Mantova, recheados de abóbora, *amaretti* e mostarda de Cremona – constituem invenção genial.

Tortelli Mantovani di zucca

Ingredientes

Recheio

1 1/2 kg de abóbora (prefira a japonesa) com a casca

100 g de biscoitos amaretti *(à base de amêndoas) moídos*

150 g de mostarda de Cremona (mistura de frutas em calda e condimento picante)

2 colheres (sopa) do suco da mostarda de Cremona

casca ralada de 1 limão

queijo parmesão ralado o quanto baste

manteiga amolecida em temperatura ambiente, o quanto baste (finalização)

algumas gotas de limão

sal e pimenta-do-reino moída na hora a gosto

Massa

400 g de farinha de trigo de boa qualidade

4 ovos inteiros

1 pitada de sal

farinha de trigo (para polvilhar)

Recheio

O ideal é preparar o recheio no dia anterior.

Corte a abóbora em pedaços, com a casca. Retire os filamentos e as sementes.

Leve os pedaços de abóbora ao forno preaquecido a 180°C, até que fiquem macios. Retire-os do forno, descartando a casca.

Passe a polpa por uma peneira e coloque-a numa tigela. Junte os biscoitos, as frutas da mostarda de Cremona bem picadas, o suco da mostarda, quatro colheres (sopa) de queijo ralado, o suco e a casca do limão, o sal e a pimenta-do-reino.

Misture todos esses ingredientes e reserve, tampados, em lugar fresco.

Se, antes de usar, o recheio estiver um tanto mole, misture um pouco mais de biscoitos triturados.

Massa

Peneire a farinha e o sal sobre uma superfície de trabalho. Faça um vão no meio e coloque os ovos.

Com os dedos, vá aos poucos misturando a farinha com os ovos.

Depois de bem misturados, trabalhe a massa com as mãos, pelo menos por 10 minutos, até ficar lisa e homogênea.

Faça uma bola com a massa, envolva-a em filme plástico e deixe-a descansar por cerca de 20 minutos, na geladeira.

Abra a massa com um rolo de macarrão, ou na máquina, em folhas com cerca de 1 a 2 mm de espessura. Coloque as folhas em superfície levemente enfarinhada.

Finalização

Com uma colher de chá, distribua o recheio sobre as folhas de massa, em intervalos com cerca de 4 cm. Dobre cada folha sobre o recheio e feche bem as extremidades, pressionando com os dedos.

Com um cortador de massa, corte na forma desejada: retângulo, quadrado ou em meia-lua.

Cozinhe os *tortelli* em abundante água fervente com sal e vá retirando-os delicadamente, com uma escumadeira, quando estiverem *al dente*.

Numa tigela, coloque os *tortelli* em camadas, intercalando-os com a manteiga e o queijo ralado.

Cubra a tigela com um guardanapo de cozinha e mantenha-a no calor, sobre uma panela com água quentíssima, por 5 minutos.

Retire a tigela do calor e sirva imediatamente.

Rendimento: 4 a 6 porções.

Nota: *os biscoitos* amaretti *e a mostarda de Cremona são encontrados nas boas lojas de produtos importados.*

O requinte da toalha de mesa

Ninguém consegue estabelecer o momento da civilização em que apareceu a toalha de algodão, de linho ou de outro tecido com a qual cobrimos a mesa durante a refeição. Aparentemente, ela seria desconhecida entre os antigos gregos e estreou no tempo dos romanos. Assim mesmo, a *Grande enciclopedia illustrata della gastronomia* (*op. cit.*), informa que as primeiras referências à toalha de mesa só aparecem no século 1º d.C. Porém, diferia da que conhecemos hoje. Assemelhava-se a um tapete ou era o próprio. Grossa e pesada, chamava-se *mantele* ou *mantile*. Os romanos, que comiam sentados em divãs dispostos perpendicularmente à mesa semicircular, pegando a comida com as mãos, pois desconheciam o garfo, davam-lhe importância estética e funcional. Além de embelezar o ambiente, amortecia ruídos e absorvia líquidos.

Foi requinte usado nos primeiros três séculos da era cristã, mas alcançou grande difusão apenas a partir da Idade Média – o período histórico iniciado após a divisão do Império Romano, em 395, e encerrado com a queda de Constantinopla, em 1453. O humanista italiano Bartolomeo Sacchi (1421-1481), o Platina, prefeito da Biblioteca Vaticana, recomendava-a totalmente branca. Julgava que assim estimularia o apetite. Entretanto, muitas vezes bordavam ou pintavam a toalha com flores e pássaros nas cores dos pratos servidos. Em banquetes luxuosos, banhavam-na em perfume, para agradar os convidados ou disfarçar o cheiro desagradável de certos alimentos.

No ritual cavalheiresco, a toalha virou símbolo de distinção. Ser privado de seu uso constituía humilhação. O cavaleiro que manchasse o próprio nome era obrigado a sentar-se à mesa sem ela. Nos casos mais infamantes, recortava-se o tecido na parte que passava diante do castigado, forçando-o a apoiar-se na madeira. Os participantes das cruzadas – expedições empreendidas nos séculos 11, 12 e 13 pela Europa cristã, para libertar o túmulo de Jesus da dominação muçulmana – submetiam-se voluntariamente a essa privação, através de promessas aos céus. Se voltassem vivos da Terra Santa, comeriam sem toalha durante algum tempo, ou para sempre.

O pesquisador inglês Roy Strong, no livro *Banquete – uma história ilustrada da culinária, dos costumes e da fartura à mesa* (Rio de Janeiro: Jorge Zahar Editor, 2004), fornece-nos detalhes curiosos sobre a utilização desse adereço nos banquetes dos séculos 15 e 16. "Em geral, os tratados (...) especificam três cobertas de mesas superpostas: uma que se encontrava ao chegar, a segunda revelada no meio da refeição e uma terceira para a sobremesa", diz. Não raro, separavam-nas camadas de couro, a fim de evitar que líquidos as atravessassem e manchassem. A retirada de cada camada se fazia solenemente, de modo a surpreender os convidados.

Em 1475, no banquete nupcial de Costanzo Sforza com Camilla de Aragão, a toalha foi trocada diversas vezes na mesa alta, onde se encontravam os noivos, e duas nas dos convidados. O costume permaneceu em toda a

Renascença – o período de renovação literária, artística e científica que assinalou a transição da Idade Média para a Moderna.

O elegante ornamento passou por evoluções, conforme a *Grande enciclopedia illustrata della gastronomia*. No século 16, as toalhas exibiam bordados requintados; no 17, a preferência recaía sobre as lisas e brancas, terminadas com barras de rendas; no 18, eram todas rendadas e rococós, exploravam a cor ou estavam dispostas sobre tecidos vivos; no final do século 18, desaparece a decoração carregada e voltam as toalhas brancas e amplas, que cobrem a mesa até o chão; no 19, surgem as adamascadas, primeiro com motivos geométricos, depois inspiradas em flores e frutas. Todos os estilos comportaram exceções. A rainha Vitória, da Inglaterra, após a morte do marido, o príncipe Albert, em 1861, impôs aos súditos e admiradores internacionais a moda da viuvez. Os tecidos britânicos fabricados até 1900 se caracterizaram pelos tons sóbrios e escuros. Revestiam as mesas dos banquetes e chás da tarde.

Hoje, existem toalhas de variados tecidos. Além do algodão e do linho, são feitas com fios sintéticos. Custam menos e duram mais, embora se revelem menos aconchegantes.

No século 20, consagrou-se o jogo americano, um conjunto de pequenas toalhas individuais. Apesar da praticidade, falta-lhe a elegância tão grata ao ato de comer. Como o nome indica, veio dos Estados Unidos. Serve para refeições ligeiras. Mas os norte-americanos se redimiram desse pecadilho com o aprimoramento da técnica de aplicar estampas no tecido. A partir de 1948, lançaram belíssimas toalhas convencionais, ostentando desenhos tridimensionais, multiplicidade de cores e sombras mais complexas. Também popularizaram estampas com elementos de cozinha – bules, copos etc. – e figuras humanas, inclusive do mundo artístico, como a nossa querida Carmen Miranda. Isso sem falar na beleza de suas toalhas natalinas. O mundo requintado já os perdoou do minimalista jogo americano.

Teascones

(Pãezinhos para o chá)

Ingredientes

2 xícaras (chá) de farinha de trigo

2 colheres (sopa) de açúcar

1 colher (sopa) cheia de fermento em pó

4 colheres (sopa) de manteiga

1 ovo

150 ml de leite

1 pitada de sal

manteiga (para untar)

farinha de trigo (para polvilhar)

gema (para pincelar)

Acompanhamento

geléia, manteiga, creme de leite azedo

Preparo

Numa tigela, peneire a farinha de trigo com o açúcar, o fermento e o sal.

Adicione a manteiga e misture com a ponta dos dedos, até obter uma massa esfarelada.

Em outra tigela, coloque o ovo e o leite. Mexa e junte essa mistura à massa.

Misture com delicadeza, sem amassar.

Numa mesa polvilhada com farinha de trigo, estique a massa numa espessura de 2 centímetros.

Com um molde (pode ser um copo), corte a massa em círculos.

Leve ao forno em tabuleiro untado e polvilhado, deixando espaço entre os círculos de massa.

Pincele com gema e asse em forno quente, preaquecido a 250°C, por aproximadamente 10 a 15 minutos, até os *scones* ficarem ligeiramente dourados.

Sirva quente, com os acompanhamentos.

Rendimento: 12 a 15 porções.

A ceia de Leonardo da Vinci

Ao dar as derradeiras pinceladas no mural *Última Ceia*, cinco séculos atrás, Leonardo da Vinci (1452-1519) nos ofereceu a mais genial interpretação artística da última refeição de Jesus Cristo. Atualmente, é uma das obras-primas mais comentadas do mundo, sobretudo depois que Dan Brown a usou para escrever o *best-seller O código da vinci* (Rio de Janeiro: Sextante, 2004), imaginando enigmas esotéricos nas suas figuras e repetindo, sem comprovação bíblica, teológica ou histórica, teorias apócrifas sobre a vida do fundador do cristianismo e críticas infundadas às instituições católicas.

Antes e depois de Leonardo, outros pintores notáveis, de Giotto a Rubens, de Bassano a Dalí, reproduziram a ceia servida provavelmente no ano 33, às vésperas da Páscoa hebraica, pois Jesus nasceu judeu. Ninguém realizou um trabalho tão majestoso. Leonardo pintou o mural entre os anos de 1495 e 1498, numa das paredes do refeitório do convento de Santa Maria delle Grazie, em Milão, sob encomenda de Ludovico Sforza, o Mouro, duque local. Sua obra-prima tem mais de nove metros de largura e quatro metros e vinte centímetros de altura.

Extremamente perfeccionista, ele desprezou a técnica convencional do afresco, em que as cores são aplicadas num reboco úmido aplicado na parede. Ao secarem, uma reação química as integra e não podem ser mudadas. Preferiu usar uma base de argila, aglutinada por óleo e verniz. Queria ter condições de corrigir, de alterar o trabalho. Ainda vivia quando seu trabalho revelou os primeiros problemas técnicos. Atacada pela umidade da parede, a pintura começou a desbotar e a descascar. Anos depois, os religiosos do convento de Santa Maria delle Grazie tiveram a péssima iniciativa de abrir uma porta no mural. Finalmente, a *Última Ceia* escapou por um triz de bombardeio aéreo, durante a Segunda Guerra Mundial. Sucessivas restaurações têm operado o milagre de preservá-la.

Mesmo protegido por moderno sistema de drenagem da umidade, o mural jamais recuperou o esplendor do tempo da criação. Ainda assim, sua genialidade se mantém intacta. Leonardo captou o momento em que Jesus anuncia aos doze apóstolos que será traído por um deles. Exceto Judas, responsável pela infâmia, os discípulos reagem com horror às palavras ouvidas.

Olhando-se a *Última Ceia* da esquerda para a direita, o primeiro que aparece é São Bartolomeu. Está em pé, espantado, e apóia as mãos na mesa. A seguir, acham-se São Tiago Menor e Santo André. Chocados, erguem as mãos. O transtornado São Pedro, igualmente em pé, aponta para o centro da mesa, inclinado sobre o atônito São João. Judas foi colocado na frente de ambos, com a mão direita virada para a bolsa onde oculta as moedas da infâmia.

No centro da mesa aparece Jesus, sereno, isolado, com a silhueta em formato de pirâmide. Sua figura dominante contrasta com a disposição dos

apóstolos, subdivididos em quatro grupos de três. Uma janela aberta emoldura Jesus. Há mais duas. Irradiam a discreta iluminação responsável pelas luzes e sombras. À direita de quem olha, seguem-se São Tomás, São Tiago Maior, São Filipe, São Mateus, São Tadeu e São Simão, todos alvoroçados, exibindo gestos variados e diferentes expressões faciais. Leonardo desenhou previamente cada personagem da *Última Ceia*. Os esboços enriquecem alguns museus europeus. Traçava-os após encontrar modelos adequados. Era bastante exigente. Críticos modernos sustentam que deixou imperfeita a cabeça de Jesus por não encontrar um modelo satisfatório.

A composição do mural coloca a mesa em primeiro plano, disposta transversalmente sobre quatro cavaletes. Uma toalha a cobre de ponta a ponta. A arquitetura e a decoração são básicas. Sobressaem-se as cores marrom, vermelho e verde. Pálidas e discretas, ajudam a conferir um clima de mágica solenidade. Sobre a mesa, Leonardo colocou alimentos do seu tempo. Os estudiosos enxergam sinais de pão, purê de nabos, bolos de peixe, além de sete copos vazios, que poderiam ter contido vinho. Ao mesmo tempo, procuram descobrir suas receitas. O pão seria fermentado, e não ázimo, sem levedar, como o saboreado na Páscoa final de Jesus. O purê de nabos seria uma predileção renascentista. Os nabos eram transformados em pasta depois de cozidos e misturados com gordura de porco. Já os bolos de peixe tinham elaboração um pouco mais longa. Levavam ovos, farinha, sal e pimenta. Depois de moldados redondos, fritavam na gordura de porco.

O pintor da *Última Ceia* nunca foi um *gourmet*, embora o divertido livro *Leonardo's kitchen note book* ou *Codex romanoff* (Londres: William Collins & Sons, 1987), cuja autoria é atribuída ao grande artista sem comprovação documental, apresente-o como exímio cozinheiro e dono de uma taberna em sociedade com o colega de pincel Sandro Botticelli. Vegetariano assumido, submetia-se diariamente ao espartilho de sua dieta alimentar. "Os homens e as feras não são mais do que eternos cemitérios ambulantes, túmulos uns para os outros", escreveu ele.

Entretanto, na corte de seu protetor Sforza, teve a oportunidade de conviver com a mesa onívora e generosa. Na cozinha do duque de Milão ou na de sua família, pode ter nascido a *cotoletta alla milanese*, obra-prima da culinária italiana, em que a carne de vitelo, temperada com sal e pimenta, é passada no ovo batido, depois em pão ralado grosseiramente, e por último colocada para fritar na manteiga. A bela e requintada Beatriz d'Este, duquesa de Urbino e mulher de Sforza, sabia comer bem. Foram criados inclusive pratos em sua homenagem, entre os quais uma sopa à base de massa, fígado de frango, cenoura, couve, lingüiça, queijo e tomate, ingrediente incorporado após a descoberta da América, chamada *lumachelle all'urbinate*.

O cardápio da última refeição de Jesus tem sido mais investigado ultimamente. Como assinalamos, era tempo de Páscoa. Jesus e os apóstolos comemoravam a festa judaica que homenageia a libertação dos filhos de Israel após mais de dois séculos de escravidão no Egito. A última ceia teria ocorrido no Seder, que vem a ser a primeira noite da celebração. Nela há uma refeição importante. A Páscoa cristã adotou outro significado. Relembra a morte e a ressurreição de Jesus.

O que o fundador do cristianismo e seus apóstolos realmente comeram na ocasião? Segundo o Evangelho de São Lucas, capítulo 22, versículos 7 a 20, São Pedro e São João receberam instruções para prepará-la. Sobre a mesa existiam alimentos da liturgia judaica: ervas amargas para relembrar o sofrimento causado pela escravidão ao povo hebreu; pão ázimo, em memória da fuga do Egito, pois não havia tempo para a massa levedar; e carne de cordeiro, característica das comemorações hebraicas. Evidentemente, Leonardo dispunha dessas informações, mas as desprezou, movido pelo mesmo talento criativo que o fez adaptar a fisionomia dos apóstolos. O Judas da *Última Ceia*, por exemplo, retrataria Girolamo Savonarola (1452-1498), o pregador dominicano que impôs aos habitantes de Florença uma vida quase monacal, acabou excomungado pelo papa Alexandre VI e foi queimado vivo por heresia.

Bolos de peixe

Ingredientes

1 kg de peixe já limpo (prefira salmão)

4 a 5 ovos

medidas iguais de farinha de rosca e de farinha de trigo (para empanar)

sal e pimenta-do-reino moída a gosto

óleo (para fritar)

Acompanhamento

alcaparras

Preparo

Corte o peixe em pedaços.

Bata ligeiramente os ovos e tempere-os com pimenta e uma pitada de sal.

Misture o peixe aos ovos batidos. Modele com as mãos, formando bolos de tamanho médio.

Complemente o formato arredondado dos bolos, passando-os nas farinhas de rosca e de trigo, previamente misturadas.

Frite os bolos de peixe, poucos por vez, em óleo quente. Retire e deixe escorrendo em papel absorvente.

Sirva com as alcaparras colocadas por cima.

Rendimento: 6 porções.

Rabelais e suas criaturas fabulosas

Existem livros dos quais todos falam, mas poucos leram. Um deles é *Gargantua et Pantagruel*, título pelo qual ficaram conhecidos os quatro volumes lançados em vida pelo escritor francês François Rabelais (1494/96-1553), mais o quinto publicado após a sua morte, de autenticidade controversa. Não são propriamente romances de aventura, mas epopéias cômicas e heróicas, nas quais o genial autor satiriza a condição humana, a vida social e as instituições do século 16, a começar pela igreja católica e a justiça francesa.

Erudito e fantasioso, Rabelais foi um dos grandes humanistas da Renascença. Participou do movimento intelectual que rompeu com a tradição intelectual da Idade Média, fundamentalmente teológica. Acreditava na bondade do homem e na sua capacidade de progresso. Sustentava que o melhor conhecimento do mundo se encontrava nos autores antigos. A partir desses princípios, produziu uma obra-prima. É provável que muitas pessoas desistam de ler o original de *Gargantua et Pantagruel* pelo francês barroco, repleto de neologismos, em função do vocabulário deliberadamente particular.

Pitoresco no estilo, Rabelais não produziu textos de culinária. Mas as comilanças em que se envolvem seus personagens, ultrapassando os limites do absurdo, se converteram em ícones da caricatura gastronômica mundial. Os dois primeiros livros exploram situações engraçadíssimas provocadas pelo tamanho e apetite desproporcionais de uma família de gigantes: Grandgousier, seu filho Gargântua e o neto Pantagruel. Nos outros três volumes, o humor se torna cada vez mais grosseiro, mas sempre divertido, com alguns capítulos de interesse filosófico. Pantagruel se destaca no trio. Notabiliza-se pelo apetite voraz e a força extraordinária. Havia apenas desembarcado no mundo e foi necessário reunir um rebanho de 17.913 vacas para aleitá-lo. Ainda menino, podia espetar um carneiro com o garfo e devorá-lo de uma só bocada. Às vezes, porém, Rabelais o reduz a proporções humanas e o transforma em adorável epicurista. Não por acaso, seu nome virou adjetivo internacional. A palavra pantagruélico define um apetite, estômago ou banquete descomunal.

O garoto obeso e enorme saiu igual ao pai Gargântua. Este, já na infância, "começava a refeição por algumas dúzias de pernis, de línguas de boi defumadas, de botargas, chouriços e outros chamariscos para o vinho". Em sua boca, os serviçais despejavam terrinas de mostarda, uma atrás da outra. Devorava várias carnes à sua escolha. Só parava de comer quando a barriga ficava esticada. Por último, entornava volumosa golada de vinho branco, a fim de aliviar os rins. Para ele, o ato de beber não tinha fim nem paradeiro. Só deixava de fazer isso "no momento em que a cortiça da sola dos

chinelos inchava para cima meio pé". Pantagruel também adorava beber. Armou uma grande esquadra e se lançou ao mar, em busca dos preciosos segredos da Divina Garrafa e de seu oráculo. O símbolo de sua nau, lavrado na popa, era uma grande garrafa redonda pintada de vermelho até a metade, como se contivesse vinho tinto.

As figuras e os costumes da época recebem sucessivas agulhadas de Rabelais. Numa das ilhas alcançadas por Pantagruel, frades e religiosos revelam extremada afeição aos quitutes. Com a alma na cozinha, acompanham atentos "às oscilações dos espetos, à posição do toucinho, à temperatura das sopas, aos preparativos da sobremesa, à ordem do serviço do vinho". Em outra passagem, Pantagruel e seu grupo enfrentam uma violenta guerra contra as *adouilles*, que vêm a ser embutidos feitos com tripa e miúdos de porco, extremamente temperados e defumados. O conflito mortal só termina com a aparição de um imenso porco alado, que sobrevoa o campo de batalha, dá várias voltas e lança "mais de vinte e sete pipas de mostarda".

Pantagruel também visita o reino de Gaster, onde a comida era a principal obsessão. Dezenas dos mais variados pratos são descritos na ordem de serviço, bem como alguns tipos de vinhos. E, como ninguém era de ferro, existia comida farta inclusive para os períodos de jejum e abstinência de carne fixados pela igreja católica e cuja desobediência fazia o fiel incorrer em pecado: caviar, manteiga fresca, purê de ervilhas, favas, espinafre, arenque branco, sardinha, toninha, salmão e enguias salgadas, anchovas e ostras na casca.

Rabelais teve uma vida movimentada. Nasceu em La Devinière, mas logo mudou para a vizinha Chinon, em cujo tribunal o pai advogava. Ambas as localidades ficam no Vale do Loire, uma região dominada por cidades requintadas, castelos históricos, excelente cozinha e ótimos vinhos. As histórias de *Gargantua et Pantagruel* são ambientadas em Chinon. Seu criador foi frade menor da Ordem dos Franciscanos, virou sacerdote, tornou-se beneditino, médico em Montpellier, professor de Anatomia, cônego de Saint-Maur-des-Fossés e, a seguir, cura de Meudon. Esteve diversas vezes na Itália, uma das quais como refugiado, acompanhando o influente cardeal João Du Bellay, seu amigo pessoal, irmão de Guilherme Du Bellay, governador do

Piemonte e um dos mais bravos generais do rei Francisco I. Também viveu em Fontenay-le-Comte, onde ficou amigo de Pierre Amy, um monge apaixonado pelos estudos humanistas. Com ele, aprofundou o conhecimento dos clássicos gregos, até a Sorbonne proibir a língua na qual escreviam, a pretexto de que levava à leitura crítica dos Evangelhos e, conseqüentemente, ao cisma. Os livros mais estimados por Rabelais e Amy acabaram confiscados e incinerados.

Morou igualmente em Paris, como padre secular. Na capital francesa, entregou-se a uma vida dissipada. Caiu na boemia e teve com uma viúva assanhada dois filhos pelos quais jamais se interessou. Então, decidiu começar a peregrinar, no estilo dos clérigos antigos. Esteve sucessivamente em Orléans, Bourges, Toulouse, Bordeaux e Lyon, a cidade que ajudou a despertar-lhe a vocação literária e na qual teve outro filho com uma mulher local, cuja morte prematura causou-lhe profunda dor.

Paradoxalmente, Rabelais tinha estatura pequena. Magro e frugal à mesa, alimentava-se basicamente de sopas. Ao mesmo tempo, mostrava-se culto e brilhante na conversação. Era admirado por Francisco I – o rei mecenas, anfitrião de Leonardo da Vinci e Benvenuto Cellini –, que sempre o protegeu, inclusive financeiramente. Recebeu a mesma deferência do cardeal

Du Bellay. Precisava disso. Todos os seus livros foram imediatamente condenados. Suas descrições meticulosas e cruas das funções naturais eram acusadas de obscenas. Viu-se obrigado a reescrever vários trechos. Para completar, os católicos o consideravam herege; os protestantes o julgavam suspeito livre-pensador. Os inimigos voluntários conseguiram alguma coisa. Até meados do século 19, a obra de Rabelais permanecia incompreendida.

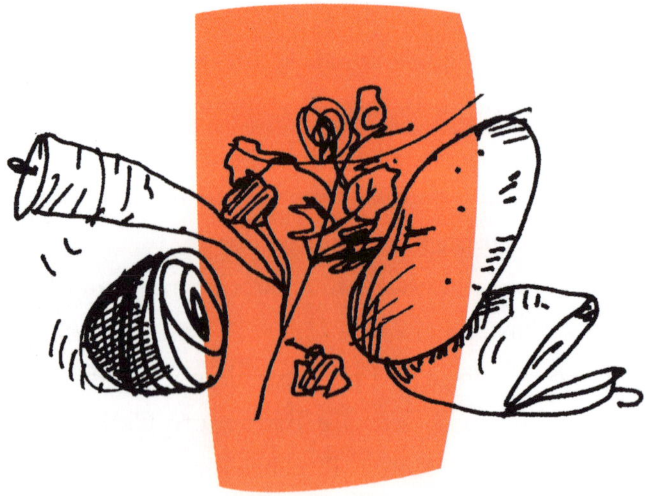

Sopa à Rabelais

Ingredientes

3 cenouras

1 nabo

3 talos finos de alho-poró (parte branca)

1 talo de aipo

5 batatas

1,5 litro de caldo de carne

2 ramos (grandes) de folhas de salsinha

2 colheres (sopa) cheias de creme de leite fresco

sal e pimenta-do-reino moída a gosto

Preparo

Limpe e corte os legumes em pequenos cubos.

Numa panela, coloque os legumes cortados, junte o caldo, as folhas de salsinha e deixe ferver, em fogo baixo, até os legumes ficarem bem cozidos.

Coe o caldo, amassando bem os legumes numa peneira.

Coloque tudo novamente na panela, tempere com sal, pimenta-do-reino e misture o creme de leite.

Leve novamente ao fogo e deixe levantar fervura.

Sirva em seguida.

Rendimento: 4 porções.

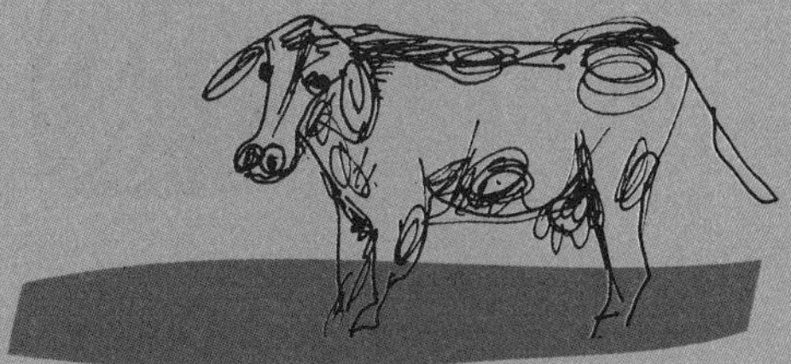

A gula imperial de Carlos V

Sempre que alguém organiza o *ranking* dos apetites mais vorazes da História Universal, depara-se naturalmente com o nome Carlos V (1500-58), imperador do Sacro Império Romano Germânico, senhor de domínios que abrangiam a Espanha e suas colônias, uma parte da Itália, de Flandres e da Áustria. Era um território tão amplo que nele o sol jamais se escondia, sempre brilhava em um canto. O escritor catalão Néstor Luján, na *Historia de la gastronomía* (*op. cit.*), qualificou a gula de Carlos V de "imperial" e contou histórias ilustrativas de seu apetite desmedido. O inglês Roger Ascham (1515-68), autor do clássico *Toxophilius*, sobre a ciência e a técnica do tiro com arco, participou de um dos banquetes do imperador e saiu escandalizado.

Espantou-se com o interminável número de pratos e, sobretudo, com o desempenho do anfitrião à mesa. Considerou absurda a quantidade de sopas gordurosas, receitas indigestas de carnes e daí por diante. Paradoxalmente, havia pouco desperdício, porque Carlos V e os convidados devoravam quase tudo o que chegava à mesa. Segundo Ascham, o imperador nada recusava. "Submergiu cinco vezes a cabeça num grande recipiente de prata e em cada ocasião bebeu pelo menos um quarto de vinho do Reno", relatou o inglês. Pelos cálculos de Luján, "cada trago (...) representava pouco menos que um litro de bebida". O escritor catalão atribui a sede insaciável de Carlos V ao excesso de especiarias usadas na cozinha palaciana: pimenta, cravo, canela e noz-moscada. Mas seu mordomo Van Male oferecia outra explicação. Creditava o fato "às numerosas enfermidades do imperador".

Análises dos retratos de Carlos V concluíram que ele era uma pessoa melancólica, vítima de distúrbios respiratórios e pouco beneficiado pela natureza. Herdara o lábio inferior demasiadamente grosso dos Habsburgos – antiga família nobre da Alemanha, oriunda da Suábia, cujo nome derivava de um castelo da Suíça –, sua linhagem paterna. Essa deficiência associada às maxilas muito proeminentes faziam-no manter a boca aberta: fechando-a, ele não conseguia juntar os dentes. Tais problemas aparecem claramente nos retratos da infância e juventude. Na idade adulta, as glórias do imperador fizeram com que os pincéis bajuladores se tornassem mais condescendentes.

Filho de Filipe, o Belo, arquiduque da Áustria, e de Joana, a Louca, rainha de Castela, Carlos V nasceu em Gand, na Bélgica, e morreu no mosteiro de Yuste ou S. Justo, na região espanhola da Extremadura. Teve como tutor Adriano de Utrecht, futuro papa Adriano VI, e se inspirava nos ideais humanistas de Erasmo de Rotterdam.

A religião desempenhou um papel importante na sua vida. Sonhou estabelecer uma monarquia católica universal. Mas precisou sustentar quatro guerras contra Francisco I (1494-1547), rei da França, a quem derrotara em 1519, na eleição para imperador do Sacro Império Romano Germânico, graças a empréstimos que lhe permitiram subornar os eleitores e converter-se, respeitadas as proporções, num precursor da logística do "mensalão" brasileiro. Também enfrentou Solimão II, o Magnífico (1494-1566), poderoso sultão otomano, e os luteranos da Alemanha. Não conseguindo realizar seu projeto ambicioso, cansado do poder e descobrindo ser irreversível a expansão do protestantismo, abdicou em 1555, logo após negociar o casamento de seu filho, Filipe II, com Maria da Inglaterra. Encontrava-se acometido de uma crise aguda de misticismo.

Nada freava sua glutonaria, nem os dentes escassos e ruins ou as lancinantes crises de gota. Pelos excessos cometidos à mesa e nenhum cuidado com a saúde, aos 45 anos de idade já parecia um velho alquebrado. No magnífico retiro que fez construir junto ao mosteiro de Yuste, passou os últimos meses de vida dedicado à penitência e à oração. Entretanto, seguidamente capitulava à gula e se entregava à comilança desvairada. Para essas ocasiões, mandava buscar ostras vivas e mariscos em água do mar; pastéis de lampreia,

um peixe delicioso dos mares europeus; todos os animais de criação, a começar pelo porco, carneiro e frango capão; perdizes, lebres, javalis, veados e outros bichos selvagens; aspargos, frutas e vinho do Reno.

Levara para o retiro até um mestre cervejeiro, porque não raro preferia intercalar a comida com litros dessa bebida. Fatos como esse inspiravam a fantasia coletiva. Afirmava-se que ele tomava cerveja "para limpar o sangue envenenado pelas especiarias". Seu exílio voluntário exercia nas pessoas o mesmo efeito estimulante. Por muito tempo circulou que Carlos V antecipara o próprio funeral, a fim de observar escondido a reação dos antigos súditos. Os historiadores desmentiram a versão, qualificando-a de lenda. Entretanto, a voz do povo acrescentou-lhe novo detalhe. Afirmou que, enquanto o cortejo passava, o ex-imperador espiava a cerimônia fúnebre atrás de uma fresta de janela, atracado com um pernil de javali.

Pernil de javali ao molho de mel e frutas secas

Ingredientes

1 pernil de javali com cerca de 2 kg

2 cebolas cortadas em 4 partes

5 dentes de alho cortados ao meio

1 amarrado de ervas aromáticas (louro, alecrim, tomilho, salsinha, cebolinha-verde)

3 talos de salsão cortados em pedaços

1 litro de vinho branco seco

300 g de bacon *defumado cortado em lâminas*

3 colheres (sopa) de mel

frutas secas a gosto (figos, ameixas, damascos)

sal grosso e grãos de pimenta-do-reino a gosto

Preparo

Tempere o pernil de javali com sal grosso e pimenta-do-reino. Passe-o para uma assadeira e junte os demais temperos. Incorpore o vinho e deixe descansar na geladeira por toda a noite.

Coloque o *bacon* por cima, cubra com papel-alumínio e asse em forno preaquecido a 250°C, por cerca de 2 horas, levantando o papel e regando com o molho da assadeira.

Descarte o papel-alumínio e deixe por mais uns 30 minutos no forno, até completar o cozimento e a carne dourar.

Retire a carne, mantendo-a em lugar quente.

Deglace a assadeira no fogo, colocando um pouco de água e mexendo com uma colher, para soltar os resíduos do assado. Passe o molho que se forma por uma peneira. Coloque numa panela e junte o mel e as frutas secas. Leve ao fogo até levantar fervura.

Sirva o pernil de javali com o molho.

Rendimento: 6 a 8 porções.

O voraz Henrique VIII

Apesar de ter casado seis vezes e de colecionar amantes, Henrique VIII, rei da Inglaterra por 38 anos, entre 1509 e 1547, não passou à História apenas como um mulherengo compulsivo. O soberano que rompeu com o papado romano, fundando a igreja anglicana, também ganhou fama de ser um dos maiores glutões de todos os tempos. Embora exigisse aparecer mais delgado nos retratos oficiais, os artistas não conseguiam deixar de pintá-lo gordo, sob pena de parecer outra pessoa. Possuía estatura baixa e, na idade adulta, jamais pesou menos de 100 quilos. De manhã cedo, dois camareiros lhe amarravam no abdome uma larga faixa de pano, para disfarçar a barriga. A operação era trabalhosa, porque ele gostava de vestir-se após devorar um opulento desjejum.

Henrique VIII demonstrava apetite colossal. Nas triviais refeições diárias, permanecia duas horas à mesa. Nos intermináveis banquetes, era capaz de ficar muito mais. A comida chegava em sucessivas bandejas, carregadas por duplas de serviçais. Carnívoro voraz, adorava assados. Atracava-se com peças inteiras de veados, carneiros, porcos, lebres, pavões, frangos, perdizes e pombos. Gostava de comer acompanhado de outros comilões. Sentia-se mais estimulado pela presença deles. Pegava os alimentos com as mãos, segundo o costume da época. Mas revelava saudável hábito higiênico: lavava as mãos com água perfumada, antes e depois de comer. Nas caçadas, que constituíam um de seus passatempos favoritos, o exercício físico dobrava-lhe a fome. Se ia passear, carregava merendas. O mesmo sucedia nos espetáculos de música e dança fora do palácio.

Também capitulava aos doces. Apreciava *frumenty*, velha receita da cozinha inglesa, à base de trigo integral, que fica no fogo até virar mingau, e incorpora leite, ovos e especiarias. Inicialmente, era salgada e levava carne. Depois, virou doce. Segundo alguns estudiosos, seria ascendente de outra receita que, a partir do século 17, evoluiu para o atual *Christmas pudding*. Falamos do bolo obrigatório no Natal inglês, preparado na boca do fogão, em banho-maria, numa fôrma funda, e flambado à mesa com rum ou conhaque. Originalmente, levava a gordura do rim bovino. Hoje, muitos a substituem pela manteiga. Por falar em Natal, Henrique VIII aproveitava a festa em louvor do nascimento de Jesus para entregar-se a uma avassaladora comilança. Inspirado no exemplo do rei, o povo inglês, que sempre se destacou pela animada comemoração da importante data cristã, passou a fazer o mesmo.

Henrique VIII teve o mérito de manter seu país unido num período de rápidas transformações e lutas internas. Além disso, converteu a Inglaterra numa das maiores potências navais da época. Também exerceu importante papel na política européia. Mas governava impondo o medo, mandando assassinar os adversários. Ordenou a execução de duas das suas seis mulheres e, após romper com Roma e nomear-se a si mesmo chefe da Igreja da Inglaterra, em 1531, perseguiu os católicos renitentes, dissolveu mosteiros, liquidou propriedades eclesiásticas, destruiu preciosas construções, bibliotecas e obras de arte. Entretanto, seguramente contava com o apoio da maioria dos súditos. Sem esse respaldo, não teria se mantido tantos anos no poder.

Ninguém ligava para os vícios do rei, que não se limitavam à gula e ao adultério, pecados habitualmente tolerados nos soberanos de então. Henrique VIII também era fanático por jogo. Chegou a perder nas cartas, em apenas dois anos, a fortuna de 3.250 libras. Quando morreu, encontrava-se aparentemente arruinado. Devia uma soma equivalente a 50 palácios.

Desde criança foi bom de garfo, talvez para compensar a indiferença do pai, Henrique VII, fundador da dinastia dos Tudor, que concentrava as atenções no primogênito Artur, herdeiro do trono. Queria que ele, o segundo filho, entrasse para a igreja católica e conquistasse um alto cargo na hierarquia. Para isso, o jovem príncipe estudou teologia por mais de uma década, além de música e línguas. A morte prematura do irmão, porém, alterou-lhe o destino. Em 1509, sucedeu o pai e, ao ser coroado, adotou o nome de Henrique VIII. Depois, autorizado pelo papa Júlio II, casou com a viúva de Artur, Catarina de Aragão. Viveram juntos dezoito anos.

Católico fervoroso, refutou o protestantismo de Lutero e recebeu em troca, do papa Leão X, o título de "defensor da fé". Dos cinco filhos que teve com Catarina de Aragão, apenas Maria sobreviveu. Mas o rei da Inglaterra se preocupava com a permanência dos Tudor no poder, com a sua própria sucessão – e queria um herdeiro homem. A solução, a seu ver, era trocar formalmente de mulher. Apaixonado por uma das amantes, Ana Bolena, bela dama de honra da rainha, pediu ao papa Clemente VII para anular seu casamento. Como o pontífice se recusasse a atendê-lo, separou a igreja da Inglaterra de Roma.

Consumado o cisma, o soberano rebelde foi excomungado. Em 1533, o novo arcebispo de Cantuária anulou seu casamento com Catarina de Aragão e ele casou com Ana Bolena. Três anos depois, acusou de adultério a segunda mulher, que havia dado à luz à futura rainha Elizabeth I, e mandou executá-la. Henrique VIII casou outras quatro vezes: primeiro com Jane Seymour, que morreu após lhe oferecer o tão aspirado herdeiro, o futuro rei Eduardo VI; a seguir, com Ana de Clèves; depois, com Catarina Howard, que igualmente acusou de infidelidade e mandou matar; e, por fim, uniu-se a outra dama da corte, Catarina Parr, que afortunadamente sobreviveu a ele. Nenhuma das últimas três mulheres lhe deu filhos.

Aos 44 anos, Henrique VIII caiu do cavalo e nunca mais foi o mesmo. O acidente comprometeu definitivamente a sua saúde. Estava com 56 anos quando morreu, envelhecido e debilitado. Mas o diâmetro da cintura era uma prova de que não perdera o apetite: havia ultrapassado 1,5 metro de diâmetro.

Christmas pudding

(Pudim de Natal)

Ingredientes

100 g de farinha de trigo

120 g de miolo de pão picado

3 ovos

raspas da casca de 1 limão

raspas da casca de 1 laranja

polpa ralada (na hora) de 1 maçã

120 g de manteiga em temperatura ambiente

250 g de açúcar mascavo

1 colher (chá) de canela em pó

1/4 de colher (café) de gengibre

1/4 de colher (café) de cravo-da-índia

1/4 de colher (café) de noz-moscada ralada

150 g de uvas-passas pretas e 100 g de uvas-passas brancas sem semente, hidratadas em água e depois escorridas

30 g de amêndoas em pó

30 g de amêndoas moídas grosseiramente

50 g de casca de laranja cristalizada

6 colheres (sopa) de cerveja preta

rum ou conhaque o quanto baste (para flambar)

manteiga (para untar)

Preparo

Numa tigela grande, misture muito bem todos os ingredientes (com exceção do rum ou conhaque), até obter um composto homogêneo.

Adicione a massa em uma fôrma untada, funda e côncava, sem furo no centro.

Cubra com papel manteiga, depois com papel alumínio e feche bem o papel na borda da fôrma.

Asse em banho-maria, na boca do fogão, dentro de uma panela tampada, por aproximadamente 6 horas.

Desenforme no momento de servir. Banhe com o rum ou conhaque e flambe na própria mesa.

Rendimento: 10 porções.

O papa caçador de javalis

Nunca se tinha visto um papa tão extravagante. Revelava o mesmo bom gosto pelas artes de seu antecessor Júlio II. Também contratou numerosos pintores, escultores e arquitetos para a realização de obras-primas em Roma, sede mundial da igreja católica. Continuou as obras da Basílica de São Pedro, em Roma, considerada a maior igreja do mundo, deixando-as praticamente concluídas. Mas Leão X, eleito a 9 de março de 1513 e falecido a 1º de dezembro de 1521, suplantou em prodigalidades todos os seus antecessores. Aprendera a ser diferente no berço natal. Segundo filho de Lorenzo de Médici, o Magnífico, patriarca da família que por três séculos dominou Florença, e destinado por vontade paterna à carreira eclesiástica, habituara-se desde a infância ao luxo desmesurado. Coroado papa, promoveu tanto procissões religiosas de uma exuberância jamais vista, como as pagãs festas carnavalescas, das quais participavam até cortesãs, as prostitutas de luxo da época.

Patrocinou a exibição de peças teatrais julgadas pecaminosas pela ortodoxia católica, como a sarcástica *Mandragola*, de Niccolò Machiavelli, na qual a esposa jovem de um velho imbecil é seduzida por um rapaz inescrupuloso, graças à ajuda de um sacerdote. Ofereceu recepções deslumbrantes a visitantes italianos e estrangeiros. Divertiu-se com os bobos da corte, sobretudo com o irreverente poeta Camillo Querno, quase sempre travestido de Vênus, a deusa grega da beleza e dos prazeres.

Desceu várias vezes os degraus do trono em Roma para caçar. Abatia javalis no interior do Lácio e regiões vizinhas, sob os aplausos de cardeais,

acólitos e bajuladores. Era seu esporte favorito, embora ainda praticasse a equitação. Nas expedições ao campo, levava um volume exagerado de armas, cães, alimentos e bagagens. Quando regressava, chamava o pintor Raffaello Sanzio, um dos artistas geniais a seu serviço, para saborear assados feitos com a carne dos animais capturados. Gastrônomo requintado e bebedor exigente de vinho, promoveu banquetes memoráveis. Enfim, fez jus às palavras que teria dirigido ao irmão mais velho Giuliano, após a eleição: “Já que Deus nos deu o papado, vamos aproveitá-lo”.

Um dos mais famosos banquetes que presidiu serviu para festejar a concessão da cidadania romana ao irmão Giuliano e a entronização de toda a família Médici na heráldica local. Transcorreu na Piazza del Campidoglio, convertida em enorme teatro de madeira. A mesa mais alta, ocupada pelo papa, estava circundada pela arquibancada para as três mil pessoas da assistência. Sobre a ampla e alva toalha de linho francês de Reims se encontravam facas e garfos (só para as mulheres) de prata e ouro, bem como peças em porcelana e *faenza* (cerâmica esmaltada). Diante de cada comensal havia um guardanapo engenhosamente dobrado. Ao ser aberto, libertava passarinhos que voavam e arrancavam da platéia exclamações embevecidas.

No cardápio de sete serviços figuravam desde pavões assados e recheados, recobertos com as penas e colocados em pé, como se estivessem vivos, até testículos de vitelo fritos em azeite temperado. Era tanta comida que a maioria dos pratos sequer chegou a ser tocada. Cerca de 600 pessoas foram convidadas, mas somente vinte puderam sentar-se à mesa do anfitrião. A certa altura, embaladas pelo vinho bom e farto, começaram a jogar para a assistência pernas de aves e coxas de mamíferos.

Enquanto isso, na distante e fria cidade alemã de Wittemberg, o padre agostiniano Martinho Lutero tumultuava a boa vida de Leão X, denunciando a ação do religioso dominicano Johannes Tetzel, enviado pontifício, que percorria a Saxônia vendendo indulgências (absolvições eclesiásticas dos pecados e dispensas de castigos por tempo determinado). Oficialmente, o dinheiro arrecadado se destinava à construção da Basílica de São Pedro. Entretanto, as más línguas diziam que também sustentava as extravagâncias de Leão X.

Lutero rompeu com o catolicismo após negar a infalibilidade do papa e a autoridade espiritual dos sacerdotes, defender a abolição do celibato eclesiástico e rejeitar a doutrina da transubstanciação, segundo a qual, durante a comunhão, o pão e o vinho se transformam em corpo e sangue de Cristo. Os oito anos de pontificado do emérito caçador de javalis efetivamente não se caracterizaram pela santidade.

A. Massorbio, no livro *La storia della chiesa* (Roma: Newton Compton Ed., 1997), definiu Leão X como um "bom humanista, mas péssimo homem de igreja". Eleito por razões políticas, antes de completar 38 anos de idade, começou o reinado sem terminar a carreira religiosa. Era apenas diácono, apesar de aos 13 anos ter sido nomeado cardeal por Inocêncio VIII, a pedido de seu pai. Ordenaram-no às pressas padre e bispo. Também foi criticado por "demorar a punir Lutero" e só decidir excomungá-lo em 1521, quatro anos após a deflagração "de sua heresia". Mas é evidente que Leão X se divertiu bastante.

Frango à Leão X

Ingredientes

- *1 frango limpo, com cerca de 1,800 kg*
- *1 tartufo cortado em finas lâminas (opcional)*
- *100 g de presunto cru cortado em tiras finas*
- *80 g de manteiga*
- *150 ml de conhaque*
- *3/4 de litro de molho Madeira*
- *200 g de* champignons-de-Paris *cortados em finas lâminas*
- *200 g de massa curta e miúda*
- *200 ml de molho bechamel*
- *3 colheres (sopa) de queijo ralado*
- *sal e pimenta-do-reino moída na hora a gosto*
- *torradas (para acompanhar)*

Preparo

Tempere o frango com sal e pimenta.

Com uma faca, desprenda levemente a pele do peito, faça alguns cortes na carne e distribua dentro dos cortes o tartufo e o presunto.

Unte o frango com 50 g da manteiga e amarre-o com um barbante para prender bem a pele do peito. Doure-o na manteiga restante e depois junte o conhaque. Incorpore o molho Madeira e cozinhe em panela tampada. Coloque os *champignons* e complete o cozimento.

Cozinhe a massa em água com sal, escorra-a e junte-lhe o molho bechamel e o queijo ralado.

Retire o barbante do frango e sirva-o com a massa.

Acompanhe com as torradas.

Rendimento: 4 a 6 porções.

O receituário de Fornarina e Raffaello

Nem sempre atrás de um grande homem existe uma grande mulher. Margherita Luti, apelidada Fornarina, última modelo e amante do genial pintor renascentista Raffaello Sanzio (1483-1520), comprovava a exceção. Deu-lhe inspiração e deleite, mas dilacerou seu coração. Era filha de um *fornaio* (padeiro) e morava na esquina da Via Santa Dorotea com a Via della Scala, no bairro romano do Trastevere. A casa existe até hoje e pode ser visitada; atrás, funciona o restaurante Da Romolo, especializado em pratos tradicionais. Foi chamada de Fornarina (pequena padeira), até porque, mulher volúvel e preguiçosa, uma das poucas coisas que sabia fazer era pão.

O relacionamento com o pintor começou em 1514. Ele pintava afrescos no palácio que o banqueiro e mecenas toscano Agostino Chigi, um dos homens mais ricos da época, mandou construir em Roma entre 1510 e 1519. Residia ali com muitos criados e cavalos, sem pagar aluguel e levando vida de príncipe, pois ganhava muito dinheiro. O palácio foi adquirido no final do século 16 pelo cardeal Alessandro Farnese e recebeu o nome de Villa Farnesina, pelo qual passou a ser conhecido.

Certa manhã, quando passeava nas vizinhanças, Raffaello conheceu Fornarina. A mulher ziguezagueava sem destino, entediada com a vida pobre e monótona. Foi amor à primeira vista. Tinha entre 17 e 18 anos; ele, já completara 31. O pintor se encantou com aquele rosto expressivo e corpo sedutor, expressando-lhe o desejo de pintar seu retrato. A lenda diz que "propôs pagá-la com dez beijos". Ela achou pouco e sugeriu a Raffaello negociar

com seu pai, que vendeu por cinqüenta escudos de ouro "o direito a mandá-la posar como quisesse". A partir de 1514, Fornarina aparece em obras do grande mestre, encarnando figuras mitológicas e santas católicas.

A obra mais famosa foi justamente um retrato. Pintado a óleo, sobre madeira, o quadro *La Fornarina* mede 87 por 63 centímetros. Pertence ao acervo do Palazzo Barberini, em Roma. Já houve quem atribuísse sua autoria a Giulio Romano, discípulo do artista. Mas, na última restauração, ocorrida em 2000, os peritos concluíram ter sido pintado por Raffaello. A modelo apresenta os seios à mostra; um véu não consegue ocultar o abdome nu; no alto do braço esquerdo, há um adorno com o nome do amante. O quadro resume o estilo do monumental artista: perfeição do desenho, harmonia das linhas e delicadeza do colorido.

Pouco tempo depois de começar a posar para Raffaello, Fornarina fez a mala e mudou para o palácio de Chigi, ocupando o apartamento vizinho ao do amante. A transferência também saiu cara para o pintor: desta vez, o pai padeiro exigiu três mil escudos de ouro. A seguir, assumiu o ofício de cortesã. Era o nome dado às prostitutas de luxo que não se vendiam por qualquer dinheiro, e sim em troca de presentes caros, jóias e imóveis, ou favores rendosos; e, de quebra, ainda revelavam boa educação, a ponto de muitas serem apreciadoras das artes. Sem qualquer remorso, ela traiu repetidamente Raffaello, nas horas em que o artista passava fora de casa, finalizando a decoração dos aposentos do papa Leão X. Além disso, a partir de 1514, o pintor exerceu o cargo de arquiteto pontifício. Fornarina entregou-se inclusive a Chigi, para livrar-se do assédio de um antigo noivo, que desprezara ao cair no mundo. O banqueiro a pagou mandando seqüestrar o rapaz e acorrentá-lo na prisão escura e úmida de um convento.

As infidelidades de Fornarina teriam feito Raffaello sofrer. Quando voltava ao palácio, brigava com a musa-amante. Entretanto, o casal sempre se reconciliava e, antes de ir à alcova, sentava-se à mesa para comer bem. Teoricamente, apesar de nascido na região da Marche, Itália central, o artista preferia a culinária da Toscana, imitando o papa Leão X, originário dali. Raffaello a teria descoberto no período vivido em Florença, provavelmente entre 1504 e 1508. Assim, no seu receituário doméstico se destacariam caldos concentrados de legumes, peixes, aves e carnes; pratos à base de vagem e alcachofra; croquetes de miolos; panquecas de fígado; timo grelhado; frango ao vinho; marreco com laranja; galinha-d'angola recheada com castanhas; frutas em calda e zabaione.

Algumas fontes dizem que o pintor jamais saía à rua com a amante e nunca a introduziu na corte de Leão X; outras sustentam o contrário, que a cortesã aparecia ali com certa freqüência, sem sofrer a menor discriminação. Raffaello era considerado um ilustre comensal. O papa adorava caçar. Quando voltava com um javali, assava-o no forno ou grelha e convidava Raffaello para saboreá-lo. Eram acompanhados pelo cardeal Bibbiena, nome religioso do escritor Bernardo Dovizi, autor da comédia erótica *La calandria* (1513). Também freqüentava a mesa um monge agostiniano chamado Bartolomeo. Incomparável glutão, afirma-se que devorava sozinho um pernil de javali e, a seguir, engolia quarenta ovos cozidos, um atrás do outro. Leão X – um fidalgo nascido em Florença, na aristocrática família Médici, admirador das obras-primas da Antigüidade, protetor das artes, letras e ciências – adorava bufões. O monge voraz não passava de um deles.

Todas as versões sobre a vida de Fornarina, inclusive a que contamos, são controvertidas. Duvida-se até de seu nome, que também poderia ter sido Beatrice Ferrarese ou, então, Margherita Gemiano. Ignora-se o que aconteceu com ela após a morte de Raffaello, aos 37 anos de idade, em conseqüência de problemas respiratórios. Segundo alguns, teria continuado no ofício de cortesã; os mais românticos dizem que renunciou à vida desregrada e ingressou num convento.

Zabaione

Ingredientes

6 gemas
250 g de açúcar
200 ml de Marsala

Acompanhamento

bolachinha tipo champagne

Preparo

Em um recipiente, bata as gemas com o açúcar, até obter uma mistura espumosa e quase branca. Vá diluindo aos poucos esse composto com o Marsala, batendo com um *fouet* (batedor de arame).

Quando a mistura ficar homogênea, coloque-a em banho-maria, no fogo médio, batendo sempre, sem deixar ferver.

Assim que o *zabaione* ficar denso, retire o recipiente do banho-maria e coloque-o dentro de uma vasilha com água fria, misturando sempre.

Sirva em taças, com a bolachinha champagne.

Rendimento: 4 porções.

O conforto do guardanapo

Se a toalha de mesa foi inventada para tornar mais bonito e requintado o cerimonial das refeições, o guardanapo surgiu para protegê-la, numa época em que ainda se pegava a comida com as mãos. O conforto que agora nos proporciona era secundário. Antes de sua invenção, os comensais muitas vezes se comportavam de maneira inconveniente. Limpavam as mãos na toalha ou na roupa do vizinho, com a concordância do outro ou provocando encrenca. Nos banquetes mais luxuosos, havia cachorros, gatos e coelhos circulando pelo ambiente ou amarrados em pontos estratégicos. A boa educação mandava esfregar os dedos sujos nos pêlos dos animais. Serviçais atentos os trocavam por outros, imaculados e perfumados. Não por acaso, em pinturas antigas e filmes de época eles integram o cenário dos banquetes. A função do troca-cachorros, troca-gatos ou troca-coelhos era honrosa e disputada. Quem a exercia podia ouvir as conversas e segredos da nobreza ou aristocracia. Os animais desempenhavam a função adicional de comer os restos da comida jogada no chão. Quando o guardanapo apareceu, nem todos sabiam o que fazer com ele. Davam-lhe outras utilidades. Muitos o empregavam para envolver sobras de comida – especialmente das carnes de aves de criação e de pequenos animais de caça – e levá-las para casa.

O divertido livro *Leonardo's kitchen note book*, também chamado de *Codex romanoff* (*op. cit.*), cuja autoria os ingleses Shelegh e Jonathan Routh, organizadores do texto, atribuem a Leonardo da Vinci (1452-1519), afirma que o adereço foi inventado pelo genial autor da *Última Ceia*. Ele o teria criado na corte de Ludovico Sforza, o Mouro, duque de Milão, na qual desempenharia as funções de chefe de banquetes e fortificações. Atualmente, sabemos que o lançamento do guardanapo aconteceu séculos antes do nascimento de Leonardo da Vinci. Os antigos romanos dispunham de dois tipos: *mappa*, para os lábios; e *sudarium*, com o qual secavam as mãos e rosto após abluções em bacias transportadas por escravos. Com a desagregação de seu império, as peças caíram em desuso. Só voltaram a difundir-se a partir do século 13, na alta Idade Média, em curiosa variação. Os comensais limpavam lábios, mãos e rostos em *touailles*, ou seja, em panos dependurados nas paredes.

O guardanapo individual só reapareceu no Renascimento, a partir do século 16. Inicialmente, desempenhava a função de surpreender os convidados dos banquetes. Em 1565, no casamento do italiano Alessandro Farnese, terceiro duque de Parma e Piacenza, com a infanta portuguesa Dona Maria, neta do rei D. Manuel, foi dobrado artisticamente pelo "maestro" Giovanni Milanese. Os guardanapos da mesa alta, na qual se encontravam os noivos, formavam castelos, bandeiras heráldicas, divisões de infantaria e artilharia, evocando a arte em papel (*origami*) desenvolvida pelos japoneses no Período Edo (1614-1868). Em outras refeições solenes se convertiam em gaiolas e aprisionavam passarinhos. As aves eram libertadas, saíam voando e a platéia delirava. Desfeitas as esculturas, os tecidos serviam para limpar facas e taças. Um quadro pintado em 1596, mostrando certo banquete em homenagem a *sir* Henry Unton, diplomata e embaixador britânico na França, conservado na National Portrait

Gallery, de Londres, documenta o aperfeiçoamento da etiqueta do guardanapo. Alguns homens o ostentam sobre o ombro esquerdo. Ainda hoje, em restaurantes tradicionais, o *maître* exibe o guardanapo desse modo, como insígnia da função.

Foi Henrique III, rei da França de 1574 a 1589, quem lançou o hábito de pendurá-lo no pescoço. Era extremamente vaidoso, usava perucas esquisitas, jóias enormes, maquiagem pesada e roupas de seda que odiava manchar. Como amava os morangos, pegando-os com os dedos delicados e levando-os voluptuosamente à boca, converteu o guardanapo em babadouro de adulto. Quarto filho de Henrique II com a florentina Catarina de Médici e rei por acaso – sucedeu dois irmãos mais velhos, falecidos precocemente – introduziu a moda na corte. Enquanto viveu, foi imitado.

Henrique III se fazia acompanhar de rapazes bonitos (os *mignons*), com os quais hibernava na alcova, para escândalo dos súditos. Não ligava muito para as mulheres. Dois dias após ser coroado, casou com Luísa de Vaudémont. Afinal, o protocolo ordenava que o rei tivesse uma rainha. Segundo os mexericos, nunca tocou nela. Após a sua morte, os franceses evitaram por algum tempo o guardanapo no pescoço, pois julgavam "coisa de homossexual". O mesmo sucedeu com o garfo, cuja utilização Henrique III também estimulou. Ambos acabaram ingressando na saga da mesa e hoje um e outro são considerados imprescindíveis.

Quanto ao hábito de colocar o guardanapo no pescoço, o conceito mudou. Atualmente, o julgam deselegante. O comensal encontra o guardanapo do lado esquerdo do prato ou sobre ele. A etiqueta manda colocá-lo sobre as pernas, dobrado pela metade, antes do início da refeição. Nunca é esfregado na boca. Os lábios são limpos com um pequeno toque. Faz-se isso antes de tomar água ou vinho, por exemplo, a fim de não macular o copo. Finalizada a refeição, o guardanapo de pano fica desalinhado sobre a mesa, em sinal de que irá ser lavado e passado. E o de papel? Restringe-se aos aperitivos e lanches. Não combina com o cerimonial das refeições, embora seja tolerado na informalidade da casa de praia ou montanha. São leis da etiqueta, um dia podem mudar, mas quem é educado as respeita.

Frango ao sal

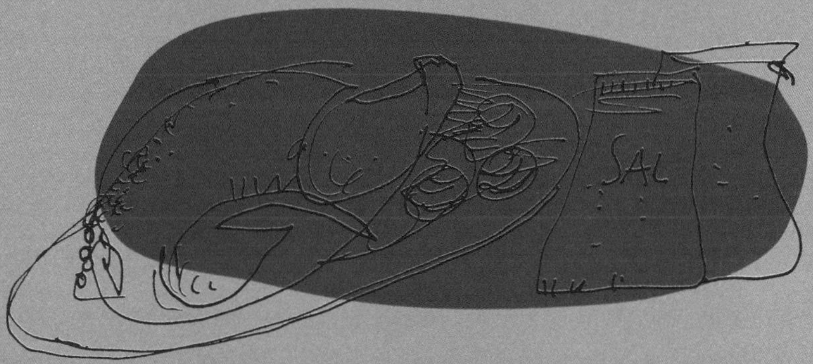

Ingredientes

1 frango de 1,600 kg, aproximadamente

4 kg de sal grosso

pimenta-do-reino a gosto

Preparo

Limpe o frango, retire os miúdos, o pescoço e os pés.

Seque-o e salpique com pimenta.

Forre com papel-alumínio o fundo e os lados de uma panela grande, de preferência de ferro, de maneira que o papel caia para fora.

Coloque dentro uma boa camada de sal.

Deposite a ave no centro da panela, com o peito para baixo. Cubra-a completamente com o sal que sobrou e dobre o papel-alumínio sobre ela, deixando-a bem fechada.

Leve a panela ao forno bem quente (250°C a 280°C), por 1 hora e 15 minutos.

Para servir, desenforme sobre uma travessa o bloco de sal que se formou e retire o papel-alumínio.

Ao apresentar a travessa diante dos convidados, quebre o bloco de sal e sirva o frango.

Rendimento: 4 porções.

A nobre arte de trinchar

Um dos supremos requintes no ritual dos banquetes realizados entre o final da Idade Média e início da Idade Moderna era assistir à exibição de um habilidoso e quase sempre orgulhoso trinchante ou trinchador. Esse profissional, geralmente pertencente à nobreza, treinado para executar o serviço com elegância e graça, protagonizava um verdadeiro bailado diante dos deslumbrados comensais. Além disso, desfrutava de excelso prestígio, refletido nas excelentes remunerações e nos títulos dignificantes. No início dos banquetes, sua tarefa consistia em fatiar os pães e distribuí-los hierarquicamente. Os mais frescos, macios e geralmente sem casca iam para o anfitrião e convidados diletos. Os demais presentes recebiam pães de segunda escolha, não raro velhos e duros. As outras funções do trinchante eram destampar empadões; cortar carnes, desossá-las e retirar os tutanos; porcionar os peixes, retirando-lhes as espinhas; partir frutas, verduras e, inclusive, servir tudo o que manuseava. Mas lidar com carnes preparadas na cozinha sempre foi a sua primordial tarefa.

Facas previamente afiadas ficavam dispostas sobre a mesa. Ele as pegava conforme a necessidade, obedecendo regras estritas. Não podia tocar na comida com a mão direita. Devia usar apenas o polegar, o indicador e o dedo médio da esquerda. Evidentemente, o serviço se complicava nos casos de ter que empunhar assados enfiados no espeto, como um presunto inteiro, uma galinha, uma paleta ou pernil de cordeiro ou javali. Além da destreza, precisava ter força no braço. Até porque – e ali estava seu maior desafio – a operação devia acontecer o tempo todo no ar. Bastaria apoiar o espeto na mesa e o serviço seria realizado confortavelmente. Mas o trinchante tinha a missão de maravilhar os espectadores à mesa. A técnica de dividir as carnes no ar apareceu codificada em livros. Um deles, intitulado *Il trinciante*, foi escrito pelo italiano Vicenzo Cervio e publicado em Roma no ano de 1581. O autor trabalhou para o cardeal Farnese, líder de uma das mais ilustres famílias ducais da Itália. No caso das aves, por exemplo, seu livro orientava o corte das pontas das asas, pernas, coxas, filés do peito e aí por diante. Cervio limitava a tarefa a quinze passos ou "quinze golpes". Quem não respeitasse o limite sentiria "grande vergonha".

Mas a grande obra-prima sobre a arte de trinchar surgiu no século anterior, na Espanha, circulou três séculos como manuscrito e teve como autor o escritor Enrique de Aragón, o Marquês de Villena – que podia exibir o título, embora seu avô tivesse perdido o direito de usá-lo. É o livro fundamental do nobre ofício. Escrito em 1423, mas editado somente

em 1766, chamou-se *Arte cisoria: todo el arte de usar el cuchillo que ordeno el señor Don Enrique de Villena a preces de Sancho de Jarava.*

O autor classificou as iguarias da época em cinco grupos: aves, animais de quatro pés, peixes, frutas e ervas. Falou de receitas e medicamentos. Traçou um curioso retrato ideal do que chamou "cortador de faca". O trinchante precisava ter sangue azul, estar bem vestido, preferencialmente de branco, possuir barba aparada, unhas curtas, rosto e mãos bem lavadas, anéis com pedras nos dedos. Era regra mais ou menos geral usar um chapéu, que retirava com elegância antes de entrar em ação, mas recolocava em seguida, porque a dignidade de sua função o tornava merecedor de igualdade perante os convidados à mesa.

Retornando à Villena, ele ainda falou da apresentação das comidas e da maneira de servi-las, sobretudo no caso de acepipes julgados excelsos, como o tutano do carneiro e a crista das grandes aves. Quanto aos instrumentos à mesa, cada comensal deveria dispor de mais de uma faca e reci-pientes de louça, prata ou ouro, conforme a necessidade de ostentação do anfitrião. O escritor e gastrônomo catalão Néstor Luján, em sua *Historia de la gastronomía* (*op. cit.*), derrama-se em elogios ao estilo de Villena. "No seu texto há páginas que, pelo primor e delicadeza de detalhes, como um clássico miniaturista, cinzelam um dos exemplos mais exclusivos da prosa castelhana", afirma.

Apesar de bom escritor, era uma figura esquisita. Possuía fama de bruxo. O povo cochichava que ele havia feito um pacto com o diabo, rompido mais tarde, quando lhe ofereceu a própria sombra. Seguramente, as acusações não passavam de fantasia. Mas, graças ao seu comportamento e interesses extravagantes, Villena as alimentava. Além de homem arredio, estudava inúmeros temas. Na verdade, era um humanista completo, voltado para todos os ramos do conhecimento.

Luján assinala uma coincidência. A lenda da venda da alma foi incorporada por várias obras da literatura. Figurou em peças teatrais espanholas, entre as quais *Lo que quería ver el Marqués de Villena*, do século 16, de Fernando de Rojas. A acusação contra o autor de *Arte cisoria* era pesada. Desde a Roma Antiga, a sombra é entidade praticamente distinta do corpo que a projeta. Portanto, merece grande respeito. É crença arraigada, sobretudo nos povos de origem latina. O ilustre potiguar Luís da Câmara Cascudo, no imprescindível *Dicionário do folclore brasileiro* (São Paulo: Global Editora, 2001), diz que, em Pernambuco, os babalorixás evitam que alguém lhes pise a sombra, para evitar "dano espiritual".

O profundo conhecimento que Villena demonstrou sobre a arte de trinchar conquistou para seu livro um lugar de honra na história da gastronomia. Houve quem, invocando a riqueza de detalhes, levantasse dúvidas a respeito da autoria. Suspeitou-se que a obra poderia ser escrita por Sancho de Jarava, o aplaudido "cortador de faca" de Juan II, rei de Castela, sob cujas "preces" ela foi lançada. Mas o catalão Luján confirma a autenticidade. A parte técnica poderia ter contado com a assessoria de Jarava. Entretanto, o refinamento demonstrado ao longo do texto documenta a lavra de Villena.

Hoje, a maioria dos autores, inclusive de enciclopédias, limita-se a citar rapidamente o livro. Apesar de exercitada durante tanto tempo, a arte de trinchar caiu em desuso. Entretanto, o orgulho de praticá-la persiste em certas atividades. Na Espanha, os cortadores de presunto cru demonstram em público a sua habilidade e se ufanam de participar de campeonatos que concedem prêmios valiosos aos melhores desempenhos. Na Itália, envaidecem-se de seu ofício os profissionais de restaurantes que fatiam diante da clientela as carnes do *bollito* ou *lesso* misto, o cozido nacional. O Brasil se integra a essa seleta confraria. Aqui, os garçons das churrascarias-rodízio dividem de mesa em mesa carnes enfiadas em espetos, seguindo prescrições estritas: devem conservar a roupa imaculada e estão proibidos de pingar gordura ou sangue na mesa, ou sujar a roupa do cliente. Alguns se revelam exímios. Só não cortam picanhas e fraldinhas no ar. Isso, porém, seria exigir demais dos nossos intermitentes rapazes.

Paleta de cordeiro no espeto

Ingredientes

1 paleta de cordeiro de leite

750 ml de vinho branco

6 dentes de alho cortados em lascas grandes

1 maço de folhas de salsinha picadas

3 ramos de folhinhas de tomilho

sal e pimenta-do-reino moída na hora a gosto

Acompanhamento

pimentões inteiros assados no espeto

cebolas inteiras, com casca, assadas no espeto

Preparo

Limpe o cordeiro, lave-o e seque.

Fure-o com um trinchante e introduza as lascas de alho dentro dos furos.

Esfregue-o com sal e pimenta-do-reino.

Coloque o cordeiro num recipiente e tempere-o com o vinho e as ervas aromáticas.

Deixe-o marinar nesses temperos por aproximadamente 60 minutos.

Retire o cordeiro da marinada, coloque-o em um espeto e asse-o na churrasqueira, virando-o e regando-o de vez em quando com o líquido da marinada.

Mantenha a carne no espeto, até ficar cozida por dentro e dourada por fora.

Sirva com as cebolas e os pimentões fatiados.

Rendimento: 4 a 6 porções.

A lenta assimilação do garfo

Por estranho que pareça, três séculos atrás a humanidade ainda desprezava o garfo. A última peça incorporada ao talher já era conhecida em alguns lugares, embora não possuísse os quatro dentes atuais. Mas várias mesas nobres e plebéias continuavam a julgá-lo um utensílio dispensável. As pessoas comiam com as mãos, usando a faca para trinchar grandes peças de carne e a colher para tomar caldos. Inúmeras cabeças coroadas davam o mau exemplo. Ana da Áustria (1601-1666), mulher de Luís XIII, rei da França, era mulher requintada. Possuía mãos belas e delicadas, louvadas pelos poetas. Mas a vida inteira enfiou os dedos em pratos de ragu, para levar à boca diminutos pedaços de carne. Seu filho Luís XIV (1638-1715), rei da França, era homem requintado. Quando sentava à mesa exigia serviço formal. Entretanto, também metia as mãos nos alimentos. Apenas nos últimos anos, pressionado pelo protocolo, empunhou um pequeno garfo nas refeições solenes.

Em família, D. João VI (1769-1826), rei de Portugal, sempre usou os dedos para comer. Com o imperador Napoleão Bonaparte (1769-1821) aconteceu a mesma coisa. Ele comia com as mãos, tão rápido que não mastigava direito. Só depois de sua auto-coroação, em Paris, passou a usar o novo talher nos banquetes oficiais.

Foi lenta a assimilação do garfo na França. Algumas pessoas tentaram introduzi-lo, em diferentes ocasiões. Uma delas seria a elegante Catarina de Médici, sobrinha do papa Clemente VII, pertencente à célebre família que dominou Florença por três séculos. Na primeira metade do século 16, ela

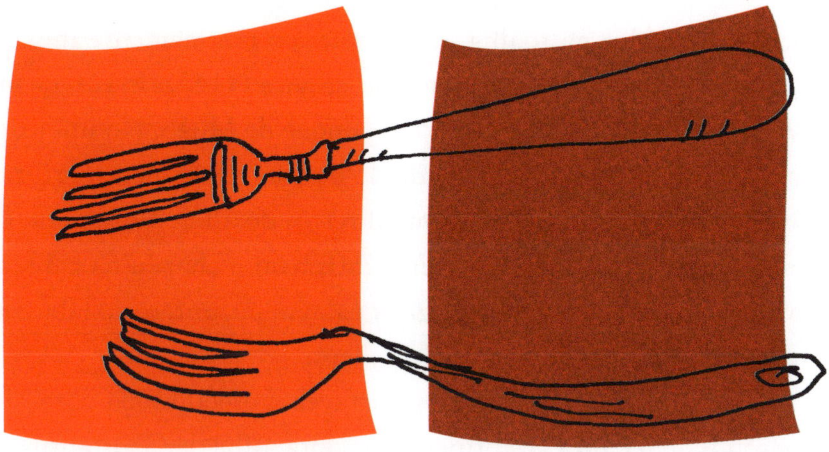

casou com o futuro rei francês Henrique II, e desembarcou no país do noivo com o talher completo. O garfo era utensílio corrente na corte em que se educara. Na França, as pessoas o receberam com frieza. A população o considerava uma sofisticação desnecessária. Os cozinheiros diziam que seu metal interferia no sabor dos alimentos.

No final do século 16, Henrique III, filho de Catarina de Médici, atrapalhou o processo de assimilação. Numa viagem à Veneza, ofereceram-lhe um grande banquete em que todos manuseavam o garfo. Ele achou aquilo deslumbrante. Voltando à pátria, tentou obrigar a corte a fazer o mesmo. Rei da França de 1574 a 1589, Henrique III assumira o trono do país com a morte de seu irmão Carlos IX, na falta de outro sucessor familiar. Extremamente apegado à mãe, esquivava-se das moças e vivia cercado de rapazes, conhecidos por *mignons*. Revelou-se um dos reis mais incapazes e menos obedecidos da França. Muitas das inovações que tentou implantar no país acabaram recusadas, sob a suspeita de serem "afeminadas". O garfo foi uma delas.

Na França, a ausência desse talher na mesa não indicava descaso com a etiqueta. No livro *Libellus de moribus in mensa servandis*, publicado em 1480, Jean Suplice ensinava as pessoas a comer sem ele. As mãos não deviam permanecer muito tempo dentro do prato. Era deselegante. Em 1530, Erasmo de Rotterdam, maior humanista do Renascimento, o mesmo autor do *Elogio da loucura*, escreveu que considerava "grande incivilidade" lamber os dedos engordurados durante ou após as refeições. No seu entender, seria "mais honesto" limpá-los na toalha. O guardanapo praticamente inexistia. Diz a lenda ter sido inventado por Leonardo da Vinci (1452-1512), quando trabalhava para Ludovico Sforza, o Mouro, duque de Milão. No início, as pessoas se atrapalhavam com aquele quadrado de pano. Algumas o utilizavam para limpar o nariz; outras, embalavam ali restos de alimentos para levar à casa. Às refeições, os convidados do rei mantinham o chapéu na cabeça. Só tiravam quando o soberano lhes dirigia a palavra ou, então, ao falarem com ele. O rei, sim, comia com a cabeça descoberta.

O garfo aportou na Europa através da requintada corte de Veneza. Em meados do século 11, a princesa Teodora, filha de Constantino XI, imperador do Oriente, chegou de Constantinopla para casar com Domenico Silvio. O noivo era doge – primeiro magistrado supremo nas antigas repúblicas italianas – da rica e poderosa Veneza. Teodora assombrou a cidade com sua juventude, beleza e sofisticação. Mas o que mais impressionou a população foi o garfo de ouro com dois dentes, trazido no enxoval. Ela o usava para comer frutas cristalizadas sem melar as mãos. Houve quem considerasse aquilo demoníaco.

São Boaventura (1221-1274), autor de obras teológicas e filosóficas que lhe valeram o título de Doutor Seráfico, qualificou o garfo de "castigo de

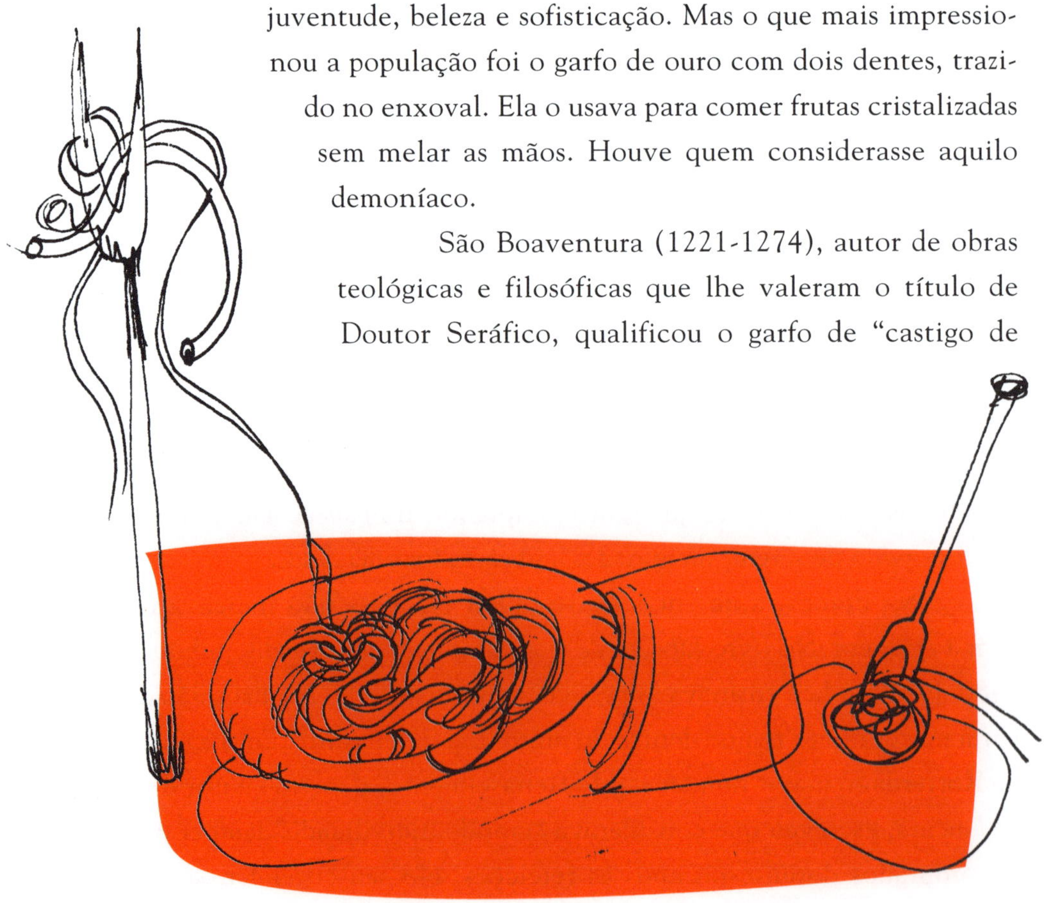

Deus". Moralistas católicos acreditavam que seu par de dentes lembrava o "forcado", instrumento agrícola formado por uma haste e duas pontas, com o qual a iconografia clássica representa o diabo. Criticavam sua função. Asseguravam que o alimento, dádiva de Deus, devia ser levado à boca diretamente pelas mãos do homem. A princesa Teodora argumentava que o garfo era generalizado no Império do Oriente, tão cristão quanto Veneza, mas não obtinha sucesso. Anos depois, ela morreu de peste. Os moralistas interpretaram seu fim como um castigo divino.

Entretanto, o intenso contato comercial de Veneza com o resto do mundo a convertera numa cidade cosmopolita e receptiva às novidades. Pouco depois, a população local assimilou o garfo. Por outro lado, tudo o que Veneza adotava virava moda nas cortes de Milão e Florença, terra natal de Catarina de Médici. Dessas praças seguia para o resto da Europa. Assim, o costume de comer com o garfo se espalhou. No livro *Trecentonovelle*, escrito entre 1385 e 1392, o intelectual e político toscano Franco Sacchetti descreve da seguinte maneira o comportamento de um conviva num banquete de Florença: "Vieram os macarrões quentíssimos, começou a removê-los e não havia acabado de fazer isso quando saboreou o primeiro bocado com o garfo". Outra prova de que o terceiro talher já era bastante conhecido na Itália do século 15 é ter sido descrito com naturalidade na obra de Bartolomeo Sacchi, humanista da corte pontifícia e prefeito da Biblioteca Vaticana a partir de 1475.

Quanto aos portugueses, só começaram a usar o garfo a partir de 1836, quando a rainha D. Maria II, filha do nosso imperador D. Pedro II, casou em segundas núpcias com o príncipe Fernando de Saxe-Coburgo-Gotha e ele convenceu a mulher a adotar a novidade. Já os ingleses, ainda a desconheciam no início do século 17. Em diário da época, o viajante britânico Thomas Coyat ou Coryat fez esta observação: "Os italianos se servem sempre de um pequeno instrumento para comer (...). A pessoa que (...) toca a carne com os dedos ofende as regras da boa educação, é olhada com suspeita e muito criticada. Come-se assim em toda a Itália. Os garfos são de ferro ou aço; os nobres o usam de prata. Adotei este costume e o conservo inclusive na Inglaterra. Meus amigos, todavia, fazem troça (...)".

O garfo, como sabemos, descende do espeto e sua primeira versão ostentava apenas dois dentes. Bem mais tarde surgiu o terceiro. Na virada do século 17 para o 18, acrescentaram o quarto. Na Itália, apenas os napolitanos não se curvavam à utilidade do utensílio. Continuavam a comer o espaguete com as mãos. O fios longos da massa escorregavam do garfo com dois ou três dentes. Fernando II de Bourbon, o rei de Nápoles, destronado em 1860, adorava espaguete. Mas comia escondido. Detestava ser visto com os dedos na massa. Os napolitanos afirmam que foi do seu despenseiro a idéia de incorporar o quarto dente ao garfo. Os sicilianos, igualmente fanáticos pelas massas de fio, apoiaram a invenção. Todo apreciador de espaguete deveria erguer as mãos ao céu e agradecer o providencial conforto.

Espaguete à Norma

Ingredientes

500 g de berinjelas

5 colheres (sopa) de azeite

1 dente de alho grande, inteiro

500 g de tomates sem pele cortados em cubos

350 g de espaguete

manjericão a gosto

ricota ralada (para polvilhar)

óleo (para fritar)

sal e pimenta-do-reino moída na hora a gosto

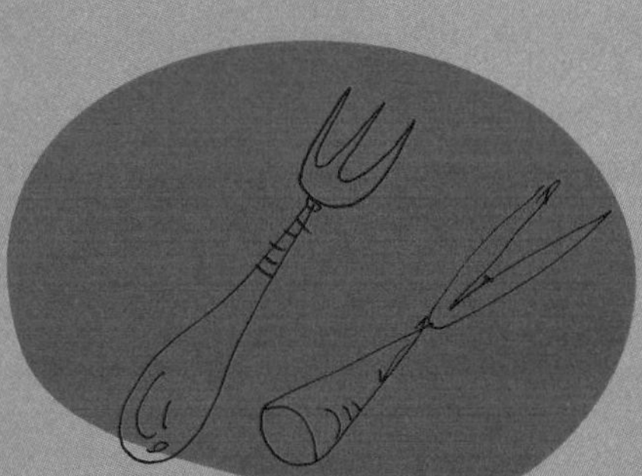

Preparo

Lave as berinjelas e descarte as pontas.

Corte as berinjelas em pequenos cubos, polvilhe-os com sal grosso e deixe-os escorrendo em uma peneira, por cerca de 1 hora. Passe-os em água fria, e volte a escorrê-los novamente, secando-os, de preferência, sobre um pano de cozinha.

Numa panela, aqueça o azeite, coloque o alho inteiro e retire-o quando dourar. Junte os tomates e tempere-os com sal e pimenta. Deixe por alguns minutos, junte o manjericão e retire o molho do fogo.

Numa frigideira, frite as berinjelas em óleo quente, mas não fervente. Assim que dourarem, coloque-as sobre papel absorvente.

Cozinhe a massa em abundante água fervente com sal e escorra-a quando estiver *al dente*. Numa tigela, misture-a aos tomates e às berinjelas.

Polvilhe com a ricota e sirva imediatamente.

Rendimento: 4 porções.

A rainha portuguesa do chá

Graciosa, sensata e inteligente, a princesa Catarina Henriqueta de Bragança (1638-1705), filha de D. João IV, rei de Portugal, foi educada para ter um casamento político. Ninguém a superava em boas maneiras. Aprendeu a pintar, bordar, recitar, cantar, bailar e atuar em papéis teatrais. Seu pai, chamado de "o Restaurador" por libertar o país da dominação espanhola, imposta em 1580, e fundar a dinastia bragantina – a mesma da família real brasileira –, consolidou a independência lusitana fazendo alianças de vários calibres com nações convenientes. Uma das que planejou, era casar a filha com um influente nobre estrangeiro. Mas já havia falecido, quando sua viúva D. Luísa de Gusmão, regente do trono, acertou em 1661 o casamento de Catarina de Bragança com o rei Carlos II, da Grã-Bretanha.

A princesa nem completara oito anos de idade e já haviam começado os esforços para uni-la a um potentado estrangeiro. Os negociadores lusitanos tentaram sem sucesso dar sua mão a D. João de Áustria, filho extraconjugal de Filipe IV, da Espanha, e também ao duque de Beaufort, neto por via bastarda de Henrique IV, da Inglaterra. Procuraram inutilmente casá-la com Luís XIV, da França. As negociações avançaram bastante. Mas o cardeal italiano Giulio Mazzarino (depois Jules Mazarin), primeiro-ministro francês, a quem se atribui o *Breviário político* – livreto contendo aforismos e máximas de sobrevivência para quem necessita agarrar-se ao poder –, quebrou a promessa feita aos portugueses e acertou as bodas do "Rei Sol" com a infanta espanhola D. Maria Teresa.

O casamento de Catarina de Bragança e Carlos II interligou duas coroas poderosas e teve repercussão internacional. A noiva partiu de Lisboa sob salvas de artilharia e repiques de sinos, escoltada pela armada inglesa. O destino foi o porto militar britânico de Portsmouth, em 1662. Celebradas ali, as bodas haviam sido precedidas de um contrato jurídico. Como dote de casamento da princesa, Portugal entregou à Inglaterra as fortalezas e postos comerciais de Tanger, no Marrocos, e Bombaim, na Índia, e dois milhões de cruzados. Ao mesmo tempo, Catarina de Bragança estava autorizada a praticar a religião católica e a ter padres a seu serviço – Carlos II era anglicano. O rei inglês se comprometeu a conceder à mulher 30 mil libras anuais e um palácio mobiliado. Caso ficasse viúva, ela poderia voltar à pátria. Carlos II ainda se obrigou a defender os domínios portugueses em volta do mundo e a enviar dois regimentos a Lisboa para ajudar os lusitanos na separação da Espanha.

A noiva desembarcou aos 23 anos de idade em Portsmouth, com um volumoso enxoval, formado por vestidos, toalhas, lençóis, porcelanas, pratarias e jóias. Entretanto, o item que se revelaria mais precioso era uma arca contendo chá da China. Os portugueses já o bebiam; os ingleses o ignoravam. Desde o início, na corte de Londres, Catarina de Bragança patrocinou concorridos *tea parties* (festas de chá). Promoveu saraus, espetáculos teatrais e bailados, nos quais desempenhava papéis importantes. Em todos

mandava servir chá. A bebida se firmou imediatamente. Primeiro teve a adesão das mulheres aristocratas. Tomavam o chá em casa, com as amigas. Aproveitavam para fazer mexericos e trocar informações. Mas logo os homens se entregaram ao chá. Bebiam-no em cafés. Eram banqueiros, corretores da bolsa, industriais, comerciantes, políticos e intelectuais. Surgiram casas famosas. A inglesa Jane Pettigrew, na obra O *guia do chá* (Portugal: Livros e Livros, 1998), evoca a abertura, em 1706, da Tom's Coffee House, fora dos limites da cidade. Pertencia a Thomas Twining, fundador da companhia de chá homônima. O negócio cresceu tanto que, em 1717, trocou de nome. Perdeu a referência ao café e passou a chamar-se The Golden Lyon.

O consumo cerimonial do chá, em ambientes requintados, virou símbolo de refinamento. Os altos impostos elevavam o preço e, por isso, as pessoas menos abonadas o serviam em xícaras diminutas, "um pouco maiores do que dedais". Mas o intenso contrabando acabou derrubando a cotação elevada. Trazer chá da China exigia meses de viagem. Entretanto, em 1850 os ingleses lançaram ao mar o seu primeiro *clipper*. Assemelhado a um iate, o veleiro batia recordes de velocidade. Além disso, conseguia trazer mais de 500 toneladas de chá. Às vezes zarpavam vários *clippers*, disputando corrida. O primeiro que aportava em Londres podia vender o chá a um preço mais alto. A tripulação recebia prêmios estimulantes. A regata mais famosa aconteceu em 1866 e contou com 40 navios. Três *clippers* atracaram juntos, na Inglaterra, após 99 dias de viagem. Foram substituídos pelos navios a vapor, que encurtaram ainda mais o trajeto.

Até o início do século 19, os ingleses tomavam chá a qualquer hora do dia. Após a refeição da noite, utilizavam-no como digestivo. Aí apareceu o chá da tarde. Sua introdução é atribuída à sétima duquesa de Bedford. Ela se queixava de fraqueza no intervalo das refeições principais. Para contornar o distúrbio, passou a ingerir à tarde um quarto de bule de chá, acompanhado de refresco. Com o tempo, acrescentou adereços mais apetitosos. Sentia-se tão bem que convidou as amigas para acompanhá-la. Mas os mexericos asseguravam que, na verdade, a duquesa de Bedford lançou a moda por ser incansável gulosa.

Outra novidade que Catarina de Bragança introduziu na Inglaterra foi a marmelada. Mas o ingrediente precisou mudar. Na falta de marmelo, o doce passou a ser preparado com frutas cítricas. Entretanto, manteve o nome: até hoje os ingleses consomem a *orange marmelade* e a *lime marmelade*. Os doces de ovos e amêndoas portugueses não obtiveram o mesmo sucesso.

Ao conhecer pessoalmente a princesa bragantina, Carlos II achou-a bonita. Isso não o impediu de causar à mulher sucessivos desgostos. O rei, que no período de solteiro levava uma vida dissoluta, continuou a comportar-se licenciosamente. Chegou a obrigar a rainha a ter como dama *Miss* Palmer, futura duquesa de Cleveland, uma de suas amantes. Catarina não lhe deu herdeiros, apesar de ter engravidado algumas vezes. As gestações eram interrompidas por abortos espontâneos ou os bebês nasciam mortos. Enquanto isso, Carlos II seguia gerando filhos com mulheres solteiras e casadas – totalizando pelo menos 14 descendentes –, embora exigisse que tratassem a rainha com respeito e não cedesse às pressões para "rejeitar a católica portuguesa". As intrigas a acusavam tanto de planejar o envenenamento do marido como de conspirar contra a Inglaterra anglicana a serviço do papa.

Passados oito anos da morte de Carlos II, ocorrida em 1685, Catarina de Bragança voltou a Lisboa e se estabeleceu para sempre na cidade. Mandou construir no sítio da Bemposta o Paço da Rainha, onde morou até falecer. Ali também morreu, em 1826, o nosso querido D. João VI. Atualmente, o prédio abriga a Academia Militar. Catarina de Bragança foi duas vezes regente do trono português, em substituição ao rei Pedro II, seu dileto irmão. Tomou chá até o fim da vida, acompanhado de um bolinho que conquistou seu país, cuja receita teria aprendido em Londres: o queque, nome aportuguesado do inglês *cake*.

Um dos cinco distritos que formam a cidade de Nova York relembra a soberana lusitana dos ingleses. Em 1664, a hoje fervilhante metrópole norte-americana, até então controlada pelos holandeses e chamada de Nova Amsterdã, foi rebatizada pelos britânicos com o nome atual, em honra do duque de York, irmão de Carlos II. Este, em homenagem à mulher, mandou chamar de Queens um de seus distritos.

Queques de cenoura

Ingredientes

500 g de cenouras

500 g de açúcar

4 ovos (separe as gemas das claras)

raspas das cascas de 2 laranjas (raspe a casca finamente, sem a pele branca)

4 colheres (sopa) de farinha de trigo

1 colher (café) de fermento em pó

manteiga (para untar)

farinha de trigo (para polvilhar)

açúcar cristal (para polvilhar)

Preparo

Raspe as cenouras, cozinhe-as e passe-as num espremedor.

Em seguida, esprema-as num pano e descarte o líquido.

Passe a polpa das cenouras para uma tigela, junte o açúcar, as gemas e a raspa das cascas das laranjas.

Bata um pouco a massa e adicione delicadamente as claras batidas em neve firme, alternando-as com a farinha de trigo já peneirada com o fermento.

Passe a massa obtida para forminhas de queque untadas com manteiga e polvilhadas com farinha de trigo.

Asse em forno brando, até a massa se desprender da borda das forminhas ou até a massa sair seca ao ser espetada com um palito ou com uma faquinha.

Desenforme os queques depois de frios e sirva-os polvilhados com açúcar cristal.

Rendimento: 8 porções.

O bom gosto florentino

Um dos debates recorrentes na história da gastronomia é a suposta influência culinária da Itália, mais exatamente de Florença, na grande cozinha francesa. A discussão se tornou inflamada. Um dos últimos a colocar lenha na fogueira foi o jornalista e ensaísta francês Jean-François Revel, autor de *Um banquete de palavras – uma história da sensibilidade gastronômica* (São Paulo: Companhia das Letras, 1996). Ele contestou a versão divulgada em livros e escolas, segundo a qual, ao casar, em 1533, com o futuro rei da França Henrique II, a florentina Catarina de Médici, filha de Lorenzo de Médici, duque de Urbino, e sobrinha do papa Clemente VII, transformou o fogão, o forno e a mesa do país adotivo. Teria revolucionado a cozinha do Palácio do Louvre, em Paris, onde viviam os soberanos nacionais, banindo receitas medievais e introduzindo pratos renascentistas. Fez isso, afirma-se, amparada num séquito de cozinheiros e confeiteiros; e de vários arquitetos, decoradores e pintores, mandados buscar em Florença para transmitir aos franceses o bom gosto italiano.

Jean-François Revel assegura não existir prova documental do que chama de "presumida revolução de 1533". Em sua opinião, a cozinha francesa só começou a mudar após a metade do século 17, ou seja, cem anos mais tarde, "e mesmo assim timidamente". Ressalta que toda a revolução gastronômica multiplica as obras de cozinha – e isso não aconteceu. Informa que, entre o clássico francês *Le viandier*, de Taillevent, publicado entre 1338 e 1380, e *Le cuisinier français*, de seu conterrâneo La Varenne, lançado em

1644, justamente o período compreendido pela "presumida revolução de 1533", não surgiu em Paris um único novo livro de culinária. No entanto, apesar das objeções, faz uma concessão. Admite que os florentinos espalharam na Europa as boas maneiras à mesa, em cujo exercício se notabilizavam: transmitiram a importância da higiene pessoal; o hábito de lavar as mãos antes das refeições; a conveniência de usar o garfo, utensílio por muito tempo limitado à captura das carnes nas travessas comunitárias, pois os serviços eram bufês sucessivos; a importância de as pessoas se servirem nos pratos colocados à frente e não atropelarem grosseiramente as mãos dos vizinhos; a condenação das pessoas que sopravam as carnes quentes, enfiavam o rosto no prato, falavam com a boca cheia, limpavam a mão na toalha ou nas costas do parceiro de refeição, assoavam ruidosamente o nariz ou voltavam para casa com restos de comida nos bolsos.

Três reis franceses capitularam aos requintes florentinos e italianos de diferentes latitudes. No final do século 15, Carlos VIII conquistou e logo abandonou o reino de Nápoles. Apesar do discutível êxito militar, voltou a Paris exultante, fascinado pelos livros, pinturas e tapetes que encontrou. Sobre os jardins visitados, pronunciou uma frase celestial: "Só faltavam Adão e Eva para serem o paraíso terrestre". Segundo o jornalista e ensaísta catalão Néstor Luján, autor de *Historia de la gastronomía* (*op. cit.*), "o regresso de Carlos VIII representa a entrada do Renascimento italiano na França". Seus sucessores, Luís XII e Francisco I, em novas expedições à Itália, também se encantaram com o alto nível de civilização nas regiões invadidas. Voltaram acompanhados por celebridades ligadas a Florença, entre as quais o artista, cientista e gênio Leonardo da Vinci; o escultor e ourives Benvenuto Cellini; o diplomata e escritor Niccolò Macchiavelli; e o perfumista Renato Ruggieri. O ciclo italianizante ainda teve a participação de Maria de Médici, que casou em 1600 com o rei Henrique IV, e foi encerrado por Ana de Áustria. Viúva de Luís XIII, em 1643, ela se tornou regente do trono francês a ser ocupado pelo filho Luís XIV e amante (ou esposa secreta) de seu primeiro-ministro, cardeal Giulio Mazzarino, um italiano naturalizado francês.

Outro fato incontestável é que os florentinos foram os primeiros europeus a renegar a confusão de pratos salgados e doces, o abuso de gorduras, os condimentos agressivos, típicos da cozinha medieval. Substituíram os antepastos açucarados por verduras, cenoura e rabanete. Pietro Aretino (1492-1556), o célebre panfletário e satírico toscano de Arezzo, elogiando uma salada de *radicchio*, afirmou: "Creio que o inventor de semelhante coisa só pode ter sido um florentino". Michel Montaigne (1533-1592), escritor e moralista francês, em curioso relato sobre uma visita à Itália, encantou-se com a riqueza das saladas "preparadas conforme a estação".

O florentinos também valorizaram os embutidos e os presuntos. Promoveram a culinária básica, servindo massas de fios, recheadas, lasanhas, nhoques e polentas. Apreciaram croquetes de miolos e fígado, galinha-d'angola recheada com castanhas e vitelo assado. Embora continuassem a empregar condimentos medievais, como o açúcar e a pimenta-do-reino, e preservassem molhos antigos, privilegiavam as comidas leves. Catarina de Médici, em particular, adorava alcachofra, ensopado de testículos e cristas de galo. A exemplo de seus patrícios, saboreava frutas no final das refeições, e não no início. Depois, comia doce e bebia um licor, especialmente o marasquino. Instalou-se no Palácio do Louvre aos 14 anos e viveu ali até os 56. Se não revolucionou a cozinha, como quer Jean-François Revel, pelo menos mudou alguns costumes. Ao chegar, revogou uma praxe que vigorava para as mulheres da corte. Elas começaram a participar dos almoços e jantares públicos. Em Florença, essa discriminação era inconcebível.

Alcachofras recheadas

Ingredientes

Alcachofras

4 alcachofras grandes

2 folhas de louro

1 limão grande cortado em rodelas

150 ml de vinho branco

1 cebola pequena cortada ao meio

1 colher (chá) de pimenta-do-reino

água (para cozinhar as alcachofras)

azeite (para regar as alcachofras – finalização)

sal a gosto

Recheio

5 colheres (sopa) de azeite de oliva

3 dentes de alho bem picados

1 cebola bem picada

1 xícara (chá) de carne de boi moída

1 pimentão vermelho, sem pele, bem picado

2 xícaras (chá) de caldo de carne

3 colheres (sopa) de cebolinha-verde picada

3 colheres (sopa) de salsinha picada

1 colher (sopa) de folhas de hortelã

1/2 xícara (chá) de presunto cru picado

sal e pimenta-do-reino moída a gosto

Preparo

Alcachofras

Lave as alcachofras e retire os talos e as folhas inferiores que são mais fibrosas.

Numa panela larga, coloque as alcachofras. Junte os demais ingredientes e cozinhe por cerca de 30 minutos, até que as folhas se soltem facilmente ao serem puxadas.

Retire as alcachofras e reserve o líquido do cozimento na própria panela, passado previamente por um coador.

Recheio

Numa frigideira, aqueça o azeite, junte o alho e deixe dourar.

Incorpore a cebola, a carne moída e o pimentão. Refogue bem e coloque o caldo de carne. Junte a cebolinha-verde, a salsinha e as folhas de hortelã.

Tempere com sal, pimenta e mantenha em fogo baixo, com a frigideira tampada, até a carne cozinhar.

Introduza o presunto no final do cozimento.

Finalização

Com uma tesoura, corte a ponta das alcachofras. Retire algumas folhas do centro e descarte os pêlos.

Recheie as alcachofras cuidadosamente, com a ajuda de uma colher.

Coloque-as de volta na panela e complete o cozimento por mais uns dez minutos, no próprio líquido que estava reservado.

Retire-as e sirva-as regadas com um fio de azeite de oliva.

Rendimento: 4 porções.

Os mosteiros católicos e o vinho

Uma tradição saborosa conta que, ao inventar o champanhe, em meados do século 17, o monge francês Dom Pierre Pérignon avançou o sinal. Embriagado de alegria, saiu correndo pelos corredores da Abadia de Hautvillers, no nordeste do país, gritando aos colegas: "Venham todos! Depressa! Venham ver! Estou bebendo estrelas!". Deslumbrara-se com as borbulhas liberadas pela bebida.

Inteligente, educado, culto e trabalhador, Dom Pérignon exercia a função de administrador dos vinhos locais. Estudara a fundo o processo de elaboração dos brancos e tintos. Notara que os terrenos em volta da abadia não eram iguais. Uns resultavam em vinhos mais aromáticos; outros, mais encorpados. A fim de explorar essas diferenças, passou a combiná-los, realizando o que os franceses denominam *Assemblage*. Portanto, a invenção do champanhe, um vinho caracterizado pela dupla fermentação, não aconteceu de maneira tão acidental como se acreditava. Outra inovação de Dom Pérignon foi substituir a tampa de cânhamo, até então usada no fechamento das garrafas, pela rolha de cortiça.

Coincidentemente, ele era um monge beneditino. Sua ordem religiosa, desde o nascimento no ano 529, empenhou-se na elaboração do vinho. Havia dois motivos para isso. Um era de natureza sagrada. Para os católicos, o vinho é imprescindível na celebração da eucaristia ou comunhão – o sacramento culminante da missa. Consagrado pelo sacerdote, converte-se no sangue de Jesus, da mesma forma que o pão se transforma no corpo. Na última ceia, o fundador do cristianismo fez uma invocação sublime. Após tomar vinho e comer pão, ordenou aos apóstolos: "Fazei isto em memória de mim" (1 Cor. 11,25).

No tempo do pai do champanhe, o consumo litúrgico do vinho permanecia enorme. A fé intensa fazia com que as pessoas comungassem diariamente. Hoje, em vez do pão comum, na eucaristia católica se distribui aos fiéis apenas a hóstia. Geralmente, só os sacerdotes bebem o vinho. A outra motivação dos colegas de Dom Pérignon era temporal. São Bento, o fundador de sua ordem, adotara o lema "ora e trabalha". O mosteiro precisava ser auto-suficiente. "Se possível for, deve (...) ser construído de forma a ter de portas adentro todo o necessário (...), para que os monges não necessitem andar lá por fora", escreveu ele. A elaboração do vinho preenchia essa exigência e, pelo zelo que mereceu, destacou-se das outras atividades.

Os beneditinos também possuíam hortas, pomares, oliveiras, animais de criação, moinhos e oficinas nas quais exerciam diversos ofícios. Produziam excelentes azeites e queijos. Os trabalhos manuais ocupavam de seis a oito horas por dia; os ofícios divinos e as leituras consumiam quatro. Muitos se projetaram como notáveis intelectuais; outros tantos ascenderam à glória dos altares. Foram os grandes eruditos da Idade Média. Entre incontáveis prodígios, copiaram e preservaram a maioria das obras-primas literárias da Grécia e de Roma.

Todavia, a partir da fundação da Abadia de Cluny, no sul da região francesa da Borgonha, talvez no ano 910, houve uma importante mudança. Os monges continuaram interessados no desenvolvimento rural, mas privilegiaram os trabalhos intelectuais, confiando a exploração da terra a colonos e caseiros. De Cluny saíram vários ramos: trapistas, cartuxos, celestinos e cistercienses. Este último teve como fundador, em 1098, o abade Robert de Molesmes. Surgiu na localidade de Cister, perto da cidade francesa de Dijon, sob a proteção do duque de Borgonha. A ela pertenceu São Bernardo, abade e doutor da Igreja.

Os cistercienses, que adotaram a veneranda regra de São Bento, sustentavam que os monges deviam viver "a se", ou seja, livre de tutelas. Para isso, criaram a figura dos irmãos leigos ou "barbati", que os auxiliavam na exploração das terras dos mosteiros, sobretudo nas "granjas" (palavra derivada de grãos). Ajudaram a elevar o nível social de uma parcela da população, aperfeiçoaram a organização do trabalho e aprimoraram as técnicas agrícolas.

Mas em nenhuma região se ocuparam tanto da uva e do vinho como na francesa Borgonha. A casa mais importante da ordem, localizada em Citeaux, chegou a possuir 1.800 mosteiros sob sua jurisdição.

Algumas "granjas" cistercienses ainda sobrevivem. A mais famosa se chama Clos de Vougeot, encontra-se na Cote de Nuits. Dividida entre muitos proprietários, continua a produzir o deslumbrante vinho homônimo. Em Portugal, a ordem desembarcou no reinado de D. Afonso Henriques (1108/9-1185), o primeiro soberano do país. Afinal, ele era filho do conde D. Henrique, de Borgonha. Sua principal casa seria o Mosteiro de Alcobaça, na região da Estremadura, construído na segunda metade do século 12. Da mesma forma que na França, os cistercienses cozinhavam com vinho. Podem ter sido os introdutores da chanfana, um estufado típico, longamente cozido no forno, à base de carne de cabra ou de ovelha.

A difusão dos mosteiros beneficiou a Igreja e a Europa. Eles consertaram os estragos causados pelas invasões bárbaras iniciadas no século 3º; reorientaram a fé e a sociedade; protegeram o legado cultural greco-latino; contribuíram para o progresso econômico. Entretanto, não constituíam instituições pioneiras. No passado, os judeus já haviam formado comunidades isoladas, voltadas ao trabalho e à oração. Da mesma forma que os mosteiros, desprezavam o mundo e observavam o jejum e a castidade.

Aliás, a palavra monge vem do grego *monachos*, que significa solitário. As primeiras células católicas que formaram apareceram na segunda metade do século 3º. Com o passar do tempo, viraram grandes famílias espirituais. Foram as sementes das ordens religiosas atuais. Além disso, a multiplicação dos mosteiros também proporcionou bons negócios. Eles venderam vinhos até para os muçulmanos, apesar do veto do Alcorão às bebidas alcoólicas. Na França, conta-se que o Château Carbonnieux, propriedade dos beneditinos da Abadia de Sainte-Croix, em Bordeaux, teve como cliente o sultão turco. Despachava-lhe o vinho com o nome de "Água Mineral de Carbonnieux". Era ralo e claro. O sultão o sorvia enlevado. Cada vez que provava aquele líquido inebriante, comentava: "Não entendo por que os franceses, dispondo de uma água tão agradável, ainda conseguem beber vinho".

Chanfana

Ingredientes

2 kg de carne de cabra velha, com osso (na falta, use carne de ovelha)

1 cebola em rodelas

2 dentes de alho picados

1 ramo de salsinha

1 folha de louro

1 colher (chá) de colorau

1 colher (sopa) de banha de porco

50 g de toucinho em tiras

1 colher (sopa) de azeite de oliva

vinho maduro tinto (de preferência, da Bairrada), o quanto baste (para cobrir a carne)

sal e pimenta-do-reino moída a gosto

Acompanhamento

couve cortada em finas tiras

batatas inteiras cozidas em água e sal

Preparo

Lave a carne em água fria e escalde-a com água fervente.

Corte-a em pedaços grandes e passe-a para uma panela de barro preta.

Esfregue-lhe os ingredientes, com exceção do vinho, e deixe-a nesses temperos por no mínimo 3 horas.

Após esse tempo, cubra a carne com o vinho e leve-a ao forno preaquecido ao máximo, por cerca de 3 a 4 horas, baixando o fogo nos últimos 60 minutos.

Se for necessário, adicione mais vinho durante o cozimento, para a carne não queimar.

Sirva a chanfana bem quente, na própria panela.

Acompanhe com a couve refogada e as batatas.

Rendimento: 4 a 6 porções.

Dica: *é aconselhável fazer a chanfana na véspera, aquecendo-a muito bem na hora de servir.*

O pão que veio da guerra

Um francês tradicional jamais aceitará o *petit déjeuner* sem a presença do *croissant* – pequeno pão de massa levedada ou folhada, em formato de meia-lua. Grandes hotéis, cafés ou *brasseries* oferecem-no invariavelmente no ritual gastronômico da manhã. Os franceses também exigem *croissant* quando tomam chá. Saboreiam-no com generosas porções de manteiga. Converteram-no em devoção nacional, numa maravilha gustativa cuja qualidade é assegurada por seus incomparáveis padeiros e doceiros. Entretanto, apesar das aparências, o *croissant* não foi inventado na França. Segundo a insuspeita enciclopédia *Larousse gastronomique*, editada em Paris, surgiu na Áustria. É uma receita com local e ano de nascimento. Originou-se numa guerra.

Em 1683, cerca de 150 mil soldados turcos, ou 300 mil conforme outras fontes, cercaram Viena, atual capital da Áustria. Chegaram sob o comando de Kara Mustafá, o Negro (1634-83), grão-vizir, ou seja, o primeiro-ministro do Império Otomano. Serviam ao maior e mais poderoso dos estados muçulmanos, nascido no final do século 13, com sede em Istambul, a antiga Constantinopla. O Império Otomano conquistara grande parte da Hungria e todos os países ao longo do rio Danúbio. Viena seria o último baluarte cristão a capitular. O exército turco cercou a cidade durante 58 dias. Mas os habitantes locais, apesar de numericamente inferiorizados, pois não passavam de 15 mil pessoas, dos intermitentes ataques, das privações às quais foram submetidos, sobretudo pelo racionamento de água e comida, ofereceram-lhes inabalável resistência. Eram comandados pelo conde Ernest Starhemberg (1638-

1701). Escorraçados, os turcos mudaram a tática. Começaram a abrir um túnel que chegaria ao centro da cidade. Entrariam por ali, atacariam a retaguarda adversária e dominariam a cidade. Para não serem descobertos, cavavam de noite, enquanto a população descansava.

Acontece que nem todos dormiam. Por dever de ofício, os padeiros trabalhavam à noite. Quando ouviram o barulho das picaretas, pás e carrinhos que revolviam a terra, avisaram a resistência. Surpreendidos, os invasores sofreram pesadas baixas. Ao mesmo tempo, 76 mil soldados poloneses e alemães chegavam em socorro dos vienenses. Vinham comandados pelo intrépido Jean III Sobiesky (1629-96). Atendiam aos rogos de Leopoldo I (1640-1705), o imperador de Viena, e do núncio papal. Travou-se uma batalha campal. Os turcos acabaram derrotados e expulsos. No dia seguinte, Jean III Sobiesky, último grande rei da Polônia, entrou na cidade invicta aclamado como herói. Leopoldo I agradeceu-lhe a ajuda, mas tratou friamente os generais que o acompanhavam. Inexplicavelmente, enciumara-se com o feito de seus salvadores.

Em recompensa ao providencial alerta dos padeiros, Leopoldo I concedeu-lhes diversos privilégios. O mais honroso foi o direito de usar espada na cinta. Há quem diga que, na verdade, a concessão partiu de Jean III Sobiesky. Em qualquer caso, os padeiros retribuíram à altura. Criaram um pão em formato de meia-lua – emblema usado nas armas e estandartes do inimigo, até hoje estampado na bandeira da Turquia – e o chamaram de *hönschen*, ou seja, pequeno chifre. Assim a meia-lua fora apelidada pelos combatentes vienenses. Em 1770, quando mudou para a França, a fim de casar com o futuro rei Luís XVI, Maria Antonieta, filha do imperador austríaco Francisco I, levou a receita do delicioso pão. Ali o *hönschen* virou oficialmente *croissant* (crescente, em português). Sua popularidade se multiplicou a partir de 1889, quando padeiros vienenses prepararam a especialidade para legiões de gulosos durante a Exposição Universal de Paris. No livro *Pães de França* (São Paulo: DBA/Melhoramentos, 1996), Olivier Anquier informa que até então era feito com uma massa levedada, aparentada com a do brioche. Só passou a ser folhada depois de 1920, por obra de parisienses.

Embora a *Larousse gastronomique* atribua a criação do *croissant* aos padeiros vienenses, há quem conte uma história diferente. Alguns pesquisadores creditam sua invenção a Franz Georg Kolschistky, um comerciante vienense de ascendência polonesa que viveu certo tempo em Istambul. Na capital turca, conheceu uma nova bebida: o café. Engajado na luta contra o inimigo que cercava sua cidade, Kolschistky atravessou as linhas adversárias e voltou com grande número de soldados. A expedição foi considerada heróica. Ao serem derrotados, os turcos abandonaram cerca de 500 sacas de café. Como ninguém conhecesse ou se interessasse por aqueles grãos escuros e duros, ele os solicitou às autoridades, a título de recompensa. Depois, abriu um café e passou a servir a bebida acompanhada de um pão em formato de meia-lua. Com idêntico desenho, os doceiros vienenses criariam mais tarde outros tipos de pão: o *vanillekipferl*, um *croissant* aromatizado com baunilha; o *mandelbögen*, à base de amêndoas; o *mohnbeugel*, com sementes de papoula; e o *nussbeugel*, que leva nozes.

Se for a Paris, não deixe de experimentar o *croissant*. Existem dois tipos. Um pode ser chamado de básico. O outro ficou conhecido como *croissant au beurre*, ou seja, de massa amanteigada. Prefira o segundo. Peça-o pelo nome completo. É a senha de acesso a um prazer inesquecível.

Croissant

Ingredientes

1 kg de farinha de trigo especial

20 g de sal

80 g de açúcar

30 g de fermento biológico

540 ml de água gelada

500 g de manteiga gelada ou de margarina própria para folhados (adquira em casas de produtos de panificação)

manteiga (para untar a assadeira)

2 ovos batidos (para pincelar os croissants)

Preparo

Abra a farinha em formato de anel, sobre uma superfície lisa. Coloque no centro o sal, o açúcar, o fermento em pequenos pedaços e metade da água gelada.

Misture a massa com as mãos, de dentro para fora, acrescentando aos poucos a água restante. Amasse bem, até a massa ficar lisa e homogênea.

Faça uma bola com a massa, cubra com um pano úmido e deixe descansar por 12 horas, na geladeira.

Retire a massa da geladeira e abra com um rolo, até obter um retângulo de aproximadamente 25 x 35 cm.

Achate bem a manteiga e coloque-a no centro da massa.

Feche a massa como um envelope, cobrindo completamente a manteiga. Abra novamente a massa com o rolo, dobrando uma ponta da massa até o centro e depois dobrando a outra ponta por cima.

Deixe descansar na geladeira por 1 hora.

Retire e abra novamente com o rolo. Repita a operação de abrir e fechar a massa por mais três vezes. Deixe a massa bem fina, com cerca de 5 mm de espessura, e corte-a em triângulos iguais.

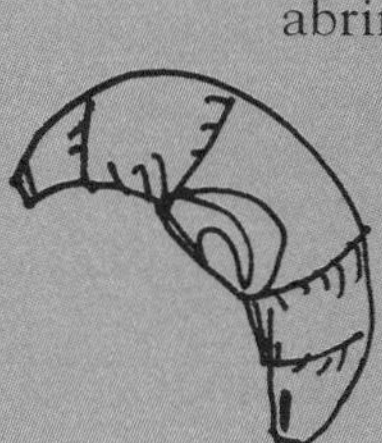

Dê um pequeno corte na base de cada triângulo e estique para os lados. Puxe em seguida a ponta do triângulo e enrole a massa, dando o formato de meia-lua aos *croissants*.

Disponha os *croissants* em assadeira untada com manteiga e forrada com papel-manteiga.

Deixe a assadeira durante 1 hora e meia no forno levemente morno, preaquecido (e apagado) a 25°C, para os *croissants* crescerem.

Pincele os *croissants* com o ovo batido e asse em forno preaquecido a 200°C, por cerca de 15 minutos. Depois de assados, deixe os *croissants* esfriarem sobre uma grade.

Rendimento: cerca de 30 a 40 unidades.

O restaurante mais antigo do mundo

Os escritores gastronômicos acreditam que o tipo de restaurante conhecido na atualidade, com as portas abertas ao público, o cardápio oferecendo vários pratos e o serviço organizado, delineou-se em Paris na segunda metade do século 18. Em 1765, um certo Boulanger, dono de um estabelecimento especializado em sopas e cozidos, resolveu ampliar o menu, acrescentando uma receita de pés de carneiro ao molho branco. Para divulgar a novidade, reproduziu na porta, em latim, a frase bíblica: "Venite ad me, omnes qui stomacho laboratis et ego restaurabo vos" (Mateus 11,28). Em outras palavras, prometia à clientela uma bênção recuperadora. Dispunha-se a "restaurar" os estômagos fatigados.

A iniciativa de Boulanger originou não só a instituição como o nome sugestivo que ela recebeu, oficializado em 1771 pelo *Dictionnaire de Trévoux*. Em acepção ampla, porém, o primeiro restaurante foi o Beauvilliers, também de Paris, aberto em 1782. Exibia salão luxuoso, adega tentadora, excelente cozinha, um cardápio com 168 pratos e garçons bem vestidos. Ambas as casas desapareceram há bastante tempo.

Na avaliação do *Guinnes Book*, porém, o restaurante mais antigo do mundo hoje não se encontra na França, e sim na Espanha. É o Sobrino de Botín, inabalável na calle de Cuchilleros, 17, junto à Plaza Mayor, em Madri. O livro dos recordes afirma ser o único a funcionar ininterruptamente, desde 1725. Fazendo-se as contas, pode-se chegar ao equívoco de considerá-lo o pioneiro no mundo. Por isso, convém uma ressalva. A casa efetivamente surgiu quarenta anos antes de Boulanger anunciar em Paris pés de carneiro ao molho branco. Entretanto, nos primeiros tempos não era um restaurante, mas uma estalagem que acolhia viajantes, tropeiros e mercadores. Pertencia ao cozinheiro francês Jean Botín, casado com uma mulher de sangue espanhol. Ficava em outro local da cidade, na Plaza de Herradores. Posteriormente, mudou para o endereço atual. O casal não deixou descendência e legou a estalagem a um sobrinho, Candido Remis. Este o rebatizou. Chamou-o de Sobrino de Botín.

Uma escadaria liga a calle de Cuchilleros à central Plaza Mayor. Nas ruas em volta se encontravam os principais estabelecimentos comerciais e os artesãos que confeccionavam peças de grande serventia na época, em couro, madeira e ferro. A própria calle de Cuchilleros deve seu nome a um desses profissionais. Em português, significa rua dos Cuteleiros. Nela se concentravam os artesãos que confeccionavam e vendiam instrumentos cortantes. Todos os ramos eram disciplinados por uma rígida política corporativa. Exemplo: uma estalagem estava proibida de vender vinho, carne e comidas. Seria concorrência prejudicial aos demais ramos. Estava autorizada apenas a preparar a comida com ingredientes trazidos pelos hóspedes. O francês Botín fazia isso com rara competência em um tradicional forno a lenha. Só com o passar dos anos o lugar se converteu em "casa de comidas". Aliás, transcorridos quase três séculos, o forno a lenha continua a ser o equipamento de cozinha mais usado no Sobrino de Botín. Decorado com azulejos antigos, proporciona calor e aroma ao seu prato forte: o *cochinillo* assado.

É um leitãozinho cuja mãe, a partir do momento em que fica prenha, come apenas cereais selecionados. Isso ocasiona excelente produção látea. Ao nascer, o *cochinillo* também se submete à dieta privilegiada. Alimenta-se exclusivamente do leite materno. Abatido quando alcança no máximo 21 dias, apresenta a carne rosada ou levemente vermelha. Assado no forno a lenha, a pele resulta crocante e a carne se mostra tão macia que os cozinheiros podem cortá-lo teatralmente, diante dos clientes, utilizando como faca as bordas de um prato.

Outras atrações do Sobrino de Botín são *sopa de ajo con huevo*; *revuelto* (ovos mexidos) *con morcilla e patatas*; *almejas* (*amêijoas*) *Botín*; *chipirones* (lulas) *en su tinta*; *solomilho* (lombo bovino) *al champiñon*; e *cordero asado*. Gente famosa do mundo inteiro aparece ali para comer. Registros históricos informam que, em 1765, a taverna empregou como lavador de pratos o jovem Francisco José de Goya y Lucientes, na época com 19 anos, que viria a ser um dos maiores pintores espanhóis de todos os tempos.

O inimitável Sobrino de Botín continua igual, ocupando os quatro andares de um prédio antigo. Não tem a intenção de mudar a aparência ou a linha de cozinha. Mas, como negócio, vai se ampliar. Os atuais proprietários anunciaram a intenção de multiplicá-lo pelo sistema de franquias. Em 2006, estava prevista a inauguração de dois pilotos em Madri: a Taberna Botín, dedicada ao preparo de assados, obviamente do *cochinillo* e do *cordero*; e o Antiguo Café Botín, especializado em doçaria regional. Às vésperas do honroso tricentenário, o Sobrino de Botín quer sacudir a poeira do tempo e dar a volta por cima.

Cochinillo asado

Ingredientes

1 cochinillo *(leitãozinho alimentado apenas com leite, que tenha no máximo 21 dias)*

350 ml de vinho branco (aproximadamente)

banha de porco a gosto

tomilho picado a gosto

alecrim picado a gosto

sal a gosto

Preparo

Limpe a pele do *cochinillo*. Coloque-o de costas sobre uma mesa e, com uma faca afiada, abra-o ao meio, desde o pescoço até o rabo, cuidando para não dividi-lo em duas partes.

Tempere-o com sal, unte com banha de porco e esfregue tomilho e alecrim. Passe-o para um recipiente de barro, com a pele voltada para baixo e coloque um pouco de água no fundo.

Leve-o ao forno preaquecido a 180°C, por cerca de 1 hora, regando com o suco do próprio assado.

Retire-o do forno, vire, regue com o vinho e asse por mais 1 hora e meia, aproximadamente, até a pele ficar dourada e crocante.

Proteja com papel-alumínio as orelhas, o rabo e extremidades do *cochinillo*, enquanto estiver assando, se julgar necessário.

Rendimento: 6 a 8 porções.

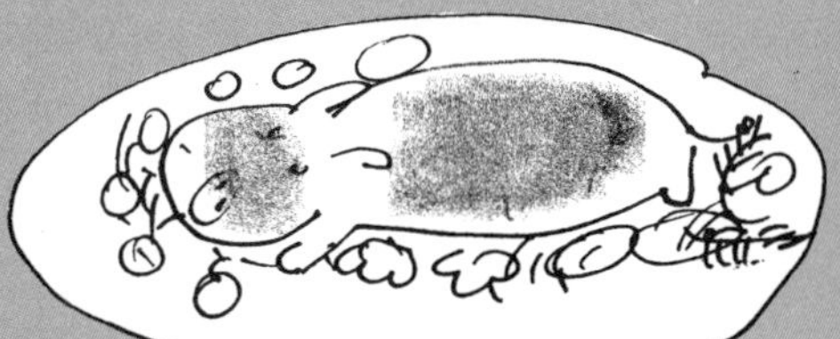

A mulher de Luís XV e seu pai glutão

Apesar de já ser famosa por haver casado com Luís XV e ter sido rainha da França, a polonesa Maria Leszczynski (1703-68) também costuma ser lembrada como introdutora de novidades gastronômicas e embaixadora do babá ao rum – um pequeno bolo de massa fermentada, predominantemente na forma de cogumelo, regado com uma calda de rum ou outra bebida alcoólica. Ela apresentou esse doce à corte de Versalhes, nos arredores de Paris, onde viveu a partir de 1725. Quem inventou a receita foi seu pai, o incansável comilão Stanislas Leszczynski (Stanislau I) (1677-1766), soberano deposto da Polônia, que o genro acolheu na França e transformou em titular do ducado de Lorena, no leste do país. O babá ao rum descende do *kougelhopf*, uma especialidade alemã. Mas austríacos, suíços e franceses igualmente o preparam.

Stanislas Leszczynski conheceu o *kougelhopf* na região da Lorena e o achou seco. Por isso, decidiu embebê-lo numa calda com rum e deu à nova receita um nome para o qual existem várias hipóteses. A mais provável é que homenageou Ali-Babá, herói de um dos contos de *As mil e uma noites*, que acabavam de ser traduzidos para o francês e cuja leitura o encantara. O doce seria definitivamente popularizado em Paris, no início do século 19, pelo *pâtissier* Stohrer, natural da Lorena, que mudou para a capital francesa e abriu uma confeitaria no número 51 da rue Montorgueil.

O babá ao rum foi a sobremesa do banquete apresentado no filme *A Festa de Babette*, do diretor dinamarquês Gabriel Axel, ganhador do Oscar da melhor fita estrangeira em 1988. A personagem-título, interpretada pela atriz francesa Stéphane Audran, havia sido *chef* do célebre Café Anglais, que de fato existiu em Paris, entre os anos de 1802 e 1913. Os italianos já reivindicaram a autoria do babá ao rum. Agora, rendem-se à evidência de que o doce chegou até eles levado por *chefs* franceses a serviço de famílias nobres do antigo reino de Nápoles.

O duque de Lorena, a quem o compositor italiano Giuseppe Verdi dedicou a comédia musical *Um dia do reino*, de 1840, amava a boa mesa, sobretudo os doces, que levava de presente à filha em Versalhes, quando ia visitá-la.

Stanislas Leszczynski ainda é relacionado à criação das *madeleines*, bolinhos à base de farinha de trigo, manteiga, ovos e açúcar, aromatizados com limão ou laranja. A explicação do nome é novamente controvertida. Uma das hipóteses sugere que, numa situação de emergência, a jovem criada Madeleine, nascida em Commercy, preparou a receita da avó e a ofereceu a Stanislas Leszczynski, seu patrão. Quando ele a chamou para elogiar e indagou o nome dos bolinhos, a moça não soube responder. Então, o duque de Lorena quis saber seu nome e local de nascimento. Ao ouvir a resposta da jovem, sentenciou: "A partir de hoje, os teus bolinhos vão se chamar Madeleines de Commercy". Entretanto, o duque de Lorena não seria o principal responsável pela difusão da especialidade. As *madeleines* devem sua fama mundial ao escritor francês Marcel Proust (1871-1922). Após saborear uma delas, o autor de *Em busca do tempo perdido* foi acometido da inspiração que o fez escrever sua obra-prima.

Quando jovem, Maria Leszczynski era uma mulher bonita. Possuía cabelos louros, pele clara, olhos vivos e boca carnuda. Aos poucos, porém, excedeu-se na comida e descuidou da beleza, embora não chegasse a engordar demais, graças ao metabolismo perfeito. Na cozinha, contou com os serviços de *chefs* famosos, entre os quais Vincent la Chapelle, o mesmo que trabalhou na Inglaterra para o lorde Chesterfield e publicou, em 1733, o clássico *The modern cook*. Controlava pessoalmente o cardápio do palá-cio. Sob sua orientação surgiram clássicos da culinária francesa, como as *bouchées à la reine*, ou seja, bombinhas de massa folhada, recheadas com salpicão.

Marie Leszczynski virou glutona. Pelos desvarios à mesa, recebeu duas vezes a extrema-unção. Uma delas ocorreu em 1727, após dar à luz as

gêmeas Marie Louisie Elisabeth e Anne Henriette. Celebrou o nascimento das duas primeiras filhas – teve mais seis filhas e dois filhos com Luís XV – comendo quinze dúzias de ostras. Sofreu uma intoxicação tão severa que por pouco não morreu. A prole herdou o apetite materno. O escritor catalão Néstor Luján, no livro *Historia de la gastronomia* (*op. cit.*), lembra que as filhas de Maria Leszczynski eram tão gulosas que escondiam nos seus armários particulares, para comer fora de hora, presuntos defumados, frangos assados, vinho tinto "e comiam até quase explodir".

A família real inteira se interessava pela culinária e o casal de soberanos dava o exemplo. O próprio Luís XV ia à cozinha preparar pratos. Alguns fidalgos imitavam sua aptidão; outros, contratavam *chefs* importantes. Assim, a arte culinária deu saltos de qualidade. Citaremos dois exemplos. O duque de Lévis-Mirepoix, marechal de França, teve o nome ligado a diversas invenções notáveis. A criação número um foi o *mirepoix*, uma combinação de legumes picados miudinhos usada como base para caldos e cozidos. Já o duque de Richelieu, também marechal de França, é associado a uma guarnição de tomates e cogumelos recheados e gratinados com alface grelhada e batatas *noisettes*, ou melhor, cortadas em forma de avelã e douradas na manteiga. Na corte de então, todos revelavam prazer à mesa. Mas poucos eram capazes de suplantar, numa hipotética olimpíada da gula, os dois vorazes Leszczynski.

Babá ao rum

Ingredientes

1/3 de xícara (chá) de leite morno

1 tablete de fermento biológico

2 1/2 xícaras (chá) de farinha de trigo passada pela peneira

7 colheres (sopa) de manteiga amolecida, sem sal

2 2/3 de xícaras (chá) de açúcar

6 ovos inteiros

5 1/2 xícaras (chá) de água

1/2 xícara (chá) de rum

manteiga (para untar)

farinha de trigo (para polvilhar as fôrmas)

Preparo

Dissolva o fermento no leite e junte 1/2 xícara da farinha de trigo, cubra com pano e deixe em lugar aquecido, por 30 minutos, até a massa crescer.

Bata a manteiga no processador ou batedeira com 2 colheres (sopa) do açúcar e 2 colheres (sopa) da farinha de trigo. Adicione os ovos um por vez, batendo a cada adição. Reserve.

Na batedeira, com batedores próprios para massa pesada, bata a farinha restante com a massa fermentada. Acrescente a mistura da manteiga com os ovos e continue batendo, até obter uma massa homogênea e bem espessa.

Coloque a massa dentro de fôrmas cilíndricas e individuais, preenchendo-as até a metade. Tampe com um pano e deixe crescer, até ocupar toda a fôrma. Leve ao forno preaquecido a 180°C e asse por cerca de 40 minutos, até a massa sair fora da fôrma tostando ligeiramente na parte superior.

Enquanto a massa assa, misture o açúcar que restou com a água e deixe ferver, até reduzir a calda para 3 xícaras. Apague o fogo e acrescente o rum. Retire os babás do forno e desenforme cuidadosamente. Despeje a calda quente por cima e deixe esfriar.

Rendimento: 10 a 12 porções.

O rei da sopa de cebola

Apetitosa e reconfortante, a sopa quente é por excelência um prato de inverno. Torna-se uma refeição completa se combinar verduras e legumes, cereais e tubérculos tipo batata e mandioca, enriquecidos com alguma proteína, sobretudo animal. Há milênios alimenta os habitantes do campo e da cidade. As enciclopédias gastronômicas a classificam em três grupos. Chamam-na de clara se for um caldo fino, à base de peixes, aves, carnes ou legumes, aromatizado com ervas; vira espessa ou creme no caso de ser engrossada com legumes, ovos, leite ou derivados; recebe a denominação de nacional quando for típica de certo país ou região, como sucede com o minestrone italiano e o *borsch* russo-polonês. Há milhares de sopas. A voz do povo até brinca com isso. Diz que existem infinitas receitas, mas uma só maneira educada de tomá-las: usando a colher. Algumas são consideradas obras-primas. É o que acontece, por exemplo, com a sopa de cebola francesa. Para completar, tem uma história dignificante.

Depois de quebrar a promessa nupcial feita a uma infanta espanhola, mandando-a de volta à casa, o rei Luís XV, da França, casou em 1725 com Maria Leszczynsky, filha de Estanislau I, duas vezes soberano da Polônia e por 28 anos governante da Lorena, território na época independente. Confinando com a Alemanha e a Suíça, hoje compõe o leste do território francês. Ali, o sogro de Luís XV protegeu as artes, embelezou a capital e sempre comeu muito bem.

Estanislau I e a mulher amavam a boa mesa. O genro de ambos possuía a mesma predileção, mas também sabia cozinhar. O rei da França se distraía elaborando pratos de sal ou preparando adereços para o café. Maria Leszczynsky colaborava com o marido. Orientava pessoalmente o cardápio do palácio de Versalhes.

Voltemos à sopa de cebola francesa. Na coleção de epístolas deixadas por Maria Leszczynsky, ela assegura que seu pai inventou essa receita ao passar pela cidade de Châlons, na região da Champagne. Mas a afirmação é discutível, pois há referências mais antigas sobre a especialidade. Na verdade, Estanislau I era um apaixonado pela cebola. Apreciava-a crua, refogada, cozida ou assada. Difundia todos os grandes pratos com o ingrediente. Por isso, alguns pesquisadores gastronômicos deduzem que, como ajudou a popularizar a sopa, ficou com as glórias de criador.

Mas a versão que sustenta a participação do sogro de Luís XV tem o respaldo do glutão e escritor francês Alexandre Dumas (1802-70), autor de *Os três mosqueteiros*. Nas páginas de outra obra sua, o erudito e às vezes imaginoso *Grande dicionário da cozinha*, ele afirmou: "Em uma das viagens que fazia da Lorena a Versalhes, onde ia a cada ano visitar sua filha, Estanislau Lesczynsky descansou numa pousada de Châlons, na qual lhe foi servida uma sopa tão delicada e cuidada que não quis seguir caminho sem aprender a prepará-la. Envolvido em seu manto real, desceu à cozinha e quis que o cozinheiro voltasse a preparar a sopa diante dos seus olhos. Nem a fumaça, nem os va-pores da cebola, que lhe provocavam lágrimas, puderam distrair sua atenção. Observou tudo, tomou nota, e não partiu enquanto não aprendeu a prepará-la".

Dumas era igualmente fanático por cebola e pela sopa feita com ela. No *Grande dicionário da cozinha*, assinalou que a preparação era "venerada pelos bêbados". O próprio escritor a sorvia para combater a ressaca. Nos séculos 19 e 20, a boemia parisiense esticava até o velho mercado de Les Halles, nas madrugadas frias, para saboreá-la. Foi ali que a sopa começou a ser polvilhada pouco antes de servir com abundante camada de queijo ralado e depois colocada no forno para gratinar.

Segundo o poeta Gérard de Nerval (1808-55), autor de *As filhas do fogo*, a moda começou no Baratte, um dos restaurantes do Les Halles. O hábito foi imitado em São Paulo, em meados do século passado. Os notívagos da cidade também costumavam ir no inverno ao restaurante do Ceasa, hoje Ceagesp, para tomar sopa de cebola. O prato começou a ser preparado na época da construção do entreposto. Teria sido introduzido por Sidônio Gouveia, filho do dono do restaurante.

A cebola deu origem a outras receitas históricas. O príncipe de Soubise, nascido Charles de Rohan (1715-87), soldado valente, mas general medíocre, protegido de Luís XV, também era seu fã. Gastrônomo tarimbado, teve um delicioso purê batizado com seu nome, pelo *chef* Constant, assim como uma receita de ovos duros, uma de batatas recheadas e um molho com *béchamel* acrescido de *consommé*. Todos os pratos denominados à *la Soubise* levam cebola. O homenageado comia tanto esse bulbo, que as pessoas reclamavam do seu mau hálito. Ingeria regularmente colheradas de um antídoto para o transtorno, à base de vinagre e salsinha, que nunca funcionou. Com a mesma obsessão, tentou descobrir sem sucesso por que a cebola, ao ser cortada, faz o cozinheiro "chorar". Atualmente, sabe-se que o motivo é um ácido forte, irritante da membrana conjuntiva. Felizmente, esse problema nunca desestimulou o largo consumo da cebola. Convém lembrar que, apenas para uma sopa, destinada a seis pessoas, é necessário um quilo desse ingrediente. Haja lágrima!

Sopa de cebola

Ingredientes

5 colheres (sopa) de manteiga

2 colheres (sopa) de azeite de oliva

1 kg de cebolas cortadas em finas rodelas

2 dentes de alho amassados

2 litros de caldo de carne

1 colher (sopa) de farinha de trigo

queijo parmesão ralado (para polvilhar)

fatias de pão torradas

sal e pimenta-do-reino moída a gosto

Preparo

Numa panela, aqueça a manteiga com o azeite de oliva.

Coloque as cebolas e, mexendo seguidamente, deixe-as no fogo até ficarem bem douradas, quase escuras.

Acrescente os dentes de alho amassados e misture bem.

Junte o caldo de carne e continue o cozimento em fogo baixo, mexendo de vez em quando, até as cebolas ficarem quase totalmente diluídas.

Dissolva a farinha de trigo em 1/2 xícara (chá) de água, junte-a à sopa e mexa bem, para evitar grumos.

Tempere com sal e pimenta-do-reino.

No momento de servir, coloque as torradas no fundo de tigelas refratárias individuais e derrame a sopa quente por cima.

Polvilhe com abundante queijo ralado e leve a sopa ao forno médio preaquecido, para gratinar.

Sirva imediatamente.

Rendimento: 6 porções.

Na cozinha de madame de Pompadour

Os historiadores são capazes de calcular o número de filhos do rei Luís XV, o Bem-Amado (1710-74), o mais prolífero soberano da França, país que ele governou por quase 60 anos. Foram dez com a rainha Maria Leszczynski, dois homens e oito mulheres; e oito com diferentes amantes, sendo três homens e cinco mulheres, embora a crônica da época estimasse em três dezenas a prole extraconjugal. Entretanto, nem Luís XV poderia recensear o seu acervo de amantes, antes e depois de se casar. Sedutor incansável, jamais escondeu as incontáveis parceiras de alcova. Elas freqüentavam a corte e eram exibidas publicamente, inclusive diante da rainha, resignada por não conseguir aplacar o fulgor viril do marido. Algumas amantes se tornaram poderosas. Envolveram-se nos negócios públicos, interferiram na política e na economia, participaram das intrigas. As mais influentes foram Jeanne Antoinette Poisson, marquesa de Pompadour (1721-64), e Joanne Bécu, condessa du Barry (1743-93).

No reinado de Luís XV, comer bem e cozinhar constituíam sofisticações altamente valorizadas no palácio de Versalhes, nos arredores de Paris, residência principal do rei e sede da corte. A culinária se refinava. Nas suas dependências, segundo Néstor Luján em *Historia de la gastronomía* (*op. cit.*), começaram grandes transformações e aperfeiçoamentos da cozinha francesa, embora ainda de maneira elitista, restrita às mesas da nobreza. O aprimoramento gastronômico enriqueceria o cardápio dos primeiros restaurantes, instalados após a Revolução Francesa (1789-94). O rei dava o exemplo. Além

de bom garfo, enfrentava o fogão. Fazia questão de preparar o café diário e o de seus acompanhamentos. Titulares dos mais reluzentes brasões imitavam Luís XV. Desenvolveram vários pratos, guarnições e molhos que receberam seus nomes; ou, então, vieram à luz por obra de cozinheiros profissionais, que os batizavam com os títulos dos patrões.

Uma das vias de sucesso na corte francesa era saber criar ou sugerir novas receitas. A exemplo de muitas cortesãs, madame de Pompadour, mulher hábil e inteligente, além de saber cantar e dançar igualmente bem, explorou o filão. A partir de 1745, ano em que o rei a introduziu oficialmente no palácio de Versalhes, na condição de favorita, circulou sem constrangimento ao lado dele. Isso aconteceu durante o romance, encerrado em 1750, e posteriormente, ao virar apenas amiga do soberano. Visitava palácios e casas de campo ao lado de Luís XV; encorajava-o a se interessar pela botânica, jardinagem e ornitologia; jogava cartas e organizava pequenos jantares para distraí-lo. Graças a esses cuidados, permanecia no centro das atenções. O interesse pela culinária fez com que merecesse um verbete na enciclopédia *Larousse gastronomique* (Paris: Larousse-Bordas, 1996).

Algumas receitas mencionadas na obra, intituladas à Pompadour, foram dedicadas à favorita do rei; outras, nasceram na cozinha dela. Situam-se no caso, por exemplo, um pavé de arroz e um filé de linguado às trufas e aos *champignons*. A *Larousse gastronomique* diz que Charles Monselet, poeta, jornalista, polemista e um dos fundadores da crônica gastronômica no século 19, juntamente com Alexandre Grimod de la Reynière e Jean-Anthelme Brillat-Savarin, atribuía à favorita do rei a criação de um molho para aspargos, com manteiga e gemas de ovos, ligado por farinha de milho e temperado com vinho. Também ressalta que, na cozinha clássica, dá-se o nome de

Pompadour a uma variação de salpicão, geralmente à base de *foie gras*, língua de boi, *champignon* e trufas, ligados por molho Madeira. Serve para guarnecer rissoles e timbales. Madame de Pompadour aprendeu igualmente a beber bem. Gostava de vinho e um de seus sonhos irrealizados era adquirir, na Borgonha, o mítico Domaine de la Romanée-Conti. Mas, como consumidora, não trocava um champanhe de qualidade por nada. Deixou frases inspiradas sobre essa predileção etílica. "O champanhe é feito para dar prazer tanto aos reis de bom gosto como aos plebeus de nobre sensibilidade", assegurou.

Filha de plebeus – a mãe era uma das mulheres mais deslumbrantes e malfaladas de Paris –, madame de Pompadour recebeu educação esmerada. Teve os melhores professores. Um dos prováveis amantes da mãe, homem rico e generoso, pagou-lhe os estudos. Linda desde pequena, tinha pele macia, cabelos claros, boca graciosa, dentes perfeitos, sorriso insinuante, nariz escultural e os olhos grandes, cujo fascínio vinha da incerteza da cor, entre o preto e o azul. Aos 20 anos casou com Guilhaume Le Normant d'Etioles, três anos mais velho. O casal foi morar na rue Saint-Honoré, em Paris, e a cidade passou a falar das recepções que dava. Todos ressaltavam a beleza da anfitriã, seu espírito e cultura. Abriram-se naturalmente para a dupla os salões da aristocracia francesa, particularmente o de madame Geoffrin, freqüentado por Montesquieu, Voltaire e d'Alembert.

Certo dia, ambos descansavam numa propriedade junto ao castelo real de Choisy-le-Roy, perto de Paris. Fascinada com a vizinhança ocasional de Luís XV, a futura marquesa de Pompadour – só receberia o título após tornar-se favorita – começou a exibir-se diante do soberano, a bordo de uma carruagem azul. Depois, compareceu a um baile de máscaras em Versalhes fantasiada adequadamente de Diana, a caçadora. Antes de se entregar ao rei, tomava um banho de urtiga, perfumava-se com baunilha e recorria ao chocolate "para aquecer o sangue e o ímpeto de Vênus". Acometida de graves problemas de saúde, interrompeu o relacionamento com Luís XV. Mas continuou fascinada pelo rei, a ponto de conseguir-lhe amantes cada vez mais jovens, como o soberano exigia. Morreu aos 43 anos, sem re-nunciar aos goles de champanhe. "É a única bebida alcoólica que não afeta a beleza das mu-lheres", sentenciava ma-dame de Pompadour.

Pavê de arroz à Pompadour

Ingredientes

Pavê

1 xícara (chá) de arroz

2 colheres (sopa) de açúcar

3 ovos batidos ligeiramente (finalização)

farinha de trigo (para empanar – finalização)

óleo (para fritar – finalização)

manteiga (para untar)

manteiga derretida (para regar)

Creme pâtissière

500 ml de leite

3 gemas

5 colheres (sopa) de açúcar

2 colheres (sopa) cheias de maisena

1 colher (sopa) rasa de rum

Acompanhamento

compota ou geléia de damascos

Preparo

Pavê

Cozinhe o arroz com açúcar e mais água do que habitual, de modo que fique bem cozido. Distribua o arroz em assadeira untada com manteiga, numa camada de cerca de 2 cm de espessura. Regue com um fio de manteiga recém-derretida, pressionando o arroz com uma colher. Deixe esfriar completamente.

Creme *pâtissière*

Numa panela, misture o leite com as gemas, o açúcar e a maisena. Quando os ingredientes estiverem bem diluídos, leve ao fogo brando, mexendo com uma colher. Deixe ferver, sem parar de mexer. Retire do fogo e espere esfriar. O creme deve ficar bem denso.

Finalização

Corte a camada de arroz em quadrados. Espalhe um pouco do creme sobre cada um deles e cubra com outro quadrado. Passe na farinha de trigo, no ovo batido e novamente na farinha de trigo. Frite em óleo quente. Retire, escorra em papel absorvente e sirva com a compota ou geléia de damascos.

Rendimento: cerca de 10 porções.

A elegante estréia do menu

Quando os magníficos banquetes do palácio de Versalhes, a 16 quilômetros de Paris, então residência oficial dos reis da França e sede da corte, começaram a oferecer aos convidados um menu, na segunda metade do século 18, ficou mais confortável participar das refeições elegantes. Até então, vigorava a lei da surpresa. As iguarias saíam da cozinha num séqüito de bandejas, quase sempre sob redomas metálicas. Salvo quando o comensal dispunha de informação privilegiada, só descobria o tipo de alimento a saborear no momento em que o profissional do serviço destampava a bandeja. *Menu* é palavra francesa e tem dois sinônimos em português: cardápio e ementa.

Sua estréia elegante aconteceu teoricamente a 21 de junho de 1751, no banquete que a comunidade financeira da França ofereceu ao refinado soberano Luís XV. Relacionava 48 pratos, entre sopas, carnes e sobremesas. Foi desenhado pelo artista plástico e calígrafo Brain de Sainte-Marie. Ainda que não seja o cardápio número um, é o mais antigo conhecido atualmente. O museu do palácio de Versalhes o conserva no seu acervo. Além de atestar a própria primazia, documenta a antiguidade de clássicos da cozinha francesa, como por exemplo, a *blanquette*, modo diferenciado de preparar carne de vitelo ou cordeiro. No menu da homenagem a Luís XV, figura entre as grandes entradas.

Embora não possam exibir um documento equivalente, os alemães querem ser os verdadeiros inventores do cardápio. Afirmam que, em 1521, o duque Heinrich Brunswick-Wolfenbüttel teve a idéia absolutamente original

de mandar seu cozinheiro escrever num pergaminho a lista dos pratos oferecidos no banquete de abertura da Dieta (assembléia político-legislativa) de Worms (cidade às margens do Reno). Referimo-nos à reunião que colocou Martinho Lutero fora da lei, depois que o reformador protestante se apartou da Igreja católica, negando a autoridade e a infalibilidade do papa, a hierarquia, o celibato sacerdotal, os votos monásticos, a devoção aos santos, a doutrina e prática das indulgências.

Citado pela Dieta de Worms, Lutero se apresentou ali, mas se recusou a negar as idéias julgadas heréticas. Infelizmente, não existe cópia do cardápio alegadamente pioneiro. Para completar, os alemães não assimilaram e nem espalharam logo a novidade.

Na França, Sainte-Marie desenhou vários menus, hoje preservados em coleções públicas e privadas. Um deles se destinou ao do jantar oferecido a 17 de agosto de 1757, no Palácio de Choisy-le-Roy, a 12 quilômetros de Paris, pela famosa marquesa de Pompadour. Na época, ela já deixara de ser a favorita de Luís XV. O romance com o rei terminara sete anos antes. Mas continuava uma pessoa influente, pois virara amiga e confidente do rei. O menu da marquesa de Pompadour tinha o formato de disco, para seus convidados girarem à medida que se iniciava cada um dos quatro serviços nos quais a refeição fora dividida. Arrolava um total de 44 pratos. As quatro saladas mencionadas são vistas como sinal de que, apesar de viver numa época de pouca importância à dieta, a amante do rei já intuía as virtudes da alimentação equilibrada, além de revelar seu cuidado com a silhueta. Outra curiosidade era o fato de, no final do jantar, em lugar dos doces, marquesa de Pompadour servir couve-flor, anchovas e lagostins.

A corte inteira do palácio de Versalhes, que chegou a congregar 20 mil pessoas, encantou-se com a inovação. Entender de cozinha, saber comer bem, respeitar a complexa etiqueta e portar-se com elegância constituíam refinamentos supremos no reinado de Luís XV. Daí a rápida assimilação do menu. Além disso, nobres com prestigiados brasões e plebeus da alta aristocracia costumavam imitar o rei. O mesmo sucedia em relação à marquesa de Pompadour, mulher bela, educada, astuta, inteligente, ótima cantora e graciosa dançarina.

O palácio de Versalhes ditava todas as modas na França, da roupa ao mobiliário, dos padrões gustativos ao comportamento à mesa. Foi assim que a prática de informar por escrito os pratos, nas refeições formais, espalhou-se na França. Entretanto, os primeiros cardápios não ficaram restritos a essa finalidade. Prestavam-se igualmente para demonstrar a generosidade do anfitrião, ostentar sua riqueza e poder.

Com a multiplicação dos restaurantes, fenômeno ocorrido logo após a Revolução Francesa – o movimento que derrubou Luís XVI, criando os pressupostos para a instituição do moderno Estado democrático –, o menu adquiriu funções adicionais. O cliente passou a encontrar afixada na porta dos estabelecimentos de qualidade uma lista grande com pratos à base dos ingredientes de época, que podia escolher conforme o dinheiro no bolso e, obviamente, o gosto pessoal. "As ostentações dos banquetes foram substituídas pela equanimidade e a economia dos custos", observa Rebecca L. Spang, no livro *The invention of the restaurant: Paris and modern gastronomic culture* (Cambridge: Harvard University Press, EUA, 2000).

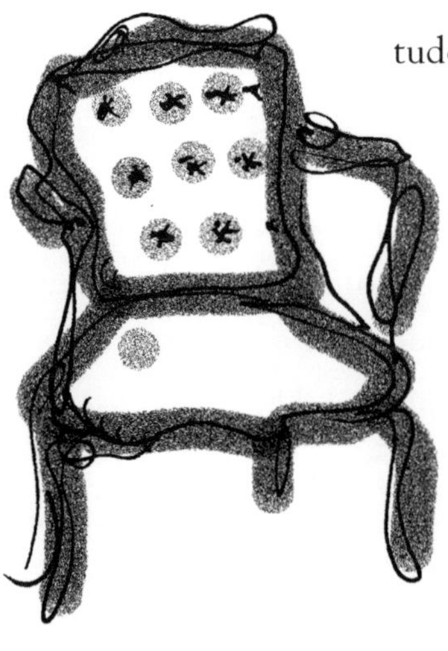

A arte de fazer cardápio foi aprimorada, sobretudo a partir de meados do século 19, quando os melhores restaurantes de Paris reduziram o tamanho dos cardápios e passaram a distribuí-los nas mesas. Para essa evolução contribuíram, em diferentes oportunidades, os pintores Toulouse-Lautrec, Édouard Manet, Pablo Picasso, Marc Chagal, Alphonse Mucha e Jean Cocteau, atraídos mais pelo prestígio conferido pela atividade do que para ganhar dinheiro.

A *Larousse gastronomique* (Paris: Librairie Larousse, 1984) lembra que Auguste Escoffier, o *chef* responsável pela modernização da cozinha francesa, ocorrida entre os séculos 19 e 20, considerava a organização do menu uma das tarefas mais difíceis do trabalho de um *restaurateur*. Segundo a prestigiosa enciclopédia, ele julgava imprescindível encontrar o justo equilíbrio entre os produtos disponíveis, as especialidades que notabilizam o estabelecimento, sua indispensável re-novação e o prazer do cliente, que desejará comer farta ou frugalmente, tradicional ou inovadoramente.

Escoffier chegou a escrever uma obra sobre o assunto, o *Livre des menus* (Paris: Le Félin, 1997). Existem outras obras atraentes sobre o cardápio. A mais célebre se intitula *Menus et programmes illustrés* (Paris: Boudet, 1898) e teve como autor Leon Maillard. Contém 460 ilustrações e, mais de um século depois, permanece insuperável, fazendo jus ao surrado provérbio de que beleza não tem idade.

Blanquette de veau

Ingredientes

Vitelo

500 g de miolo de alcatra de vitelo

1 cebola média com 3 cravos espetados

3 cenouras médias em cubos

1 bouquet-garni (amarrado de alecrim, louro e tomilho)

2 litros de caldo de carne

500 g de creme de leite fresco

16 minicenouras

20 cebolinhas pequenas

20 champignons-de-Paris

16 aspargos frescos em pedaços

sal e pimenta-do-reino moída na hora

Roux

25 g de manteiga

25 g de farinha de trigo

Acompanhamento

arroz branco

Preparo

Vitelo

Limpe o vitelo e corte-o em cubos com cerca de 1,5 cm de lado.

Numa panela, leve ao fogo o vitelo com a cebola, a cenoura, o *bouquet-garni* e o caldo de carne. Cozinhe por cerca de 1 hora, até a carne ficar macia.

Retire a carne e coe o líquido do cozimento. Leve o líquido novamente ao fogo, deixe reduzir à metade e acrescente o creme de leite, as minicenouras, as cebolinhas, os *champignons* e os aspargos. Quando estiverem *al dente*, junte a carne e aqueça bem.

Corrija o sal e tempere com a pimenta.

Roux

Numa panela, cozinhe a manteiga com a farinha de trigo por cerca de 2 minutos, mexendo sempre.

Finalização

Despeje o *roux* na panela com a carne e deixe um pouco mais no fogo, até o caldo engrossar.

Sirva imediatamente com o arroz branco.

Rendimento: 4 porções.

CARDA'PIO

O lorde do sanduíche

O sanduíche é uma preparação nascida em vários lugares do mundo, a exemplo do que sucedeu com o cozido e algumas receitas clássicas. Afinal, nada mais intuitivo do que cortar o pão ao meio e recheá-lo com um pedaço de carne, presunto, queijo, ovo ou qualquer ingrediente apetitoso. Na Roma Antiga existia uma Via Panisperna. O nome latino significava pão com presunto. Mas quem deu nome à preparação foi um nobre inglês – e muitos lhe creditam a sua paternidade. Chamava-se Lorde John Montagu (1718-92) e era o quarto conde Sandwich. Os pesquisadores localizam até o ano, as circunstâncias e o local da criação. Surgiu em meados de 1762, antes da meia-noite, diante de uma mesa de jogo, em Londres. Foi o historiador Edward Gibbon (1737-96), autor do livro *Declínio e queda do Império Romano* (São Paulo: Companhia das Letras, 2003), quem escreveu a palavra sanduíche pela primeira vez, em 24 de novembro daquele ano, numa publicação inglesa.

Viciado em *whist* – jogo de cartas muito popular na Inglaterra, entre os séculos 18 e 19, destronado pelo *bridge*, mas ainda com adeptos naquele país –, o Lorde Sandwich, como ele era conhecido, encontrava-se em ação havia várias horas. Comera muito pouco. Só levantava da mesa para ir ao banheiro. Estava perdendo dinheiro, cerca de cinqüenta libras, uma fortuna para a época. Jogador obstinado, prometeu a si mesmo que só iria para casa após recuperar o prejuízo. Acossado pelos clamores do estômago, pediu alguma coisa para comer. O mordomo veio com uma bandeja de prata com alimentos. Sem deixar a mesa, o Lorde Sandwich ordenou-lhe que abrisse um pão ao meio, cortasse algumas rodelas de rosbife frio, colocasse-as sobre uma das fatias do pão e cobrisse com a outra. Feito isso, esticou o braço e pegou a preparação com a mão, saboreando-a gulosamente, sem desviar os olhos das cartas. Comeu-a acompanhada de champanhe, e não de chá, como se esperaria de um inglês. Só apareceu em casa ao raiar do dia, quando a sorte o favoreceu. Assim mesmo, amealhara no bolso apenas cinco libras.

A novidade entusiasmou os demais jogadores, que passaram a imitá-lo. Lorde Sandwich se orgulhou da invenção, a ponto de se referir a ela no testamento como seu melhor legado ao país. Sua biografia lhe credita destacadas funções públicas. Anos depois, foi nomeado primeiro lorde do almirantado. Nessa função, por temer um ataque da França, reteve a armada britânica na Inglaterra, deixando de enviá-la à América do Norte, para combater os revolucionários de George Washington, que proclamaram a independência dos Estados Unidos. Paradoxalmente, a população do jovem país se tornaria fanática por sanduíche. Outra curiosidade é que um dos parceiros de mesa do nobre jogador, o célebre navegador e explorador James Cook (1728-79), prestou-lhe uma grande homenagem. Deu o nome de Sandwich a um grupo de ilhas no oceano Pacífico, hoje Havaí. Entretanto, no oceano Atlântico, a sudoeste da América do Sul, continuam a existir as Ilhas Sandwich do Sul, um pequeno arquipélago desabitado.

Instigante e versátil, a novidade ganhou uma infinidade de receitas e se popularizou internacionalmente. Hoje, existem sanduíches fechados e abertos. Usam pães com diferentes massas e formatos, integrais ou não, inclusive os de fôrma, cortados de várias maneiras. Cada país ostenta pelo menos uma receita emblemática. Os ingleses inventaram o clube sanduíche – três fatias de pão entremeadas de *bacon*, maionese, alface, peito de peru, presunto e tomate. Os holandeses, que abriram as primeiras casas especializadas na novidade, desenvolveram uma série de alternativas. Adeptos dos sanduíches abertos, cobrem-nos com embutidos, carnes, peixes, mostarda, cebola, queijo, picles e aí por diante. Os alemães revelaram a mesma preferência. Os italianos exibem duas categorias de sanduíche, o *panino* e o *tramezzino*, ambos fechados. De modo geral, o primeiro é feito com pão comum; no outro, predomina o de fôrma. A *bruschetta*, especialidade da Toscana e da

Úmbria, pode virar um tipo de sanduíche aberto, quando a fatia de pão ligeiramente tostada for coberta com uma substanciosa tentação gustativa. Os espanhóis distinguem o *bocadillo*, o *emparedado* e o *montado*. Com a primeira palavra designam o sanduíche convencional; a outra se refere ao que é feito com pão de fôrma; a última indica o aberto.

Em meados do século 19, imigrantes europeus introduziram nos Estados Unidos as bases de receitas que se tornariam símbolos da cultura norte-americana e os maiores sucessos mundiais da especialidade. Uma seria o cachorro-quente. No início, serviam-no no prato. Depois, passaram a vendê-lo em pão-de-leite. Finalmente, acrescentaram-lhe mostarda e *ketchup*. Os primeiros a oferecê-la foram os alemães estabelecidos por volta de 1860 em Nova York. A outra preparação se intitulou hambúrguer. Até hoje não há certeza sobre as circunstâncias nas quais chegou ali. Alguns dizem descender de um bolinho achatado e frito, comercializado no século 19, em Nova York, por ambulantes alemães. Há também quem relacione o hambúrguer com o *poor boy*, um sanduíche de almôndega de New Orleans. Existe ainda quem o veja descendente do *bitok*, um disco de carne moída, enfarinhado, frito na manteiga e servido no prato, originário da Rússia. A receita teria desembarcado em Nova York com os judeus russos que aportaram nos Estados Unidos no final de 1800. O nome seria uma referência à Hamburgo-Amerika Line, uma companhia de navegação que transportava imigrantes.

Inicialmente, os americanos comiam o hambúrguer no prato, acompanhado de cebola. A seguir, incorporaram a batata. Nas décadas de 10 e 20 do século passado, transformaram-no em sanduíche, como alternativa para o cachorro-quente. Ao mesmo tempo, acrescentaram-lhe os ingredientes atuais: mostarda, *ketchup*, pepino em conserva, cebola crua, de preferência roxa, alface, tomate, aqui no Brasil, um pouco de maionese. Depois, surgiram as derivações. Já que falamos em Brasil, qual a participação do nosso país nessa história? Simplesmente quer um degrau no pódio do sanduíche, do qual possui modalidades deliciosas. Nem seriam necessárias tantas variedades. Bastariam o bauru do Ponto Chic, de São Paulo, e o sanduíche de pernil com rodelas de abacaxi do Cervantes, no Rio de Janeiro. Modéstia à parte, são obras-primas.

Clube sanduíche

Ingredientes

4 fatias de bacon
3 fatias de pão de fôrma
2 colheres (sopa) de maionese
6 fatias de peito de peru
2 fatias de presunto
2 folhas de alface
2 rodelas de tomate
1 azeitona (decoração)

Preparo

Leve uma frigideira grande ao fogo alto e deixar aquecer. Coloque as fatias de *bacon* e frite-as dos dois lados, até ficarem douradas e crocantes.

Retire o *bacon* da frigideira e deixe escorrer em papel absorvente.

Separe uma fatia de pão e passe maionese nos dois lados da fatia. Nas outras duas, coloque maionese em apenas um dos lados.

Monte o sanduíche dispondo os ingredientes na seguinte ordem: uma fatia de pão com maionese de um só lado, uma folha de alface, as fatias de peito de peru, as fatias de presunto, uma fatia de pão com maionese dos dois lados, outra folha de alface, as rodelas de tomate, as fatias fritas de *bacon* e a outra fatia de pão.

Corte o sanduíche ao meio e cada metade ao meio novamente. Espetar um palito em cada pedaço, para o sanduíche não desmanchar.

Decore com uma azeitona, colocada no alto na ponta do palito e sirva.

Rendimento: 1 sanduíche.

Catarina II e a mesa russa

No magnífico filme *Arca russa*, o diretor Aleksandr Sokúrov promove um desfile de personagens notáveis de sua pátria. A exibição dura 96 minutos. Abrange 300 anos de um período da Rússia que volta a ser cultuado por aquele país, após os anos cinzentos do comunismo. Sokúrov fala de governantes legendários – incluindo o poderoso czar Pedro, o Grande, que fundou a cidade de São Petersburgo, transformou-a em capital do país e símbolo de sua política de ocidentalização, ao infortunado Nicolau II, trucidado pelos bolchevistas em 1917, juntamente com a mulher e os filhos, sem esquecer da princesa Anastácia.

Todos eles, sem exceção, viveram no luxo, certas vezes desvairado, e desfrutaram amplamente os prazeres da mesa e do copo. Mas poucos protagonizaram cenas tão extravagantes quanto Catarina II, a Grande, que viveu no século 18. Filha de um príncipe alemão, tornou-se imperatriz da Rússia depois de provocar uma revolução militar que depôs o marido, czar Pedro III, pois ele tencionava repudiá-la. Incorrigível expansionista, ampliou as fronteiras de seu país: submeteu a Polônia, derrotou duas vezes os turcos e anexou a Criméia, concretizando o sonho russo de acesso ao mar Negro. Inteligente e letrada, estimulou o progresso cultural, patrocinou artistas e filósofos. Tais feitos camuflavam o temperamento violento e o caráter despótico da czarina, bem como a obsessão pelos homens, o comportamento dissoluto e a mente fantasiosa.

O general e ministro Grigori Potemkin, um dos vários amantes de Catarina II, foi o parceiro que melhor explorou suas megalomanias. Convertia em realidade, para ela, fantasias dignas dos contos de fadas. Em 1787, organizou a viagem triunfal de Catarina II ao interior do país. Mesmo nas regiões desoladas do sul, a carruagem imperial atravessava bosques verdejantes, aldeias prósperas e palácios luxuosos. Não passavam de cenários, como os existentes nas óperas, desmontados em seguida, para reaparecer logo adiante. A czarina se deixava enganar, fingindo acreditar na representação, deliciando-se com a trapaça. Só a comida e a bebida da viagem eram de verdade – Catarina II consumia diariamente vinho doce da Criméia e pelo menos dois litros de chá. Os banquetes esbanjavam um requinte dilapidador. Atuavam na cozinha *chefs* russos, georgianos, franceses e italianos. Os pratos ostentavam apresentação barroca. Também era autêntica a fortuna de Potemkin, que usou o privilégio da alcova imperial para se tornar a maior fortuna da Rússia.

Foi no tempo de Catarina II que apareceu "um dos mais queridos ícones do povo russo", segundo a expressão do romancista Fedor Dostoievski, autor de *Crime e castigo*: o samovar. Aos olhos ocidentais, é um aparelho exótico, que serve para fazer chá. Apesar de aparentado com a chaleira, não vai ao fogo. Fica na mesa, em lugar de honra. O chá ou *tschai*, como dizem

os russos, é a bebida mais popular no país, tomada a qualquer hora do dia. A água fica num tubo interno, central e vertical do samovar. Em volta há o espaço para colocar carvão em brasa. A água sai por uma torneira, após emitir três sons distintos. Os russos afirmam que inicialmente ela canta; a seguir, resmunga; na hora certa de servir, parece uma tempestade. Nesse momento, pára de sair fumaça pela parte superior, que serve para apoiar o bule e manter alta a sua temperatura.

Instrumento de convivência social, pois em torno dele reúnem-se familiares e amigos, o samovar tem habitualmente grande dimensão. Apresenta-se nas mais diversas formas. Pode ser cônico, cilíndrico ou redondo. Antigamente, era feito em cobre, latão ou prata. A parte externa estampava rica decoração. Hoje, é mais simples. Existem samovares em aço inoxidável e de todos os tamanhos. Além disso, muitas vezes o carvão é substituído por uma resistência elétrica. Os russos fazem no bule um extrato de chá. As pessoas se servem de um pouco daquela infusão forte e completam a xícara com a água do samovar.

A bebida foi introduzida no país durante o século 17. Conta-se que o embaixador russo na Mongólia trouxe 65 quilos de chá para o czar. O soberano não demonstrou entusiasmo imediato. Só passou a apreciar a bebida após descobrir que ela o mantinha acordado nas intermináveis cerimônias religiosas, repletas de cânticos que estava cansado de ouvir, e as fatigantes reuniões da Duna – na época, uma assembléia da alta nobreza. Originalmente caro, seu consumo se restringia aos nobres mais ricos e plebeus abonados. Tanto que caiu por um tempo no esquecimento, só voltando triunfalmente com nova importação, agora da China. A popularização do chá só começou mesmo quando surgiu o samovar.

O revolucionário utensílio aprimorou a cerimônia do chá, que passou a contar com uma seqüência de pastéis, docinhos, *croissants*, compotas, mel e, na estação das frutas, framboesas e groselhas. Uma especialidade que não pode faltar: os *pirojki* ou *pirogui*, empanadas recheadas. Apresentam-se pequenos e grandes, redondos e quadrados, ao forno ou fritos, doces ou salgados. Nos casamentos, prestam-se a um antigo ritual. Um dia depois da cerimônia, a nova esposa prepara *pirogui* e chama os convidados da véspera.

Nesse caso, serve-os com vinho. Os convidados conversam e se divertem. Na saída, felicitam os recém-casados e deixam dinheiro numa bandeja.

Os russos se mostram ecléticos à mesa. Adoram grandes assados e também os alimentos que podem levar de uma vez à boca. Outra instituição nacional – igualmente aperfeiçoada no século de Catarina II – são os *zakousky*, os nossos antepastos, embora a refeição possa se circunscrever a eles. Em tese, porém, destinam-se a atiçar o apetite para os grandes pratos que virão. Saboreá-los constitui um ato tão importante quanto o chá para os japoneses e o *smörgasbord*, o bufê frio dos escandinavos. Reúnem infindáveis preparações: carne de ganso defumada ou marinada, peixe igualmente defumado ou marinado, ovos, cogumelos, pão, embutidos, verduras, molhos e condimentos, tudo predominantemente salgado ou agridoce, além de vodca gelada, vinho e chá. Também comporta *blinis*, a célebre panqueca russa de massa levedada, coberta com caviar, salmão ou fígado, quase sempre acompanhada de *smitane*, o creme de leite azedo. Um componente essencial dos *zakousky* é a apresentação: a mesa precisa ser colorida e atraente.

Napoleão Bonaparte, imperador dos franceses, invadiu a Rússia em 1812, com um exército aparentemente invencível. Marchou até Moscou e, ao voltar no inverno, sofreu baixas irreparáveis. Oficiais, diplomatas e nobres russos, vitoriosos sobre Napoleão, deslocaram-se à França, onde descobriram as maravilhas da mesa e do copo. Já conheciam algumas, pois as elites de seu país sempre se deslumbraram com Paris. Mas, após a derrota de Napoleão, assimilaram com entusiasmo a cultura gastronômica francesa. Com dinheiro para gastar, sem ligar para o preço dos pratos, mostraram-se assíduos nos restaurantes de luxo. Chegaram a contratar e levar para a Rússia o renomado *chef* Antonin Carême, cozinheiro número um da França. Em compensação, introduziram novidades na cozinha clássica francesa, a começar pelos *zakousky* e, particularmente, pelos *blinis* com caviar do Volga e do mar Cáspio. Outra inovação: o serviço à russa, até hoje seguido, no qual os garçons levam os pratos em seqüência à mesa.

Os estrangeiros também ensinaram aos franceses saborosas receitas de sopas, quentes ou frias, uma delas, denominada *borsch*, especialmente saborosa e com paternidade reivindicada pelos poloneses. Feita com beterraba, cebola, caldo de carne ou frango, *smitane* ou iogurte, eventualmente farinha de trigo, possui infinitas variantes. Pode ainda comportar pimenta, alho-poró, aipo, nabo, repolho e pedaços de pão levemente torrados. Hoje, o mundo inteiro prepara *borsch*. Aliás, os russos não dispensam as sopas, que por sinal eram obrigatórias nas refeições de Catarina II. Só não conseguiram difundir no Ocidente a receita de *czernina*. É um caldo onde se cozinha arroz e massa. Até aí tudo bem. O problema é que, antes de ir à mesa, acrescenta-se sangue fresco de vitelo e de cordeiro.

No Brasil, o mais conhecido prato russo é *stroganoff*, aqui grafado *strogonoff* ou, então, estrogonofe. O nome vem de uma rica família da cidade de Novgorod, perto de São Petersburgo, que foi amiga íntima de Catarina II e do filósofo francês Voltaire. Apesar de estar fora de moda e de ter virado brega, continua delicioso. Nasceu apenas com tiras ou dados de carne e creme de leite. Levado para a França, recebeu novo ingrediente: os *champignons*. Chegou a ser incluído no requintado cardápio do Maxim's, de Paris, com o nome de *stroganov*. Com o passar do tempo, atravessou fronteiras, recebeu até *bacon*. No Brasil, servimos o prato acompanhado de arroz branco. Os russos o preferem com batata cozida. A receita foi criada no século 19, por um cozinheiro francês que trabalhava para a família Stroganoff. Teve uma ilustre embaixadora no Brasil: Sophie Stroganoff, que morou em São Paulo, na região dos Jardins, e morreu em 1996, aos 86 anos. Educada na França, para onde sua mãe fugiu após a revolução russa de 1917, que colocou o comunismo no poder, terminou a vida no Brasil, casada com um conterrâneo plebeu. Na edição número 58 da revista *Gula*, sua cozinheira de três décadas, a baiana Lúcia Passos, relatou a história que acabamos de contar.

Strogonoff ou *stroganov*

(Receita testada pelas *chefs* Heloísa Bacellar e Paula Moraes, de São Paulo, SP)

Ingredientes

1 cebola bem picada

3 colheres (sopa) de margarina

1 1/2 kg de filé-mignon picado em cubinhos (o filé pode ser substituído por frango ou camarão)

2 colheres (sopa) de conhaque

_ kg de creme de leite

1 colher (sobremesa) de mostarda

_ de xícara (chá) de ketchup

2 colheres (sopa) de molho inglês

1 colher (sopa) de farinha de trigo

_ copo de leite

200 g de champignons

sal e pimenta-do-reino a gosto

Preparo

Refogue a cebola na margarina, adicione o filé-mignon e cozinhe em fogo forte até a carne dourar. Tempere com sal, pimenta, junte o conhaque e flamble (sem flambar, o gosto do conhaque ficará mais acentuado).

Em outra panela, misture o creme de leite, a mostarda, o *ketchup*, o molho inglês, a farinha de trigo previamente dissolvida no leite e os *champignons*. Aqueça em fogo médio, ajuste o tempero e retire quando estiver quente. Não deixe ferver, para não talhar o molho. Junte a carne e sirva imediatamente.

Acompanhe com arroz branco e batata palha.

Rendimento: 4 a 6 porções.

O *chef* italiano da czarina russa

Voluptuosa em todos os apetites, Catarina II, a Grande, foi czarina da Rússia entre os anos de 1763-96. Nascida na Pomerânia, região histórica da Europa, hoje dividida entre a Alemanha e a Polônia, mudou para aquele país aos 15 anos de idade, a fim de casar com o herdeiro do trono, o impopular Pedro III. Traiu o marido antes e depois de ele ser coroado, em 1762. Com a deposição e posterior execução de Pedro III logo depois, em conseqüência do golpe militar de Aleksei Orlov, cujo irmão Gregori, membro da guarda imperial, era o favorito de Catarina II, assumiu o governo do país. Inteligente e letrada, estimulou o progresso cultural e administrou segundo os ideais dos enciclopedistas franceses, além de contribuir para modernizar a Rússia e ampliar as fronteiras nacionais.

Fez tudo isso sem conter a devoção aos prazeres do sexo e da mesa, nem reprimir a galopante megalomania. Vários homens, nobres e plebeus, entraram e saíram de sua vida, entre os quais o marechal-de-campo Grigori Potemkin.

Catarina II tinha apetite pantagruélico. Comia de tudo e muito, sem restrições ou limites. Devorava tanto os pratos pesados e grosseiros, como os leves e requintados. Uma de suas receitas prediletas era uma sopa de arroz e massa que, antes de ir à mesa, incorporava sangue fresco de vitelo ou cordeiro. Após saborear aquele caldo escuro, regalava-se com longos goles de vinho doce da Criméia. Para ajudar a digestão, bebia no mínimo dois litros de chá ao dia. Incorrigível comilona, entregou a cozinha do palácio a *chefs* italianos, franceses e russos. O mais famoso foi um napolitano que se declarava romano, chamado Francesco Leonardi. Ele atuou na corte russa apenas quatro anos, ou melhor, de 1783 a 1787. Entretanto, quando retornou à terra natal, durante meses a czarina suspirou pelas suas comidas.

Na Itália, Leonardi decidiu revelar a longa experiência culinária adquirida não só na corte de Catarina II, mas também nas cozinhas de outras personalidades brasonadas para as quais trabalhou: o duque de Richelieu, marechal de França; o rei Luís XV, nas campanhas militares do soberano francês; e dois príncipes russos que viviam exilados em Paris. Em 1790, publicou *L'Apicio moderno*, obra em seis volumes, contendo um elenco de três mil receitas, narrando histórias e dando sugestões inclusive de conservação dos alimentos.

A *Grande enciclopedia illustrata della gastronomia* (*op. cit.*) destaca a importância de seu trabalho. Afirma que Leonardi foi o primeiro estudioso a traçar a história da cozinha italiana, "da época latina aos tempos do autor".

Além disso, no resto da obra ele demonstra profundo conhecimento de algumas cozinhas estrangeiras. Trata não apenas da culinária russa, como polonesa, turca, alemã, inglesa e francesa, documentando-as com receitas notáveis. Leonardi procurou ser cosmopolita. Por outro lado, os italianos se orgulham de ele haver introduzido exclusividades da terra natal, como a ricota e o queijo parmesão, em receitas estrangeiras.

Foi ainda um dos primeiros grandes *chefs* a usar regularmente o tomate, em preparações consagradas ou de própria criação. Com esse ingrediente, preparava um molho que tinha aroma e sabor napolitanos. Usava tomates picados sem pele, azeite, um ou dois dentes inteiros de alho, sal, pimenta e manjericão fresco; a mistura adquiria consistência no fogo; ao ser finalizada, descartava-se o dente de alho; já fora do fogo, acrescentavam-se folhas de manjericão. Era nada menos que o atualmente denominado *sugo al pomodoro e basilico*, que muitos consideram o molho número um da massa.

Originário da América, o tomate não foi incorporado rapidamente à culinária européia, servindo no início como planta ornamental. Chegou à Itália através da Espanha. Era uma espécie botânica que exigia sol e calor abundantes, exatamente como na Campanha, onde se localiza Nápoles, e na

Sicília. Os primeiros exemplares a aparecer eram pequenos e ostentavam bela cor amarela. Daí o tomate ser chamado pelos italianos de *pomo* (fruto carnudo e esférico) *d'oro* (dourado ou de ouro). Hoje, seleções genéticas e técnicas aprimoradas de cultivo o fazem vingar em diferentes lugares e todos os meses do ano.

Fascinado pela exuberância da corte russa, Leonardi destacou na sua obra apenas o fato de haver cozinhado para Catarina II, omitindo os outros patrões ilustres. A falha se explicava. Os delírios da czarina assombravam para sempre as criaturas. Entretanto, ele perdeu o banquete mais extravagante da corte russa. Foi o realizado a 1º de abril de 1791, quando Leonardi não estava mais ali. Dezesseis mil velas de cera iluminaram o jardim de inverno erguido para o acontecimento.

Segundo o catalão Néstor Luján, em *Historia de la gastronomía* (*op. cit.*), o salão era seis vezes maior que o palácio imperial. Havia grama artificial; caminhos de areia; grutas com espelhos; aquários repletos de peixes dourados; fontes de água perfumada com lavanda; falsas árvores frutíferas com frutas de cristal e ninhos de passarinhos cantores; um obelisco no qual resplandeciam pedras preciosas e um templo em cujo teto, sustentado por quatro colunas, encontrava-se uma enorme estátua de Catarina II. Compareceram três mil convidados. Além de comerem, beberem e dançarem à vontade, ao som de uma inspirada orquestra, saíram do banquete levando presentes valiosos. Como diriam os protagonistas da trepidante geração iê-iê-iê, que reinou no Brasil na década de 1960, foi uma autêntica festa de arromba.

Tomates à Francesco Leonardi

Ingredientes

6 tomates grandes, firmes e maduros

2 xícaras (chá) de miolo de pão italiano cortado em pequenos pedaços

2 xícaras (chá) de carne de galinha cozida

1 colher (sopa) de manteiga em temperatura ambiente

3 colheres (sopa) de queijo parmesão ralado

2 gemas de ovos cruas

caldo de galinha o quanto baste (para umedecer o pão)

sal e pimenta-do-reino moída na hora a gosto

Molho

1/4 xícara (chá) de toucinho picado

1 cebola picada

1 cenoura picada

1 xícara (chá) de presunto picado

3 xícaras (chá) de caldo de galinha, aproximadamente

Preparo

Lave e enxugue os tomates. Abra uma tampa na parte superior de cada um deles e por ali retire as sementes, cuidadosamente, usando uma colherinha. Reserve.

Numa tigela, coloque o miolo de pão e umedeça-o com o caldo de galinha. Depois de bem umedecido, esprema-o numa peneira. Junte depois a carne de galinha picada, a manteiga, o queijo e as gemas dos ovos. Tempere com sal, pimenta e misture bem.

Preencha os tomates com esse recheio e reserve.

Molho

Numa panela, leve ao fogo o toucinho. Quando estiver bem dourado, coloque a cebola, a cenoura e o presunto. Incorpore o caldo de galinha e deixe ferver por alguns minutos, para os sabores se mesclarem.

Finalização

Num prato que vá ao forno, distribua o molho. Disponha os tomates em cima e leve ao forno quente, até cozinharem, murchando um pouco. Retire do forno e sirva.

Rendimento: 6 porções.

A última sopa de Maria Antonieta

Horas antes de ser conduzida ao cadafalso, em Paris, onde sua cabeça seria cortada na guilhotina, a rainha francesa Maria Antonieta de Lorraine (1755-93) tomou uma sopa de galinha com *vermicelli*, um tipo de espaguete. Seu último prato foi mais tarde aperfeiçoado pelo genial cozinheiro Marie-Antoine Carême ou simplesmente Antonin Carême (1784-1833), cujos pais lhe deram esse nome em homenagem à soberana. Para a fama da receita contribuíram o fato de ser apetitosa e a altivez com que a rainha enfrentou a morte, na Revolução Francesa (1789-95). Filha de Francisco I, imperador da Áustria, Maria Antonieta era mulher fútil. Teve uma infância rodeada de atenções, sobretudo da mãe, e não se interessou pelos estudos. Os biógrafos dizem que só conseguiu aprender a falar mal o francês e a tocar mediocremente o clavecino, instrumento de cordas e teclado anterior ao piano.

Casou aos 14 anos com o delfim da França, futuro rei Luís XVI, homem retraído e fraco, pelo qual jamais se apaixonou. Deu-lhe quatro filhos. Foi infiel a ele. Sua beleza estonteante tornou-a inicialmente simpática ao povo do país adotivo. Mas, quando se revelou inimiga das imprescindíveis reformas econômicas, sociais e políticas, e começou a influenciar o marido, muitas vezes desastrosamente, caiu em desgraça. A imprensa clandestina e os boatos dos inimigos a fustigavam. Afirmavam que ela reagira aos clamores do povo faminto com esta frase cruel: "Se não têm pão, que comam brioches". Qualificavam-na de traidora da pátria. Acusavam-na de seguir conselhos políticos da mãe, a imperatriz Maria Teresa, da Áustria, contrários aos interesses da França. Entretanto, Maria Antonieta enfrentou a morte com uma dignidade incomum. Não se intimidou com os carcereiros que a vigiavam numa cela apertada, escura e úmida da prisão da Conciergerie, nem com os juízes que a interrogaram e condenaram. Ouviu a sentença fatal sem medo ou indignação.

Quem serviu a Maria Antonieta a sua última sopa foi Rosalie Lamorlière, a empregada da mulher do carcereiro. Era a pessoa encarregada de cuidar dela e preparar-lhe a comida. Rosalie descreveu mais ou menos assim a derradeira conversa com a rainha:

– Madame, a senhora não comeu nada no jantar ontem e alimentou-se quase nada durante todo o dia. O que poderia trazer-lhe esta manhã?

– Eu não preciso comer, Rosalie. Minha vida chegou ao fim.

– Por favor, madame, coma alguma coisa. Guardei uma sopa de galinha com *vermicelli*. Está quente, sobre o fogão. Permita-me trazer um prato para a senhora.

– Muito bem, Rosalie, sirva-me um pouco de sopa.

Na verdade, Maria Antonieta sorveu apenas algumas colheradas do caldo. Não tocou nos *vermicelli*.

Os juízes festejaram sua morte num restaurante de Paris, com um festim macabro, composto de *foie gras*, frangos assados, perdizes em escabeche, uma dezena de passarinhos fritos por pessoa, carnes imersas em molhos, batatas ao forno e dê-lhe champanhe! Quando os pormenores da comemoração ficaram conhecidos, muitos parisienses começaram a desconfiar que os próceres do novo regime apresentavam defeitos semelhantes aos do governo destronado.

Nos últimos anos de vida, Maria Antonieta e Luís XVI levaram vida reclusa, dedicados a um dos raros interesses em comum: comer bem. Apesar de *gourmet*, a rainha se preocupava com a silhueta e só abusava da comida nas ocasiões especiais. Pela manhã, bebia café ou chocolate quente. Gostava de tomá-los durante o banho, sob a espuma da banheira. À tarde, consumia biscoitos molhados em água ou chá. No jantar, tomava um caldo fumegante, servido com uma asa de galinha. Simbolicamente, ajudou a popularizar a batata na Europa do século 18, até então considerada alimento exclusivo dos camponeses, exibindo-se em público com o cabelo adornado pelas flores da planta responsável pelo tubérculo americano.

Além de Maria Antonieta, cerca de 2.600 pessoas ligadas à Revolução Francesa passaram pela Conciergerie, entre as quais o convencional e ministro Georges Danton; o advogado e político Maximilien de Robespierre; e Charlotte Corday, a mulher que esfaqueou o líder revolucionário Jean-Paul Marat, quando ele tomava banho. A prisão ocupava parte dos salões góticos do Palácio da Justiça, em Paris, junto ao rio Sena.

Inicialmente, fora casa do Comte des Cierges e por isso se tornou Conciergerie. Mais tarde, passou a ser residência dos reis da França. Nessa época, servia de alojamento para um oficial da casa real, chamado de *concierge* – daí o nome do funcionário que atualmente trabalha na portaria dos hotéis. Ainda assim, não se converteu na mais famosa prisão da época. Perdeu de longe, em notoriedade, para a execrada Bastilha, também em Paris. Esta, aliás, nem chegou a ser usada como tal, na Revolução Francesa. Em compensação, virou símbolo da derrocada do absolutismo monárquico após ser tomada por uma multidão enfurecida, a 14 de julho de 1789. Quando isso aconteceu, encontravam-se na Bastilha apenas um grupo reduzido de prisioneiros, imediatamente libertados. Pouco depois, o edifício medieval de oito torres, construído entre 1365 e 1383 para ser uma fortaleza, foi demolido por ordem da Assembléia Nacional.

Na Bastilha, sim, comia-se divinamente. Em suas celas, eram geralmente aprisionados os réus de crimes políticos, ou seja, pessoas cujos processos tramitavam sob discrição porque a apuração dos fatos poderia envolver e desabonar o clero ou a nobreza. Por isso, aos olhos da população francesa, representava um dos produtos mais nefandos do absolutismo monárquico. O literato francês Jean-François Marmontel (1723-99) descreveu nas suas *Memórias* o almoço oferecido no dia em que o trancaram ali, acompanhado do empregado Bury – os prisioneiros influentes tinham esse direito. Serviram-lhe uma deliciosa sopa e um impecável purê de favas; a seguir, um ótimo prato de bacalhau. "O vinho não era excelente, mas passava", afirmou ele. "Não houve sobremesa. Bem que se fazia necessário privar-nos de alguma coisa, mas descobri que se comia muito bem na prisão."

Marmontel ia levantar da mesa e dar lugar ao empregado, para que ele comesse os restos do almoço, quando dois carcereiros trouxeram a comida de Bury, igualmente irrepreensível. Idêntico tratamento privilegiado obteve o marquês de Sade (1740-1814). Na Bastilha, o escritor que se notabilizou pelas obras obscenas e deu nome a uma perversão sexual – o sadismo – alimentava-se tão bem quanto na própria casa: salsichas trufadas, asas de perdiz, rins de vitelo, cremes de baunilha e chocolate. Após o almoço ou jantar, caía na cama. Bem alimentados, os prisioneiros reprimiam a consciência das penas que os ameaçavam – e dormiam como anjos.

Sopa de galinha com *vermicelli*

(Versão de Antonin Carême)

Ingredientes

1 galinha de tamanho médio

6 talos de salsão, com as folhas

1 cebola pequena picada

1/2 xícara (chá) de cenouras picadas

1 folha de louro

6 ramos de salsinha

claras de 3 ovos (para clarificar o caldo)

200 g de vermicelli *(um tipo de espaguete fininho)*

2 xícaras (chá) de ervilhas (ou aspargos cortados na diagonal) escaldadas em água, com uma pitada de açúcar

sal e pimenta-do-reino a gosto

Preparo

Limpe bem a galinha e corte-a em pedaços, pelas juntas.

Numa panela grande, coloque a galinha, o salsão, a cebola, a cenoura, a folha de louro e a salsinha.

Cubra com bastante água fria e cozinhe em fogo baixo, por cerca de 3 horas.

Retire a galinha e guarde-a para outras preparações.

Passe o caldo por um coador. Tempere com sal e pimenta e reserve em uma panela.

Bata as claras com um garfo, até espumarem.

Clarifique o caldo, juntando a ele as claras batidas. Leve ao fogo baixo até levantar fervura. Bata mais um pouco as claras dentro do caldo, por cerca de 4 minutos. As claras de ovo trarão para a superfície todas as impurezas, na forma de camada de espuma.

Cozinhe por 10 a 15 minutos, sem escumar.

Empurre a espuma para um dos lados da panela e, com uma concha, retire o caldo transparente e passe-o desta vez por um pano fino umedecido em água. Reserve o caldo destampado, para esfriar.

Antes de servir, leve o caldo para mais uma fervura e misture os *vermicelli*. Deixe no fogo, até a massa cozinhar.

Sirva a sopa acompanhada das ervilhas escaldadas.

Rendimento: 6 porções.

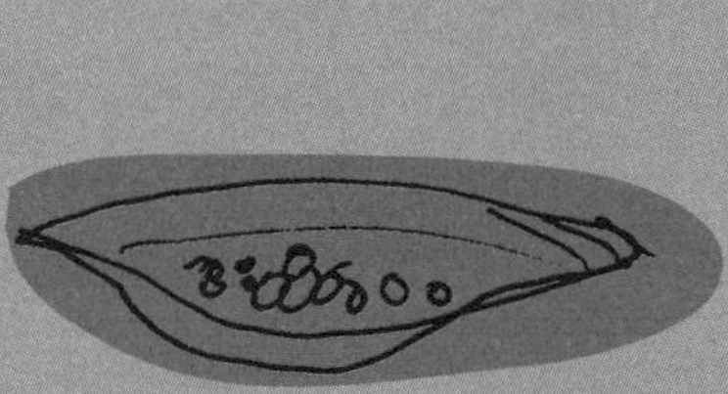

Goya e os touros

Milhares de pessoas amam as touradas e as consideram uma emulação da tragédia grega, um espetáculo de magnetismo irresistível, encerrado acidentalmente com a morte do toureiro e seguramente com a do touro. Aplaudem sua beleza ritual e brutalidade cênica. Deliram quando o touro recebe o golpe de espada fatal desferido pelo matador. Outras tantas criaturas odeiam as touradas e realizam campanhas contra elas. Acusam-nas de criar um animal apenas para ser maltratado e executado sob os gritos de olé das multidões aficionadas. As opiniões estão divididas radicalmente inclusive na Espanha, terra natal do espetáculo, e nos demais países taurinos – Colômbia, México e Portugal.

Ambos argumentos, definitivamente inconciliáveis, arregimentam pregoeiros famosos. Ficaremos apenas nos destaques da primeira bateria, pela excelência dos nomes envolvidos: os pintores Goya e Pablo Picasso, o poeta García Lorca e o escritor Ernest Hemingway. Os quatro já faleceram. Entre os vivos, vale lembrar o romancista Mário Vargas Llossa, pelo apostolado grandiloqüente das touradas. "Uma boa corrida (...) cria imagens que participam ao mesmo tempo da intensidade da música e do movimento da dança, da plasticidade pictórica da arte e da profundidade efêmera de um espetáculo teatral", proclama o autor de *Tia Júlia e o escrevinhador* (Rio de Janeiro: Editora Nova Fronteira, 1991). Todos os personagens citados recorreram às touradas como fonte de inspiração artística.

Mas nenhum produziu uma obra tão importante sobre o espetáculo quanto o pintor, desenhista e gravador espanhol Francisco José de Goya y

Lucientes (1746-1828). Ele explorou o tema em vários períodos de sua criação. No início do século 19, editou a obra-prima no gênero: um volume contendo 33 estampas e intitulado *Tauromaquia*. Nos cenários retratados, o touro aparece como uma grande metáfora. Expressa ao mesmo tempo uma paixão do artista e a violência desenfreada que perturbava seu espírito e inspirou-lhe muitos trabalhos brilhantes.

O matador espanhol Luís Francisco Esplá, em recente conferência no Museu do Prado, de Madri, admirou-se com o domínio que o genial gravador possuía sobre o animal. "É assombrosa a fidelidade de Goya ao retratar os diferentes tipos de touros, suas atitudes nos embates com os cavalos e pequenos detalhes da corrida", assinalou. Não se sabe como o artista adquiriu tanto conhecimento. Transformadas pela visão romântica dos biógrafos, várias passagens de sua vida foram engrandecidas; algumas parecem inventadas. Uma história sem comprovação documental conta que Goya foi toureiro na juventude. Outra diz que assistia às corridas vestido de matador, empunhando uma espada. Enfim, acredita-se que gostava tanto das touradas como de saborear a carne do animal abatido na *plaza* – e aí ingressamos no delicioso ambiente gustativo.

Nas veias do touro indomável circula o sangue do *uro*, um bovídeo selvagem extinto, mas abundante em tempos remotos, especialmente na Espanha. Admiradores da bravura do animal, os camponeses o introduziram em festas populares do século 13, nas quais encenavam a magia da caça. As touradas resultaram de uma evolução desses espetáculos. As primeiras a serem realizadas aconteceram no século 16 e os toureiros atuavam a cavalo ou a pé.

Criado solto, o descendente do *uro* exacerba a bravura e enrijece os músculos. A corrida o enfurece ao extremo. No final, ele tomba arfante. O estresse também contribui para endurecer a sua carne. Entretanto, seria um desperdício jogá-la fora. Assim, há anos os espanhóis têm o hábito de consumi-la, sobretudo a partir da virada do século 18 para o 19, exatamente quando Goya viveu. Guerras sangrentas empobreceram o país e escassearam alimentos básicos. A carne valia ouro. O precioso ingrediente proporcionado pelo touro ajudou a criar uma gastronomia distinta. O grande problema sempre foi amaciá-lo. No passado, cozinhavam-no com vinho. Atualmente, os frigoríficos amaciam a carne dando um choque térmico na carcaça do animal ou maturando-a sob determinada temperatura. O vinho, porém, continua a ser recomendado.

A chamada gastronomia taurina tem como sede natural a região Andaluzia, ao sul da Espanha, berço das touradas. Seu prato de resistência é o rabo de touro, semelhante à rabada brasileira. Vai à mesa com ou sem osso. Existe desde os tempos de Goya. Angel Cervantes e José Enrique Moreno, autores do livro *Las rutas del toro em andaluzia* (Sevilla: Fundación José Manuel Lara, 2004), avalizam a informação. Sustentam que a principal receita de rabo de touro foi aprimorada em Córdoba, no início do século 19. Antigamente, nos meses das corridas – em Madri, começam no segundo domingo de março e vão até o penúltimo de outubro – mulheres conhecidas como *tripalleras* saíam às ruas vendendo o ingrediente para o prato. Agora, é encontrado em toda parte. Na primeira metade do ano, a localidade andaluz de Vera promove um evento destinado a valorizar a carne do animal. As Jornadas Gastronômicas Taurinas reúnem *chefs* de toda a região e às vezes do exterior, que encaram o desafio de criar novas receitas taurinas em troca de um troféu. Já desenvolveram pratos rebuscados: *consommé* de touro com *parmentier* de trufas e presunto com seu ravióli; rojões de *entrecôte* de touro com timo ao suco de fungos; língua de touro bravo ao molho de uvas e vinho, e aí por diante.

Na época de Goya, arrastava-se o animal até um açougue instalado nas proximidades do local da corrida, para ser carneado. Na segunda metade do século passado, as *plazas* ainda reservavam uma sala especial para isso. Atualmente, por razões sanitárias e também em função do mal das vacas loucas, ou seja, da temida *Encefalopatia espongiforme bovina* (EEB), o procedimento mudou. Os açougueiros da *plaza* fazem apenas um corte rápido na jugular do touro para esgotar-lhe o sangue. Colocam um pouco num recipiente de vidro, fecham e o despacham para o frigorífico junto com o corpo do animal, em caminhão refrigerado. O sangue é material específico de risco. Chegando ao destino, uma investigação científica decide se a carne está apta ou não ao consumo humano. Na prática, trata-se de excesso de zelo. Até hoje, todos os exames foram negativos.

Segundo o livro *Las rutas del toro em andaluzia*, as touradas espanholas rendem oito milhões de quilos de carne por ano. Parece exagerado. Entretanto, levando-se o número a sério chegamos a uma conclusão surpreendente. Cada touro pesa em torno de 520 quilos. Perde metade no abate. Portanto, fica com 260 quilos. A seguir, são descartados cerca de 65 quilos de osso. Sobram mais ou menos 190 quilos de carne. Feitas as contas de maneira generalizada, os toureiros espanhóis matam em cada temporada cerca de 42 mil touros. Convenhamos, é muita carne.

Rabo de touro à moda de Córdoba

Ingredientes

1 1/2 kg de rabo de touro

140 ml de azeite de oliva

1 cabeça de alho picada

1/2 kg de cebolas picadas

1/2 kg de tomates maduros picados

1 folha de louro

250 ml de conhaque

1/2 litro de vinho de Montilla

150 g de cenouras pequenas

250 g de ervilhas frescas ou congeladas

1/2 kg de batatas descascadas

1/2 kg de alcachofras cortadas em pedaços

farinha de trigo (para polvilhar sobre a carne)

salsinha picada a gosto

sal e pimenta-do-reino moída na hora a gosto

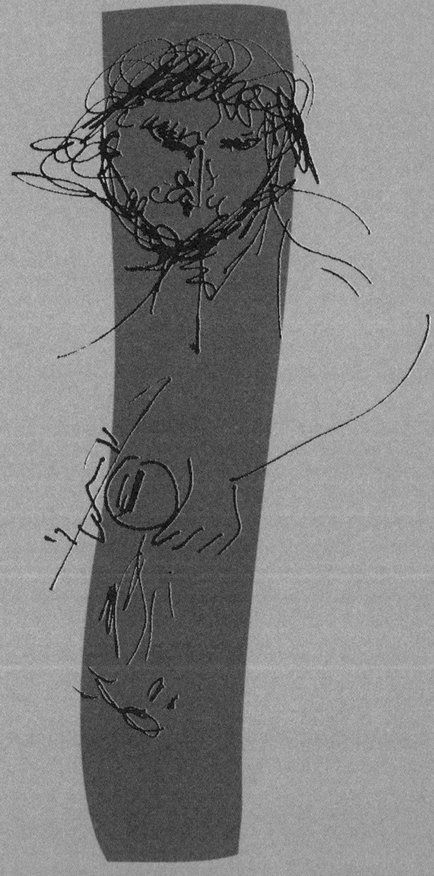

Preparo

Retire toda a gordura do rabo de touro e corte-o em pedaços, pelas articulações. Tempere com sal, pimenta e polvilhe com farinha de trigo.

Numa frigideira grande, aqueça metade do azeite, junte a carne e doure-a uniformemente, de todos os lados. Reserve.

Numa panela funda, refogue o alho e a cebola no azeite que sobrou. Adicione os tomates, o louro e a salsinha. Junte a carne e flambe com o conhaque. Introduza o vinho, tampe a panela e cozinhe em fogo muito brando, durante uns 90 minutos, mexendo de vez em quando para a carne não grudar no fundo da panela.

Se for necessário, pingue um pouco de água fria durante o cozimento.

Em outra panela, cozinhe os vegetais *al dente*, em um pouco de água, retirando-os com uma escumadeira, à medida que ficarem prontos.

Retire o rabo de touro da panela e reserve.

Deglace o fundo da panela com um pouco de água fervente, no fogo, mexendo com uma colher de pau, para que se desprendam os resíduos do cozimento. Passe por uma peneira fina e volte ao fogo.

Coloque novamente o rabo de touro na panela e cozinhe por mais uns 20 minutos, mexendo de vez em quando.

Nos últimos 5 minutos, adicione os legumes e ajuste o sal e a pimenta.

Apague o fogo e deixe os ingredientes repousarem dentro da panela, por no mínimo 1 hora.

No momento de servir, aqueça em banho-maria.

Rendimento: 4 a 6 porções.

O frango de Napoleão

Imperador da França e maior chefe militar dos últimos séculos, guerreiro habilidoso e estadista arguto, Napoleão Bonaparte (1769-1821) exerceu uma influência profunda na civilização ocidental. À mesa, porém, era uma criatura decepcionante. Apreciava pratos gordurosos e indigestos. Nos primeiros tempos de carreira, revelou seu apetite grosseiro. Pela manhã, devorava ovos fritos na manteiga, queijos curados e azeitonas temperadas com alho e pimenta. No almoço ou no jantar, deliciava-se com embutidos de porco, chouriço com lentilhas, macarrão coberto por ragu de carneiro ou "sopa do soldado", à base de feijão, batata, legumes e condimentos fortes.

Segundo Denis Dunant, cozinheiro pessoal do imperador da França a partir de 1805, a última gororoba era tão espessa que podia imobilizar uma colher de pau, colocada em pé no meio da panela, durante alguns segundos. Napoleão comia com as mãos e muita pressa, a ponto de não mastigar os alimentos, hábito que lhe teria causado uma gastrite crônica. Só depois da sua autocoroação, na catedral de Notre-Dame, em Paris, no ano de 1804, tornou-se ligeiramente refinado. Obrigado pelo protocolo, teve que seguir algumas regras de etiqueta em recepções oferecidas no seu palácio. Mesmo assim, conquistou um lugar de relevo na história da gastronomia.

Parte dessa honraria se deveu a uma receita de frango. A 14 de junho de 1800, ainda na condição de primeiro cônsul da França, ele enfrentou, com um exército numericamente inferiorizado, tropas comandadas pela Áustria que havia anos ocupavam o norte da Itália. O embate se deu na localidade de Marengo, pertencente à província de Alessandria, no Piemonte. Foi uma batalha difícil. Após uma quase derrota durante o dia, os franceses abateram o inimigo com um contra-ataque de surpresa. A vitória se deu ao anoitecer. Morreram 9 mil soldados austríacos, húngaros e russos, que lutavam juntos, e 5 mil franceses. Napoleão perdeu em combate um de seus melhores amigos e colaboradores, o general Desaix. O total de feridos chegou a 20 mil. Os austríacos foram expulsos não só do Piemonte, mas do Veneto e da Lombardia, regiões que controlavam.

Encerrada a batalha, Napoleão e seu estado-maior estavam com fome. Mas o carroção da intendência se extraviara e haviam desaparecido os mantimentos do alto-comando. A alternativa do cozinheiro foi pedir aos ajudantes para recolherem o que encontrassem nas casas das vizinhanças. Pouco depois, eles voltaram com um frango ou, segundo outras fontes, com uma galinha, três ovos, quatro tomates, seis camarões de rio, umas cabeças de alho, um ramo de salsinha, um pouco de azeite e uma panela grande. Com esse arsenal apetitoso e uma dose de conhaque do frasco particular do primeiro-cônsul, o cozinheiro preparou o *Poulet sauté* Marengo – assim o prato é chamado em *Le guide culinaire* (Paris: Édition Dupont et Malgat, 1902), de Auguste Escoffier, o *chef* que codificou a cozinha francesa moderna. Neste texto, porém, nós o chamaremos de Frango *sauté* (dourado no azeite antes do cozimento) Marengo. Embora muitos atribuam sua autoria a Dunant, é improvável que ele o tenha criado. Na época, o aplicado mestre-cuca trabalhava para o príncipe de Condé.

No livro *Une histoire de la cuisine française* (Paris: Les Productions de Paris, 1962), Cristian Guy informa que a receita não surgiu exatamente em Marengo, mas numa povoação vizinha, ou seja, em Fraschetta, onde ficava a propriedade rural Torre Garofoli, quartel-general dos franceses. Talvez por superstição, Napoleão exigia que lhe preparassem o Frango *sauté* Marengo a cada final de batalha. Guy igualmente ressaltou o estilo mediterrâneo do prato, caracterizado pelo uso de azeite.

Certa vez, Dunant quis aperfeiçoar a receita. Trocou os crustáceos por cogumelos, o conhaque por vinho branco e, no final, incorporou cubos de pão dourados na manteiga. O imperador da França odiou a mudança e exigiu que o cozinheiro respeitasse a fórmula primitiva. Outros testemunhos dizem que o Frango *sauté* Marengo foi aperfeiçoado na cozinha do restaurante La Grâce de Dieu, de Paris. Na época da batalha de Marengo, a casa já servia um prato assemelhado, à base de carne de vitelo. Recebeu o nome de *Sauté de veau à la Marengo* e existe até hoje. Em vez de frango, leva escalopes de vitelo enfarinhados, salteados em azeite, cebolas e alho, com vinho branco, cogumelos, cebola, tomate e *bouquet-garni*, decorados com pedacinhos de pão caseiro frito. Há também quem sustente que nenhuma das receitas é original. Ambas se inspirariam no *Poulet à la provençale*, um prato muito popular em Paris no final do século 18.

Outra notável contribuição de Napoleão à gastronomia foi estimular o desenvolvimento da indústria das conservas alimentícias. Um dos problemas enfrentados em combate era a comida servida aos soldados. Muitos ingredientes tinham armazenamento e transporte complicados. Além disso, estragavam com facilidade. Para completar, nem sempre o inimigo deixava preparar a comida em paz. Em 1794, ele ofereceu um prêmio de 12 mil francos a quem minimizasse essas dificuldades. Então, um cozinheiro parisiense chamado Nicolas Appart apresentou-lhe seu invento. Colocava os alimentos dentro de recipientes que fechava e mergulhava em água fervente, ou melhor, em banho-maria. O ar escapava por uma abertura na tampa. Em seguida, fechava-os hermeticamente e o alimento tinha longa vida. Provisões conservadas dessa maneira passaram a acompanhar o exército francês.

Em 1810, quando a novidade foi publicada, os ingleses, arquiinimigos de Napoleão, trataram de melhorá-la, aperfeiçoando os recipientes folha-de-flandres nos quais as conservas se popularizaram. Finalmente, atribui-se ao imperador da França um empurrão na indústria do açúcar de beterraba. A Inglaterra cortara o abastecimento da França de várias matérias-primas importadas do Novo Mundo, de regiões controladas pela sua poderosa armada. Uma delas foi o açúcar de cana. Napoleão estimulou o aparecimento de alternativas. Em 1812, o financista Benjamin Delessert abriu, nos arredores de Paris, a primeira refinaria de açúcar de beterraba do mundo. A França amargou as agruras da guerra, a derrota final do imperador arruinou o país, mas jamais deixou de se deliciar com sua maravilhosa doçaria.

Frango *sauté* Marengo

Ingredientes

Frango

1 1/2 a 2 kg de coxas e sobrecoxas de frango

1 kg de ossos de frango

4 colheres (sopa) de manteiga

1 1/2 litro de água

1 alho-poró pequeno

3 tomates

2 ramos de salsinha

1/2 xícara (chá) de conhaque

2 dentes de alho

1 talo de salsão

1 colher (sopa) de azeite de oliva

300 g de polpa de tomate

4 ovos

óleo (para fritar os ovos)

sal e pimenta-do-reino moída a gosto

Guarnição

8 camarões de rio (pitus) cozidos em água com sal aromatizada com cebola, salsão, alho-poró, louro, tomilho e salsinha

12 cebolas miúdas, novas, previamente cozidas e glaceadas em manteiga com uma pitada de açúcar

Preparo

Limpe as coxas e sobrecoxas de frango. Reserve.

Numa panela, derreta 1 colher da manteiga. Junte os ossos de frango e deixe dourar. Adicione a água, a parte verde do alho-poró, 1 dente de alho e o salsão. Cozinhe em fogo alto, com a panela destampada, até o caldo reduzir pela metade. Coe e reserve.

Numa panela grande, de fundo grosso, aqueça o azeite com a manteiga que sobrou e doure a carne do frango de todos os lados. Junte o outro dente de alho, a parte branca do alho-poró, os tomates e a salsinha, tudo bem picado. Refogue e adicione o conhaque.

Coloque o caldo que estava reservado e deixe um pouco mais no fogo, para completar o cozimento. Ajuste o sal e a pimenta.

Em uma frigideira funda, frite os ovos em bastante óleo quente. Retire-os com uma escumadeira e coloque-os sobre papel absorvente.

Disponha os pedaços de frango no centro de uma travessa e coloque o molho em volta. Distribua os ovos e guarneça com os camarões e as cebolas. Sirva imediatamente.

Rendimento: 6 porções.

O paladar na Casa Branca

O mundo inteiro acredita que John Kennedy e sua bela mulher Jacqueline foram os mais refinados anfitriões da Casa Branca, a residência oficial dos presidentes e sede do governo dos Estados Unidos. Eles viveram ali entre janeiro de 1961 e novembro de 1963. Nunca mais a Casa Branca teve no seu comando um casal tão glamouroso. Deu banquetes inesquecíveis, preparados pelo francês René Verdon, que Jacqueline contratou para *chef* da cozinha. Suas recepções se caracterizavam pela elegância e bom gosto. Os pratos e os vinhos servidos eram esplêndidos. O casal sabia comer e beber bem. Mas Kennedy não foi o único presidente norte-americano de bom gosto. Obviamente, os povos não escolhem seus governantes pela elegância à mesa. Por isso, como qualquer outro país democrático, os Estados Unidos alternaram presidentes de paladar educado e discutível.

Rutherford Birchard Hayes e sua mulher Lucy, que ocuparam a Casa Branca entre 1877 e 1881, tinham horror ao álcool. Amavam os refrescos de fruta, a ponto de a primeira-dama ser apelidada de Senhora Limonada. Theodore Roosevelt (1901-08) comia pratos simples, mas copiosos. No final das refeições, deliciava-se com uma xícara de café adoçada com sete torrões de açúcar. Dwight Eisenhower (1953-60), o antecessor de Kennedy, também era abstêmio. Só bebia Coca-Cola, embora fosse cliente da loja de alimentos finos Fortnum and Mason, de Londres. O único álcool que tolerava na Casa Branca consistia num *punch* fraco e açucarado. Ronald Reagan (1981-88) consumia sucessivos pacotinhos de balas de goma, as populares jujubas.

Em seu escritório, no Salão Oval, mantinha um recipiente cheio da gulosei-ma predileta. George Bush (1989-93) até hoje odeia brócolis. Mas sempre foi a bons restaurantes. Acompanhado da mulher Barbara, é freqüentador assíduo da filial da churrascaria brasileira Fogo de Chão, em Houston, no Texas, onde ambos saboreiam a legítima caipirinha e a picanha no espeto.

Já o herói da independência George Washington (1789-97), primeiro presidente dos Estados Unidos, revelava bom gosto à altura de Kennedy. Evidentemente, é preciso descontar as limitações da época. Washington adorava comer e beber bem, especialmente o vinho português Madeira. Qualificava-o de "generoso e azeitoso". Apreciava-o tanto que importou mudas de videira e tentou em vão elaborar um vinho semelhante em sua residência campestre de Mount Vernon, na Virgínia. Os biógrafos descobriram que ele e a mulher Martha só jantaram sozinhos duas vezes nos últimos vinte anos do casamento. Na Casa Branca – chamada na época de Casa do Presidente – sempre havia convidados à mesa.

O casal valorizava os produtos regionais, num período de forte nacionalismo, pois a separação da Inglaterra acabara de ser proclamada. Mandava preparar a comida com ingredientes norte-americanos: esturjões do rio Potomac, *chowder* (espécie de sopa) de *amêijoas* da Nova Inglaterra e *crumble* (farofa doce) de maçã com nata batida, por exemplo. Washington se esforçava para que os produtos dos Estados Unidos tivessem qualidade. Procurou melhorar a agricultura e a pecuária, sobretudo a carne, pois gostava imensamente de churrasco. Foi o primeiro fazendeiro norte-americano a criar o gado em sistema de confinamento, ou seja, encerrado em currais e alimentado com ração selecionada.

Outro célebre *gourmet* foi Thomas Jefferson (1800-09), terceiro presidente do país e autor da Declaração de Independência dos Estados Unidos, documento político influenciado pelos ideais do Iluminismo, que inspirou a defesa da liberdade individual, o respeito aos direitos fundamentais do ser humano e a adoção do regime democrático em todo o mundo. Afeito aos deleites da mesa, proferiu um lema notável: "A ausência da fome é a felicidade; comer é o meio de alcançá-la". Fiel a essa filosofia, aproveitou o tempo em que viveu na Europa como embaixador na França, no final do século 18, para realizar expedições enogastronômicas no interior daquele país, bem como na Itália, Alemanha, Inglaterra e Holanda. Antes de voltar aos Estados Unidos, contratou os *chefs* de cozinha Julien e Lemaire, que o acompanharam na volta aos Estados Unidos. Nos seus tempos de presidente, a dupla comandou a cozinha da Casa Branca, e depois se transferiu para a bela residência de Monticello, em Charlottesville, na Virgínia, construída em estilo neoclássico e decorada com móveis e obras de arte.

Sobram provas documentais do interesse de Jefferson pela cozinha francesa. Uma delas foi o presente que deu à filha Martha, no Natal de 1791: uma preciosa edição da obra *La cuisinière bourgeoise*, de Menon, lançada em 1746, na qual havia uma de suas receitas favoritas: omelete com corações de alcachofra, espinafre, anchovas e camarões. Entretanto, um dos pratos cotidianos do terceiro presidente norte-americano era o trivial macarrão com queijo parmesão, totalmente caseiro, cuja massa se parecia mais com o nhoque do que com as receitas clássicas da pasta italiana. Também saboreava habitualmente sorvete, cuja técnica de preparo importara da França. Revelava-se igualmente entusiasta dos ingredientes nativos do continente americano. Foi um dos pioneiros da cultura do tomate nos Estados Unidos. Introduziu o milho na Virgínia, mais exatamente em Monticello. Realizou o mesmo com a pecã, noz autóctone do Texas, transplantando mudas adquiridas no Mississippi. Presenteou algumas ao amigo Washington, que as cultivou em Mount Vernon.

Os cerca de cinco anos na Europa exercitaram o interesse de Jefferson pelo vinho. Eleito presidente, formou uma adega exemplar na Casa Branca, que incluía os portugueses Madeira e Porto; os espanhóis Xerez Pedro Ximenez e Málaga; e franceses das regiões de Bordeaux, Champagne, Borgonha e Rhône. Ele adorava os vinhos de sobremesa, sobretudo o mítico Château d'Yquem. Esse vinho branco e doce, originário da França, resulta de uvas atacadas pela *Botrytis cinerea*. É um fungo microscópico que perfura os seus poros, alimenta-se do ácido tartárico contido na polpa, provoca a saída da água sem permitir a entrada do ar, desidrata-a, converte-a numa passa, diminui a acidez e conserva o açúcar natural. O resultado é uma bebida de aroma e sabor inigualáveis.

Existe uma carta de Jefferson, enviada ao Château d'Yquem, solicitando uma "pequena provisão" de 250 garrafas de vinho. A resposta foi positiva. "Temos a honra de poder atendê-lo", escreveu Louis-Amédée Lur-Saluces, casado com Josephine Sauvage d'Yquem, portanto genro do proprietário da *maison*. As garrafas chegavam gravadas com suas iniciais, ou seja, Th. J. Só os clientes ilustres mereciam a deferência. Mais elegante, impossível.

Macarrão com queijo parmesão

Ingredientes

1/2 kg de batatas com casca

1 ovo

600 g de farinha de trigo especial peneirada

manteiga o quanto baste

queijo parmesão ralado o quanto baste

sal a gosto

farinha de trigo (para polvilhar)

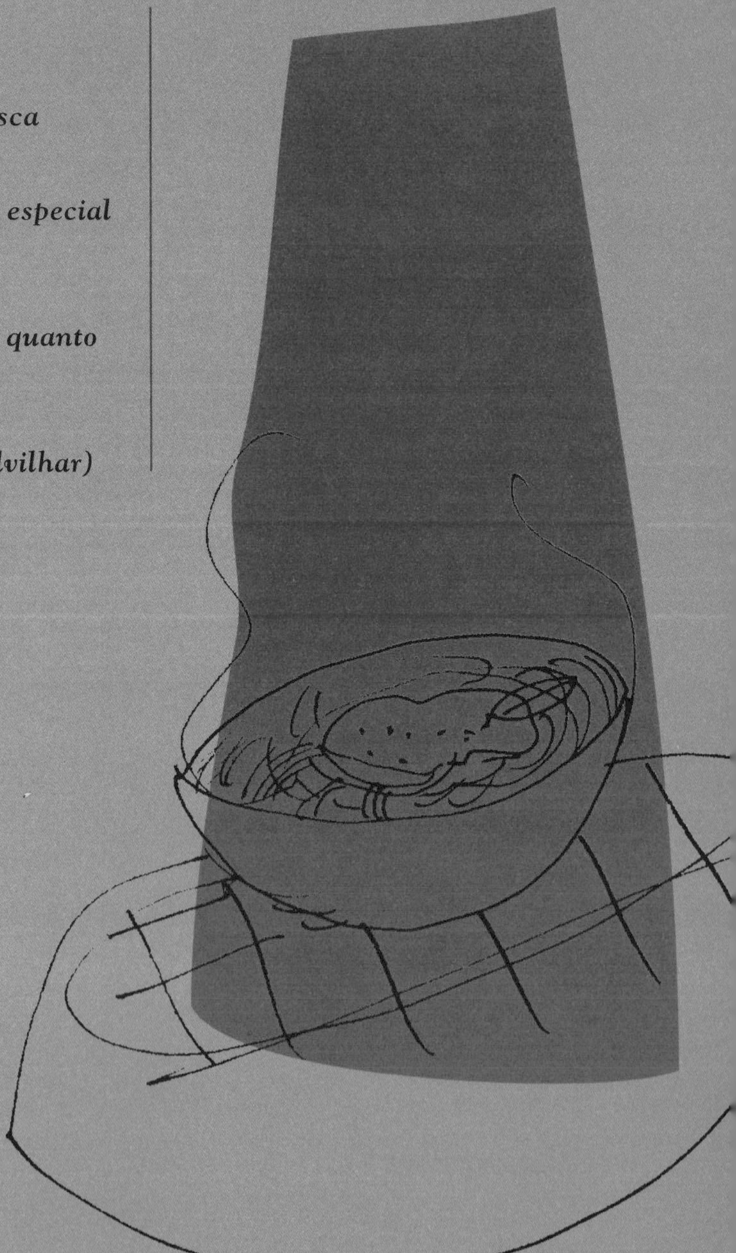

Preparo

Cozinhe as batatas em abundante água com pouco sal.

Escorra a água e retire a pele das batatas. Passe-as no espremedor, para obter um purê.

Passe o purê para uma tigela, misture o ovo, depois a farinha, aos poucos, mexendo e trabalhando a massa, até que se torne lisa e elástica.

Com a massa, forme rolinhos de cerca de 1,5 cm de diâmetro e corte-os em pedaços de aproximadamente 3 cm de comprimento. Coloque-os sobre uma toalha de mesa levemente enfarinhada e deixe-os descansar entre 30 minutos e 1 hora, para que fiquem bem secos.

Cozinhe-os em abundante água quente com sal e vá retirando-os à medida que forem subindo à superfície.

Unte uma travessa refratária com manteiga e distribua os pedaços de massa aos poucos, em camadas, intercalando-os com queijo ralado e pedacinhos de manteiga.

Leve-os ao forno quente por cerca de 10 minutos, apenas para gratinar.

Retire-os do forno e sirva-os imediatamente.

Rendimento: 6 porções.

Originalmente, na Itália meridional, este prato se chamava strangolapreti *(estrangula-padre) ou* strozzapreti *(mata-padre). O nome se deve à lenda que os camponeses o preparavam para oferecer aos sacerdotes em visita às suas casas. Os religiosos gostavam tanto que comiam até se engasgar ou sofrer indigestão.*

Brillat-Savarin, o filósofo da boa mesa

Os contemporâneos diziam que ele comia demais, movimentava-se lentamente e permanecia calado durante horas. Quando falava, suas palavras eram monótonas e cansativas. No final das longas refeições, apoiava a cabeça na cadeira e tirava uma soneca. Fez isso inúmeras vezes, inclusive na elegante residência de madame Récamier (1777-1849), sua prima dileta, cortejada pelos dotes de beleza e frases espirituosas, cujo salão reunia brilhantes figuras da sociedade parisiense, entre as quais o escritor François Chateubriand, pioneiro do romantismo literário. Repetiu a cena no palácio do príncipe de Talleyrand-Périgord (1754-1838), diplomata francês, embaixador em Londres, ministro das Relações Exteriores, articulador de tratados internacionais e presidente da Assembléia Nacional do seu país; e nos repastos oferecidos pelo marquês de Cussy (1766-1837), advogado, panfletário e gastrônomo consagrado pelo extremo apreço à carne de galinha, sobre a qual deixou 366 preparações, uma para cada dia do ano.

O personagem ao qual nos referimos se chamava Jean-Anthelme Brillat-Savarin, nasceu em Belley (1755), na região do Rhône-Alpes, e morreu em Paris (1826). Era alto e quadrado de corpo. Vestia-se sempre fora da moda. Nunca casou. Mas Néstor Luján, na *Historia de la gastronomía* (*op. cit.*), garante que "gostava do belo sexo, como então se dizia, das graciosas e sensuais bailarinas, das voluptuosas atrizes e das damas maduras de virtude ligeira". Ainda assim, encontrou inspiração para escrever uma obra de notável erudição, inicialmente denominada *A fisiologia do gosto ou meditações de gastronomia transcendente*, da qual existe uma ótima tradução brasileira (*Fisiologia do gosto*, São Paulo: Companhia das Letras, 1995). A edição original, lançada quatro meses antes de sua morte, não declarava o autor. Entretanto, teve sucesso imediato. O texto começa arrolando vinte aforismos, um diálogo entre o escritor e um amigo, uma biografia e um prefácio. A seguir, alinha as meditações ou capítulos, que falam dos sentidos, gosto, gastronomia, apetite, prazer à mesa, alimentos em geral, bebidas, digestão, sono, obesidade, magreza, jejum, história da culinária – e aí por diante.

Atualmente, considera-se a obra de Brillat-Savarin um dos livros fundamentais da gastronomia universal. "Antes dele foram escritos textos de cozinha (...), mas não se esboçou uma filosofia, nem se procurou teorizar sobre os valores dos alimentos, nem se tentou estruturar uma arte, tão elegantemente francesa, que é o bem comer", observa Néstor Luján. O mesmo autor sustenta que Brillat-Savarin e seu rival Grimod de La Reynière (1758-1837) "lançaram a gastronomia como uma bela arte". Também o romancista Honoré de Balzac (1799-1850) elogiou o criador de *A fisiologia do gosto*. "Desde o século 17, se excetuarmos La Bruyère e La Rochefoucauld, nenhum prosador soube dar à frase francesa um relevo tão vigoroso", escreveu ele.

Apesar dos reiterados aplausos, Brillat-Savarin colecionou detratores. Antonin Carême (1783-1833), cozinheiro do príncipe de Talleyrand, considerado pelos franceses o maior *chef* de todos os tempos, qualificava-o de falso gastrônomo. "Nem Cambacérès (convencional e jurista francês), nem Brillat-Savarin souberam comer, só encheram o estômago", afirmou. Mas era uma opinião suspeita. O genial Carême sentia ciúme de qualquer pessoa que se metesse no seu ofício. Não elogiava ninguém, exceto seu patrão Talleyrand, por razões óbvias. O marquês de Cussy, notório invejoso, mostrou-se igualmente duro com o autor de *A fisiologia do gosto*. "Comia copiosamente e mal, escolhia pouco e falava titubeando, sem nenhuma vivacidade no olhar", assegurou.

Brillat-Savarin começou sua carreira como juiz, em 1789, ano em que estourou a Revolução Francesa. Acusado de ligação com as forças conservadoras, perdeu o cargo e os bens, em 1792, partindo para o exílio. Antes de ingressar na Suíça, fez uma ceia memorável num hotel do Jura, saboreando "uma cabidela de frango provida de trufas". A seguir, transferiu-se para a Holanda, finalmente para os Estados Unidos. Nos dois anos de América do Norte, sobreviveu dando aulas de francês e tocando violino nas ruas e, mais tarde, na orquestra do John Theater de Nova York. Tirou proveito gustativo do exílio, pois descobriu o peru selvagem da Nova Inglaterra, o *welsh rarebit* e o *korn beef*.

Retornou à França em 1796, sob a proteção do general Pierre Augereau (1757-1816), um dos marechais de Napoleão. O velho amigo militar primeiro ofereceu-lhe um emprego no seu estado-maior. Depois, intercedeu na nomeação de Brillat-Savarin para juiz da Corte de Cassação, cargo que manteve até o final da vida e no qual recuperou os bens expropriados. Apesar de rico, nunca alardeou a condição de abonado. Morreu em conseqüência de gripe convertida em pneumonia, após assistir a uma missa em memória do rei Luís XVI, guilhotinado pela Revolução Francesa, celebrada num dia muito frio.

Existem algumas receitas em sua homenagem, entre as quais o bolo úmido Savarin, em formato de anel, criado pelos irmãos Michel e Auguste Julien.

Ele próprio desenvolveu vários pratos, entre os quais o *Oreiller à la Belle Aurore*, um empadão retangular, recheado com uma profusão de ingredientes: perdizes, *foie gras*, faisão, coelho, pato, frango, filé bovino, lombo e gordura de porco, ovos, trufas, cogumelos, pistaches e manteiga. *Oreiller* significa almofada. Concebeu o prato em homenagem à mãe Aurore, cozinheira talentosa e incontrolável comilona. Aliás, o apetite voraz era traço familiar. Uma irmã de Brillat-Savarin, chamada Pierrette, morreu de um ataque de apoplexia aos 99 anos e dez meses. Encontrava-se sentada à mesa de refeições. Havia devorado um elenco generoso de pratos. Caiu fulminada, após gritar à empregada: "E agora, minha filha, traga-me os doces".

Savarin

(Receita interpretada pelo *chef*
Laurent Suaudeau, de São Paulo, SP)

Ingredientes

Savarin

1/2 kg de farinha de trigo

30 g de fermento biológico em tablete

250 ml de leite morno

10 gemas

150 g de açúcar

5 g de sal

1 casca de laranja ralada, sem a pele branca

200 g de manteiga amolecida

manteiga (para untar a fôrma)

Calda

1 litro de água

250 ml de rum ou de licor Grand Marnier

500 g de açúcar

Xarope (brilho)

250 ml de suco de laranja

30 g de açúcar

1 folha de gelatina sem sabor

Acompanhamento

Creme chantilly *ou frutas vermelhas (cerejas, framboesas, morangos)*

Preparo

Savarin

Em um recipiente, coloque metade da farinha e o fermento previamente desmanchado no leite morno. Misture, tape com um pano de algodão e deixe levedar por uns 30 minutos.

Na batedeira, bata muito bem as gemas com o açúcar, por cerca de 10 minutos. Junte às gemas a massa já levedada, o restante da farinha, a casca de laranja, o sal e por último a manteiga. Bata usando batedores próprios para massas pesadas, até a massa descolar das laterais da tigela.

Coloque a massa em fôrma de savarin (circular e com furo no meio) untada, de maneira que preencha apenas metade da fôrma.

Deixe descansar em temperatura ambiente, coberta com um pano, por 20 minutos, ou até a massa crescer e ocupar toda a fôrma.

Asse em forno preaquecido a 180°C, por cerca de 20 minutos.

Desenforme e reserve.

Calda

Misture os ingredientes, leve ao fogo e deixe ferver durante 5 minutos, sem mexer, até encorpar um pouco.

Molhe o savarin generosamente com a calda quente, usando um pincel.

Xarope e finalização

Coloque a gelatina de molho em água fria até amolecer.

Numa panela, misture o suco de laranja com o açúcar, leve ao fogo e junte a gelatina previamente espremida, mexendo sempre até derreter.

Com um pincel, passe o xarope no savarin, para dar brilho.

Sirva com o creme *chantilly* (ou com as frutas) colocado dentro do furo central do savarin.

Rendimento: 12 ou mais porções.

O conselheiro dos anfitriões

Quem não o conhecia pessoalmente, ao encontrá-lo pela primeira vez julgava-o louco. Mas o francês Alexandre Balthasar Laurent Grimod de la Reynière (1758-1837) era apenas um sujeito extravagante e divertido. Homem feio, tinha nariz adunco, olhos saltados, testa grande, queixo proeminente, língua afiada e sempre usava luvas para esconder um defeito genético: nascera com apenas dois dedos na mão esquerda e os da direita estavam unidos por uma membrana. Muito irreverente, adepto do humor negro, submetia os amigos a situações insólitas. Chegou a espalhar a notícia da própria morte e marcou o velório para as cinco horas da tarde. Quando os amigos chegaram, recebeu-os às gargalhadas. A brincadeira macabra acabou num grande banquete, no qual Grimod de la Reynière instalou na cabeceira da mesa um porco vivo que apresentou como "membro da família". Aliás, parecia ser fixado nesse animal. A predileção talvez viesse do pai, um burguês originário de Lyon que enriqueceu negociando suínos.

Mais adiante, o patriarca assumiu em Paris o cobiçado cargo de *fermier général*, o coletor de impostos no antigo regime monárquico, proporcionando aos descendentes uma situação financeira sublime. Mas educou Grimod de la Reynière longe do convívio familiar, internando-o em colégios severos e despachando-o para longas viagens ao exterior. Certa vez, puniu uma maluquice do filho entregando-o por dois anos aos cuidados de um cônego que morava perto de Nancy, a capital histórica da região da Lorena. A mãe tinha sangue azul. Era irmã do jurista Chrétien Guillaume de

Malesherbes, guilhotinado após defender o deposto rei Luís XVI diante da Convenção Nacional – a assembléia que proclamou a república e governou a França nos três últimos anos da Revolução Francesa (1789-95). Os dois lados eram comilões. Um dos avós de Grimod de la Raynière morreu de indigestão, depois de engolir uma sucessão de porções de *foie gras*.

Outra irreverência cometida pelo rebento do *fermier général* foi contratar um anão e um gigante, vesti-los como se fossem mosqueteiros e colocá-los na porta do edifício que o pai mandou construir na esquina da rua des Champs-Elysées com a praça Luís XV. A cada pessoa que chegava, a dupla perguntava: "A quem desejais ver? Ao senhor Grimod de la Reynière, pai, que chupa o sangue do povo, ou ao senhor Grimod de la Reynière, filho, defensor das viúvas e dos órfãos?". Apesar de endiabrado, o rapaz deu certo na vida. Tornou-se gastrônomo brilhante e escritor talentoso devotado à boa mesa e aos textos que a exaltam. Foi muito popular na época e ainda hoje é respeitado, embora sua obra literária seja pequena. Entre 1803 e 1812, publicou anualmente o *Almanach des gourmands*, no qual classificou e comentou os restaurantes de Paris, na condição de precursor da moderna crítica gastronômica. Aliás, costumava reunir em casa o *jury-dégustateur*, fundado por ele, que provava comidas, emitia juízos e discorria sobre culinária.

Em 1808, estarrecido com os usos e costumes pouco refinados da burguesia que ascendeu ao poder com a Revolução Francesa, Grimod de la Reynière lançou o *Manual dos anfitriões*. Somente quase dois séculos depois essa obra-prima foi traduzida e lançada no Brasil (São Paulo: Editora DeGustar, 2005). No livro, sustenta que a guilhotina da Revolução Francesa não decepou apenas pescoços. Fez o mesmo com a arte de bem receber, de comer e até de cozinhar. "Se o reino dos vândalos tivesse durado mais tempo, teríamos perdido até mesmo a receita do guisado de frango", afirmou no *Manual dos anfitriões*. Por isso, atribuiu-se o dever de resgatar as sofisticações dos monarquistas depostos, encarnou o papel de conselheiro e as transmitiu à nova elite burguesa.

O livro se divide em três partes. A primeira contém elementos de civilidade gastronômica, "o código dos deveres recíprocos dos anfitriões e dos convivas"; a outra trata da arte de trinchar as carnes que, no seu entender, perdeu-se na "tormenta revolucionária"; a última fala da arte de compor cardápios de cada estação, "pois existe uma moda para os pratos principais e para as sobremesas, como para as roupas e os chapéus". No prefácio, o erudito Grimod de la Reynière destaca personagens da história francesa que promoveram ou brecaram a evolução da cozinha. Elogia a contribuição positiva dos reis Carlos IX, Luís XIV e Luís XV, mas afirma que Luís XVI "não dava a mínima importância ao refinamento na escolha de seus alimentos".

A literatura gastronômica francesa não exibiria a mesma pujança sem a contribuição do *Almanach des gourmands* e do *Manual dos anfitriões*, bem como da *Fisiologia do gosto*, obra fundamental escrita por Jean-Anthelme Brillat-Savarin (1755-1826), contemporâneo e rival de Grimod de la Reynière, traduzida e lançada há mais tempo no Brasil (São Paulo: Companhia das Letras, 1995). Os dois não se freqüentavam e deviam sentir inveja um do outro. Mas apresentavam vários pontos em comum, sobretudo o fato de serem pessoas controvertidas.

Brillat-Savarin descendia de administradores da justiça. No auge da monarquia, esses cargos eram vendidos e constituíam preciosas fontes de renda da coroa. Revelava saúde de ferro, devorava 140 ostras como simples aperitivo numa refeição de três horas e morreu aos 71 anos, em conseqüência de uma corriqueira gripe que não curou e virou pneumonia.

Já maduro, Grimod de la Reynière casou com uma atriz da Comédia Francesa, a assanhada Adelaide-Thérèse Feuchère. Na posse da imensa fortuna deixada pelo pai, foi viver num castelo afastado, longe do burburinho de Paris. A propriedade pertencera à marquesa de Brinvilliers, famosa homicida francesa, decapitada e queimada em praça pública pelo envenenamento do pai e do irmão. Ali, Grimod de la Reynière continuou a oferecer grandes banquetes, indiferente às recordações tenebrosas que enfumaçavam a história do castelo. O romancista francês Alexandre Dumas (1802-70) assegurou ter saboreado na residência de Grimod de la Reynière alguns dos melhores pratos de sua vida. Seu anfitrião morreu aos 79 anos de idade, após enfrentar gulosamente o elenco habitual de pratos da vigília natalina. Levantou da mesa empanturrado, bateu com a mão direita na barriga, dirigiu-se ao quarto, deitou na cama e dormiu para sempre.

Guisado de frango

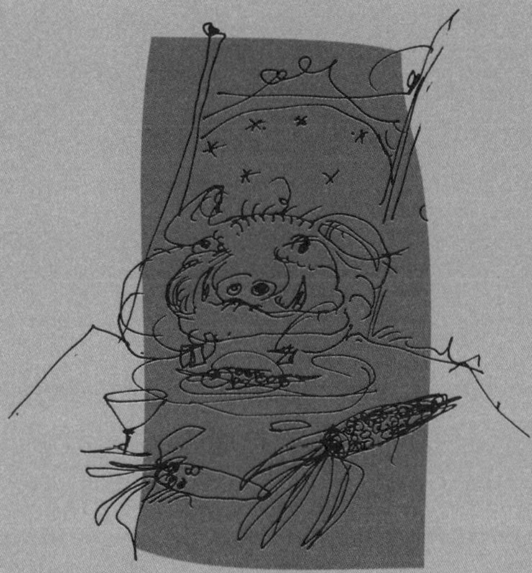

Ingredientes

2 berinjelas médias com casca, cortadas em fatias

500 g de carne de frango cortada em pequenos pedaços, sem a pele

1 cebola picada

3 colheres (sopa) de azeite de oliva

400 g de tomates sem pele picados

250 g de favas pré-cozidas

1/2 pimentão vermelho picado

1 colher (sopa) de tomilho fresco

1 colher (café) de páprica

250 g de iogurte natural misturado com 1/2 colher (café) de noz-moscada ralada

sal e pimenta-do-reino moída na hora a gosto

azeite de oliva (para untar)

Preparo

Coloque as berinjelas em um escorredor e polvilhe-as com sal, virando-as de vez em quando, para perderem a água. Após 30 minutos, banhe-as com água fria e deixe-as secar em papel absorvente.

Em uma frigideira antiaderente, untada com azeite de oliva, doure as berinjelas, virando-as constantemente. Pulverize-as levemente com sal e reserve-as.

Numa panela, doure a cebola no azeite de oliva, junte o frango e refogue bem. Acrescente os tomates, as favas, o pimentão e os temperos. Deixe no fogo até o frango cozinhar. Se for necessário, pingue um pouco de água.

Num prato refratário, alterne camadas de berinjela e da mistura de frango. Termine com as berinjelas. Derrame por cima o iogurte e leve ao forno preaquecido a 190°C, por aproximadamente 30 minutos.

Rendimento: 4 a 6 porções.

Um filé para o visconde

Localizado abaixo das vértebras lombares do boi, o filé-mignon é um músculo flexível e tenro. Retirada a pele prateada e rija que o envolve, sobra uma carne com pouca gordura, ideal para bifes, rosbifes, guisados e picadinhos. Os franceses, que a veneram, desenvolveram várias receitas com ela. Usando o centro do filé-mignon, que proporciona cortes mais uniformes, criaram três variações originais. A primeira é o medalhão. Possui no mínimo 1,5 centímetro de altura e entre 110 e 120 gramas de peso. Batizaram a segunda de *tournedos*. Mede 4 centímetros de altura e pesa 180 gramas. A última é o *chateaubriand*. Sua altura vai de 5 a 7 centímetros e o peso dobra: cada porção oscila entre 350 e 500 gramas, conforme o tamanho do animal. É desse corte que falaremos a seguir.

As enciclopédias de cozinha informam que foi inventado por Pierre de Montmireil, em homenagem ao seu patrão, o visconde François-René de Chateaubriand (1768-1848), político influente, diplomata hábil, viajante incansável e escritor talentoso, precursor do romantismo literário. Entre outras obras, escreveu as novelas *Atala* (1801) e *René* (1805), nas quais exalta o reencontro do homem com a natureza. Além disso, lançou *Espírito do cristianismo* (1802), uma apologia do catolicismo movida pelo renascimento da fé ocorrido na França após a Revolução Francesa; e o livro de memórias *Recordações de além-túmulo* (1849), editado após a sua morte, considerado uma obra-prima. Guloso confesso, comia de tudo, mas privilegiava a carne bovina e, sobretudo, o filé-mignon. A elaboração do *chateaubriand* obedece a certas regras. Pode acontecer numa grelha colocada sobre a chama do fogão ou em cima de brasas, bem como na panela ou no forno. O filé deve ficar crocante por fora e vermelho por dentro.

Mas os franceses gostam mesmo de prepará-lo numa panela de ferro, grossa e alta, com um pouco de manteiga, de preferência clarificada, porque suporta temperatura mais alta e não queima facilmente, ou misturada com um pouco de óleo, pela mesma razão. Tradicionalmente, o *chateaubriand* vai à mesa sob molho *béarnaise*, ladeado por batatas. Elas podem ser cozidas ou fritas. O molho foi incorporado mais tarde. A receita seria originária de Béarn, nos Pirineus. Aparentemente, foi criada durante o século 19, no restaurante Le Pavillon Henri IV, de Saint-Germain-en-Laye, a oeste de Paris, pelo *chef* Collinet. Homenageava um glutão nascido naquela cidade, o rei francês Henrique IV (1553-1610). No Brasil, o *chateaubriand* às vezes é coberto por molho Madeira, enriquecido com cogumelos-de-Paris, e acompanhado de purê de batata.

Existe outra versão, menos provável, para o local de nascimento da receita. Alguns autores dizem que surgiu em Chateaubriant – e nesse caso a última letra do nome não poderia ser "d", mas "t" – uma localidade do Vale do Loire, conhecida pela excelência da carne dos bovinos apascentados ao redor. Igualmente se afirma que a receita do filé só começou a fazer sucesso a partir de 1862, quando o restaurante Magny, aberto em Paris pelo cozinheiro homônimo, e ponto de encontro de artistas, literatos e gastrônomos, introduziu-a no cardápio. O fato primordial é que o visconde de Chateaubriand a adorava e saboreou-a incorrendo no prazeroso pecado da gula. Aliás, mesmo tendo recuperado a fé católica, renegada na juventude, e publicado o *Espírito do cristianismo*, ele jamais foi modelo de virtudes.

Os mexeriqueiros diziam que se iniciou na vida sentimental com a irmã Lucila, com quem manteve uma longa relação incestuosa; colecionou e traiu várias amantes, entre as quais a madame de Récamier (1777-1849), célebre pela sua beleza, libido exacerbada e pelo salão literário que reunia a mais luzidia sociedade parisiense. Um biógrafo assegurou que o visconde de Chateaubriand só conseguiu ser fiel à sua receita de filé. Nesse relacionamento gustativo, porém, estava longe de rivalizar com o rei Luís XVIII

(1755-1824), cuja afeição pela bisteca bovina não encontrava paralelo. O soberano francês exigia que não fosse assada diretamente na grelha. Ia ao fogo escoltada por duas outras: um bisteca ficava embaixo; a segunda, em cima. Luís XVIII devorava apenas a do meio. Recusava as demais. Assim, para o cozinheiro fazer-lhe seis bistecas, grelhava dezoito. Nada mau para um rei que nunca se preocupou em economizar nada, inclusive comida.

Molho *béarnaise*

Ingredientes

4 grãos de pimenta-do-reino branca esmagados

1 cebola bem picada

3 colheres (sopa) de folhas de estragão frescas picadas

3 colheres (sopa) de vinagre de vinho branco

3 gemas

3 colheres (sopa) de água

175 g de manteiga sem sal em temperatura ambiente

sal e pimenta-de-caiena moída na hora a gosto

Preparo

Ferva numa panela a pimenta-do-reino com a cebola, metade das folhas de estragão e o vinagre, até a mistura ser reduzida a 2/3.

Transfira essa mistura para uma tigela de metal; volte ao fogo em banho-maria, juntando as gemas, a água e batendo por cerca de 6 minutos.

Retire a tigela do fogo e coloque aos poucos a manteiga. Bata vigorosamente a cada adição.

Tempere com sal e pimenta e passe o molho pelo coador de metal e finalize acrescentando as folhas restantes de estragão.

Rendimento: 4 porções.

O *chef* dos reis da Itália

A acolhedora Salussola – uma antiga cidadezinha italiana, hoje com pouco mais de 2 mil habitantes, situada a cerca de 70 quilômetros de Turim, no Piemonte – comemorou com festa o bicentenário do nascimento do seu mais ilustre filho, um *chef* de cozinha. Na ocasião não faltaram banquetes, exposições e conferências. Giovanni Vialardi (1804-72) cozinhou durante 49 anos para os reis Carlo Alberto (1798-1849) e Vittorio Emanuele II (1820-78), artífices do *Risorgimento* – o movimento que unificou a Itália no século 19.

Iniciou como ajudante, aos vinte anos de idade, converteu-se em titular e só abandonou o posto ao se aposentar, com 69 anos. Até então, a corte ficava em Turim e formava o Reino de Sardenha (e Piemonte). Vialardi foi cozinheiro brilhante. Mesmo tendo que seguir ordens das sucessivas patroas – as rainhas Maria Teresa de Lorena e Maria Adelaide d'Áustria, ambas de sangue austríaco e adeptas de receitas indigestas –, conseguiu impor o seu estilo. Em 1854, publicou o livro *Trattato di cucina, pasticceria moderna, credenza e relativa confettureria*, em que expõe a predileção pelos pratos elegantes. Dez anos depois lançou *Cucina borghese semplice ed economica*, escudado no mesmo princípio.

Não deve ter sido fácil para um cozinheiro sensível e refinado como ele agradar o ambíguo rei Carlo Alberto; e, sobretudo, seu filho e sucessor, o rude Vittorio Emanuele II, primeiro soberano da Itália unida, cujos principais interesses eram a vida militar, os cavalos, a caça, as viagens e as

mulheres. Nunca escondeu suas relações extraconjugais, especialmente com jovens de modestas condições sociais, das quais jamais se enamorou. Provocaram intermitentes mexericos seus envolvimentos com a atriz Laura Bon e a então desconhecida Rosa Varcellana, uma garota de apenas quinze anos. Ao enviuvar, casou-se com ela, mas teve o cuidado de excluir os filhos de ambos da sucessão dinástica.

Os patrões de Vialardi revelavam bom gosto à mesa apenas no apreço ao Barolo, o esplêndido tinto piemontês. Nas gestões diplomáticas, Vittorio Emanuele II recorria mais a esse vinho do que ao trabalho dos embaixadores. Enviava-o a dignitários estrangeiros, para conseguir favores ou apoios. Transmitiu a predileção pelo Barolo à família inteira. Seu filho e sucessor Umberto I chegou a ser flagrado no desjejum intercalando goles do vinho com dentadas numa coxa de faisão.

Vialardi preparava em Turim pratos italianos e austríacos, bem como os clássicos da Sardenha, Piemonte, Gênova e Nice, ou seja, das regiões e localidades que compunham o Reino de Sardenha. Um dos pratos habituais da época se chamava *brasato al* Barolo, cuja fórmula ilustra este texto. Mas o *Trattato di cucina, pasticceria moderna, credenza e relativa confettureria* mostra que o *chef* procurava ser eclético. As receitas se intitulavam *salsa* (molho) *alemanna*, *soutè de pollastro* (frangão) *alla Demidoff*, *agnellotti* (um tipo de ravióli) *alla borghese*, *frittura di volaglia* (ave doméstica) *alla Villeroy* e *bavarese* (doce de consistência leve e delicada, semelhante ao pudim) *di cioccolato all'inglese*, por exemplo. A propósito: Vialardi também era primoroso confeiteiro.

Enfim, seu livro oferecia novidades que o aproximavam dos melhores tratados da cozinha francesa. As cerca de 2 mil receitas, algumas destinadas às crianças, às parturientes e aos enfermos, apareceram intercaladas por 300 desenhos elucidativos. A obra apresentava vários pratos do primeiro serviço, aos quais se seguiam receitas de carnes, depois de peixes etc. Dedicava um capítulo inteiro aos "pratos compostos", uma grande moda na época: composições mirabolantes à base de carne, gelatina colorida, manteiga e legumes, em formato de ponte, castelo e aí por diante. Também falava de café, chá e chocolate. Entretanto, o detalhe mais inesperado consistia no fato de o autor quantificar os ingredientes segundo o novo sistema métrico decimal, que acabara de ser adotado. Salussola e a Itália têm motivos de sobra para evocar e se orgulhar de Vialardi.

Brasato al Barolo

Ingredientes

1 kg de ponta de alcatra

250 g de toucinho cortado em tirinhas

1 garrafa de vinho Barolo

75 ml de conhaque

1 cebola grande cortada ao meio

1 dente de alho

1 cenoura grande cortada em pedaços

2 talos de salsão

1 folha de louro

2 cravos

2 ramos de alecrim

1 pau de canela

4 grãos de pimenta-do-reino

75 ml de azeite de oliva

2 colheres (sopa) de extrato de tomate

farinha de trigo (para polvilhar)

sal a gosto

Acompanhamento

polenta ou purê de batatas

Preparo

Com a ponta de uma faca, faça algumas incisões na carne e introduza o toucinho.

Passe a carne para um recipiente e junte as bebidas, a cebola, o alho, os vegetais, o louro, o cravo, o alecrim, a canela e os grãos de pimenta. Tampe e deixe a carne marinar em lugar fresco, virando-a de vez em quando nos temperos.

No dia seguinte, retire e escorra a carne. Reserve a marinada.

Polvilhe levemente a carne com a farinha de trigo e, numa panela de fundo grosso, doure-a de todos os lados no azeite de oliva, em fogo alto.

Coloque na panela o extrato de tomate e o molho da marinada. Tempere com sal e cozinhe lentamente em fogo brando, por cerca de 3 horas. Se for necessário, adicione um pouco de água morna.

No final, passe o molho no liqüidificador, coe e sirva-o bem quente, com a carne.

Acompanhe com polenta ou purê de batatas.

Rendimento: 6 porções.

Bismarck e os aspargos com ovos

Artífice da unificação germânica, o príncipe, estadista e diplomata Otto von Bismarck (1815-98) pertencia à classe dos *junkers*, os nobres rurais que durante algum tempo forneceram o grosso dos burocratas e comandantes do exército de sua terra natal. Nasceu na Prússia, antigo e poderoso Estado da Europa Central. Apesar de freqüentar duas universidades, foi aluno medíocre. Dedicou-se mais às farras e aos duelos do que aos estudos. O casamento com uma moça piedosa, filha de um aristocrata, mudou sua vida. Bismarck se converteu em férreo defensor do protestantismo e virou político revolucionário. Foi ministro do rei prussiano Frederico Guilherme IV e chanceler de Guilherme I. Promoveu uma série de guerras – contra a Dinamarca, Áustria e França – e perseguiu duramente os católicos. O caráter autoritário, a vontade inquebrantável e a habilidade quase diabólica, renderam-lhe o apelido de Chanceler de Ferro. Nunca se destacou pelo bom gosto pessoal e muito menos pelo paladar apurado. Entretanto, surgiram pratos batizados com o seu nome.

Alguns livros de cozinha ensinam a receita da bisteca à Bismarck, obrigatoriamente com ovo frito em cima. A *Grande enciclopedia illustrata della gastronomia* (*op. cit.*) procura explicar a homenagem. Apesar do nome, a preparação não compõe o acervo culinário alemão. Provavelmente teve origem na Itália, na época da Tríplice Aliança – o acordo internacional celebrado em 1882, entre a Alemanha, Áustria-Hungria e Itália, renovado até a Primeira Guerra Mundial, pelo qual os dois primeiros países se comprome-

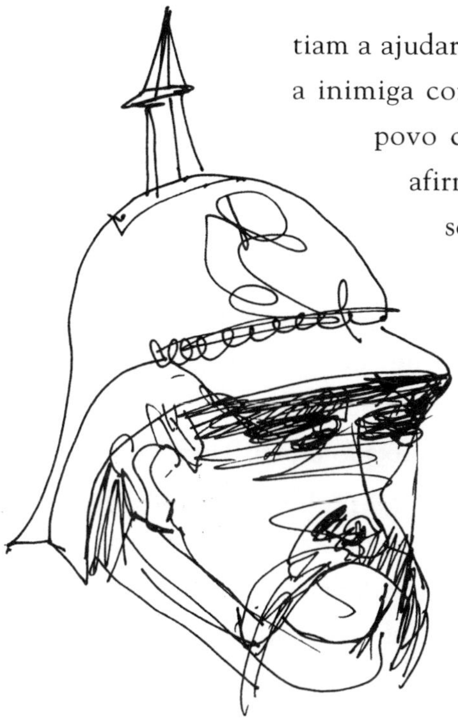

tiam a ajudar o último no caso de sofrer agressão da França, a inimiga comum. Na época, Bismarck era admirado pelo povo como uma pessoa dotada de saúde de ferro – afirmava-se quem nem gripe ele pegava. Além disso, louvava-se a sua coragem pessoal. Enfim, era símbolo do supostamente imbatível poderio militar alemão. Hoje, muitos pratos que chegam à mesa cobertos com um ovo frito são intitulados à Bismarck. Existe até uma *pizza* com esse nome. A receita mais famosa, porém, chama-se aspargos à Bismarck, ou seja, cozidos em água com sal, servidos debaixo de ovos fritos no azeite e manteiga. Também o denominam à milanesa. Mas a referência ao estadista e diplomata prussiano se apresenta majoritária.

O único ponto em comum seria o fato de Bismarck apreciar aspargos. Isso, porém, não constituía novidade. Os europeus já amavam os brotos ou talos comestíveis desse arbusto perene da família da aliáceas, a mesma da cebola e do alho, que cresce até 1,5 metro de altura e produz por mais de 15 anos. O imperador romano Otávio Augusto, que viveu entre os anos 63 a.C. e 14 d.C., por exemplo, batia folgadamente Bismarck no terreno dos aspargos. Era capaz de comer dezenas sem enjoar. Usava-os até como metáfora. No livro *Como piñones mondados – cuento de cuentos de gastronomía* (Barcelona: Ediciones Folio, 1994), o escritor e gastrônomo catalão Néstor Luján, citando depoimento do tribuno latino Druso, conta que Augusto, quando fazia um pedido e queria ser atendido rapidamente, ordenava: "Seja mais rápido do que o tempo necessário para cozinhar os aspargos".

A especialidade teve grande prestígio na Antigüidade. O gastrônomo romano Marco Gavio Apício, que viveu no século 1º da nossa era e escreveu o fundamental receituário *De re coquinaria*, colocava-a nas alturas. Além de deliciosa, estimularia o apetite e potencializaria o erotismo, sobretudo quando combinada com ovo e pimenta. Seu patrício Plínio, o Velho, autor de

História natural, precioso compêndio das ciências antigas, qualificou os aspargos de "verdura de Vênus" e disse que não poderiam faltar nos banquetes. Na Idade Média, a iguaria praticamente desapareceu, atingida pelas superstições alimentares. Entre outros inconvenientes, acusaram-na de "acelerar excessivamente o funcionamento dos rins". Durante a Renascença, os aspargos recuperaram o prestígio. No século 17, o rei francês Luís XIV os devorava com prazer. Obrigava os jardineiros a produzirem para ele, fora da safra, aqueles apetitosos talos comestíveis, sob pena de severos castigos. Saboreava-os como entrada, com molho suavemente adocicado.

Segundo Luján, a França teve no mesmo século o mais voraz comedor de aspargos de todos os tempos. Foi o longevo e prolífero escritor Bernard Fontenelle, que viveu quase cem anos e deixou a obra de divulgação científica *Conversações sobre a pluralidade dos mundos*. Entretanto, quase sempre os consumia à flamenga, ou seja, cozidos em água, escorridos, fritos na manteiga e servidos com ervas e ovos picados. Sempre que conseguia aspargos de superior qualidade, convidava um amigo, o erudito e brilhante abade Terrasson, outro consagrado fã da especialidade, para almoçar ou jantar. Às vezes passavam a refeição discutindo qual a melhor maneira de fazer aspargos. Fontenelle não abria mão da receita à flamenga, sustentando que além de gostosa ajudava a recuperar a saúde; seu parceiro de gula preferia os aspargos ao molho vinagrete, pois detestava manteiga. O cozinheiro do anfitrião satisfazia ambos, preparando os pratos ao gosto de cada um. Certo dia, Terrasson sofreu um ataque de apoplexia, antes da primeira garfada. Em vez de socorrer o amigo, Fontenelle ordenou ao empregado: "Vá até a cozinha e traga rápido, para ele comer, aspargos à flamenga, com muita manteiga". Ignora-se se Terrasson aceitou o socorro. É possível que sim. Afinal, sobreviveu à apoplexia e viveu oitenta anos.

Simplificando as características dos aspargos, diremos que eles apresentam muitas variedades, cultivadas ou selvagens, e podem ser encontrados frescos ou em conserva, brancos, verdes e violáceos. A planta começa a produzir após o segundo ou terceiro ano de vida e a colheita, no Brasil, vai de agosto a novembro. Mas encontramos aspargos o ano todo, oriundos de outros países da América Latina. Com relação à cor, resultam brancos quando se desenvolvem protegidos da luz. A fotossíntese é que lhes confere outra tonalidade. Todos se prestam a uma infinidade de elaborações. São apresentados na forma de saladas, sopas, cozidos, frituras, *tortillas* e suflês.

Além de deliciosos – os brancos mais delicados evocam o sabor da alcachofra, por exemplo – fazem bem à saúde. Revelam-se fontes de vitamina A, B, C, cálcio, ferro, potássio, sais minerais e ácido fólico, um redutor das doenças do coração e de alguns tipos de câncer. Fornecem grande quantidade de fibras. Mas o preconceito medieval fazia sentido, pois se baseava numa intuição procedente. Os aspargos contêm um diurético natural, chamado asparigina. Servem para eliminar o excesso de água no corpo. Na prática, o único inconveniente que apresentam é a difícil combinação com o vinho.

Aspargos à Bismarck

Ingredientes

40 aspargos frescos e tenros

4 ovos

8 colheres (sopa) de azeite de oliva

4 colheres (sopa) de manteiga

sal a gosto

Preparo

Lave os aspargos em água corrente e retire a parte de baixo do talo, que é a mais dura e fibrosa.

Cozinhe os aspargos em água com sal até ficarem macios, por cerca de 5 a 10 minutos.

Apague o fogo e reserve-os dentro do líquido do cozimento.

Numa frigideira pequena, aqueça 2 colheres do azeite com 1 colher da manteiga. Abra 1 ovo na frigideira, cuidando para a gema ficar mole. Retire o ovo, mantendo-o em lugar aquecido.

Repita o procedimento com os outros ovos, fritando-os um a um no azeite e na manteiga que ficaram reservados, na mesma proporção de 2 colheres de azeite e 1 de manteiga para cada ovo.

Escorra os aspargos e arrume-os nos pratos.

Coloque os ovos em cima e salpique com sal.

Sirva imediatamente.

Rendimento: 4 porções.

A liturgia do jantar

Sempre constituiu um requinte bastante valorizado pela alta sociedade européia receber com elegância os convidados para um jantar em casa. Mas foi na França e na Inglaterra de meados do século 19 e início do século seguinte que essa liturgia chegou ao vértice da complexidade. Várias de suas regras são observadas até hoje. A preparação do jantar exigia do casal anfitrião um perfeito domínio dos segredos da etiqueta. Eram tantas as normas a observar que os preparativos consumiam semanas ou meses. Alguns anfitriões consultavam obras especializadas; outros, socorriam-se de assessores.

Uma lição preliminar ensinava a fazer o convite. Devia ser impresso em papel de qualidade e ter escrito no envelope, em caligrafia impecável, o nome correto do destinatário. Além disso, era despachado duas ou três semanas antes. Mas, se o convidado de honra fosse uma pessoa de alta projeção, convinha expedi-lo com um mês e meio de antecedência. Não podia ser enviado pelo correio, mas entregue pessoalmente. Os convidados sempre pertenciam ao mesmo nível social dos anfitriões. Homens casados com mulheres de "classe inferior" ou "comportamento escandaloso" iam sozinhos ao jantar, embora o oposto jamais acontecesse. O número de comensais oscilava entre seis e vinte.

No dia da cerimônia, como assinala o inglês Roy Strong, no livro *Banquete – uma história ilustrada da culinária, dos costumes e da fartura à mesa* (Rio de Janeiro: Jorge Zahar Editor, 2004), os convidados apareciam pontualmente entre 19h45 e 20 horas, ou 20 horas e 20h15. Os retardatários faziam feio.

Quando chegavam à porta da casa, o mordomo os recebia solenemente, conduzia à sala de visitas e anunciava sua presença. As mulheres entravam na frente, os homens logo atrás. Todos usavam as roupas aconselhadas pela etiqueta. Segundo o catalão Néstor Luján, na obra *Historia de la gastronomía* (*op. cit.*), "vestir-se para comer era quase tão importante como o fato de comer bem". Mas seria exaustivo descrever o estilo dos trajes femininos, tamanha a variação. Eram escolhidos conforme a moda, gosto pessoal, época do ano e condições meteorológicas. O mesmo acontecia com as jóias. Todas as mulheres, porém, usavam luvas. As roupas masculinas, entretanto, seguiam padrões invariáveis. No livro *Trente ans de diners en ville* (Paris: Edition Revue Adam, 1948), Gabriel Louis Pringuet diz que os homens apareciam de fraque, gravata, colete branco, luvas e chapéu, habitualmente cartola. O *smoking* se restringia aos jantares mais íntimos. A norma valia para os jantares nos clubes. Caso o sócio não pudesse vestir fraque, necessitava pedir ao presidente a prévia dispensa do traje.

Visitantes e anfitriões apertavam as mãos na sala de visitas, entabulavam conversas e, ocasionalmente, bebiam um aperitivo. Quando necessário, ocorriam apresentações. As mulheres sentavam, os homens permaneciam em pé. Não demoravam muito no recinto. Cumpridas as formalidades, desfaziam-se os casais. O dono da casa indicava a cada homem uma mulher para ele acompanhar à mesa. Depois, formava-se um cortejo em direção à sala de jantar, liderado pelo anfitrião e a dama de maior destaque na ocasião.

A descrição, agora, baseia-se numa ceia oferecida pela duquesa de Guermantes, personagem da obra *Em busca do tempo perdido*, do romancista francês Marcel Proust (1871-1922). Os homens ofereciam o braço esquerdo às senhoras que lhes correspondiam, exceto os militares uniformizados. Por tradição, eles davam o direito. Necessitavam ficar com a mão esquerda livre para eventualmente sacar o espadim dependurado no lado oposto. A seguir, os donos da casa mostravam os lugares que cada um devia ocupar. Só não faziam isso caso existissem cartões indicativos com os nomes dos convidados. Os comensais sentavam em torno da mesa, alternando homens e mulheres. Geralmente os anfitriões ocupavam as duas extremidades. Na França, à esquerda deles se encontravam os convidados de honra – na Inglaterra era à direita. Mas a questão das precedências seguidamente se complicava. No caso de haver dois duques, por exemplo, os donos da casa só decidiam onde sentá-los após consultar tratados genealógicos, investigar seus direitos de antiguidade e datas dos títulos de nobreza. Os mais velhos tinham precedência.

"A essência do jantar era a conversa", diz Strong. "Funcionava segundo um princípio pendular, iniciando com o anfitrião a falar com a senhora à sua esquerda." Certas pessoas costumavam ser convocadas apenas porque animavam os encontros. Em Londres, Robert Browning (1812-89), um dos maiores poetas de seu tempo, tinha a fama de ser "uma das mais instrutivas e interessantes conversas ao jantar". Assuntos polêmicos precisavam ser evitados, como a religião e a teoria da evolução das espécies, em voga na época. Encerrada a sobremesa, a anfitriã convidava a dama de maior destaque para deixar o recinto. As outras mulheres faziam o mesmo. Então, os homens aproximavam as cadeiras, fumavam charuto, bebiam vinho do Porto ou conhaque – e a prosa esquentava. Finalmente, iam ao encontro das mulheres na sala de estar. Às 22h30 todos partiam. Nas semanas seguintes, os convidados retribuiriam com jantares festivos que já vinham sendo organizados. As banalidades da vida continuavam.

Peito de pato para o Brasil

(Receita preparada pelo *chef* Pascal Valero, de São Paulo, SP)

Ingredientes

150 g de feijão-fradinho
50 g de bacon
40 g de salsão
50 g de cebola
70 g de cenoura
800 g de peito de pato
200 g de foie gras
150 g de acerola
150 g de jabuticaba
óleo (para untar os peitos de pato)
sal e pimenta-do-reino moída na hora a gosto

Preparo

Lave bem o feijão-fradinho e coloque-o de molho em água, por aproximadamente 3 horas.

Troque a água e cozinhe o feijão com a cenoura, a cebola, o salsão e o *bacon*, até os grãos ficarem macios. Tempere com sal e pimenta.

Descarte os legumes e bata metade do feijão no liqüidificador, até obter um purê denso. Passe por uma peneira grossa e reserve. Reserve também os grãos de feijão cozidos.

Tempere os peitos de pato com sal e pimenta. Unte-os com óleo e grelhe-os dos dois lados, até ficarem com a pele bem crocante. Complete o cozimento no forno médio por 7 minutos.

Ferva a acerola com cerca de 1 xícara de água, por 30 minutos. Bata no liqüidificador e passe na peneira.

Em outro recipiente, repita o processo com a jabuticaba.

Corte o *foie gras* em 4 fatias e tempere com sal e pimenta.

Numa frigideira previamente aquecida, doure as fatias de *foie gras* dos dois lados.

Monte os pratos com os peitos de pato, o *foie gras*, o purê de feijão, os molhos de jabuticaba e acerola.

Finalize com os grãos de feijão-fradinho e sirva imediatamente.

Rendimento: 4 porções.

Zola, a comida a serviço do naturalismo

Quando passou a colocar em prática as suas concepções literárias, o romancista parisiense Émile Zola (1840-1902), principal autor do naturalismo francês – a escola literária que, baseada em preceitos científicos, procurou reproduzir a realidade com a maior exatidão possível, incluindo as deformações físicas e morais –, foi qualificado de escritor pornográfico. No romance *Nana*, por exemplo, ele daria motivos à má fama. O livro escandalizou os franceses pela crueza com que descreve o sistema imposto às prostitutas parisienses. Zola se valeu do enredo para mesclar conceitos de sociedade, comportamento, violência, tragédia, determinismo genético e medicina. Sob o pretexto de prevenir o alastramento da sífilis, a polícia podia detê-las e realizar exames ginecológicos compulsórios. Nana é uma mulher promíscua que domina a vida parisiense. Entrega-se indistintamente a homens ricos e pobres, jovens e velhos. Acometida pela varíola, tem a beleza destruída. Acaba sozinha, miserável e rejeitada.

Zola escreveu uma longa série de romances de conteúdo seguidamente brutal, mas vigoroso. Dois outros livros exemplares são *L'Assommoir* (A taberna) e *Germinal*. Ambos se caracterizam pelo realismo exacerbado e uma exuberância de estilo às vezes demasiada. O primeiro gira em torno de um operário alcoólatra; o outro fala da vida dos mineiros, tendo como cenário uma greve. O escritor ainda ficou conhecido pela escancarada defesa de um oficial judeu, Alfred Dreyfus, processado pelos superiores por espionagem a serviço da Alemanha. Sem rodeios, publicou no jornal *l'Aurore* a carta aberta "Eu acuso", dirigida ao presidente da República, na qual sustenta que os generais franceses falsificaram provas contra o réu.

Condenado a um ano de prisão, por injúria, Zola se exilou em Londres e só regressou depois que o processo foi reaberto. Morreu em Paris, enquanto dormia, juntamente com a mulher, em 1902, asfixiado pelo monóxido de carbono emanado por uma chaminé. Não chegou a ver o Supremo Tribunal anular, quatro anos depois, o segundo e derradeiro processo contra Dreyfus.

Nascido na capital francesa, em 1840, o futuro escritor mudou pequeno para a região da Provença, acompanhando o pai, um engenheiro italiano, e a mãe, natural da Borgonha. O tempo em que morou na cidade histórica de Aix-en-Provence, fundada pelos romanos em 103 a.C., repleta de relíquias centenárias, e terra natal do pintor impressionista Paul Cézanne, foram marcantes para a sua formação literária e gastronômica. O jovem Zola nunca esqueceu que comia ali "pão molhado no azeite e esfregado no alho". Sentia saudade dos fortes molhos regionais, especialmente do *pistou*, à base de manjericão, cuja receita, aparentada com o *pesto* italiano, provavelmente foi introduzida no sul da França pelos romanos. Serve para temperar peixe, cordeiro e uma sopa típica à base de feijão branco. Os aromas e sabores da Provença se fixaram em sua memória gustativa.

Com a morte do pai, em 1858, Zola voltou a Paris, onde enfrentou dificuldades financeiras até o sucesso como escritor. No início, chegou a passar fome. Henriette Parientè e Geneviève de Ternant, na obra *La fabuleuse histoire de la cuisine française* (Paris: Éditions O.D.I.L., 1981), acreditam que, nas suas obras, ele procurou compensar essa agrura do passado.

"Seus personagens comem todos os tipos de caldos, da sopa de cebola ao *consommé à la Deslignac*", observam as autoras. Efetivamente, alimentam-se de uma infinidade de entradas, legumes, saladas, galantinas, omeletes, tortas, massas, peixes e carnes. Os pratos são prevalentemente mediterrâneos. As descrições do escritor se revelam tão minuciosas que sugerem os aromas naturais. Henriètte e Geneviève destacam a presença do vinho em vários momentos da obra de Zola. Mas ressalvam que, de maneira geral, a bebida não desfruta da mesma importância atribuída à comida. "No romance *L'Assommoir*

(A taberna), os trabalhadores se gratificam com vinho ordinário, embriagam-se por qualquer coisa, qualquer grevezinha", observam elas.

Obviamente, a precisão dos detalhes culinários de Zola não se deve apenas ao conhecimento amealhado no tempo vivido ao sul da França. No período de fartura, ele freqüentou restaurantes em Paris, alguns especializados em comida provençal, em moda na cidade, juntamente com os amigos e escritores Alphonse Daudet, Edmond de Goncourt e Gustave Flaubert. Aproveitava para ouvir confidências e mexericos que usaria nas descrições dos ambientes aristocráticos e das alcovas das cortesãs. Não chegou a ser um gastrônomo tão notável quanto o romancista Alexandre Dumas e o compositor Gioacchino Rossini, por exemplo. Mas, aos poucos, tornou-se mais exigente à mesa. Um de seus biógrafos notou que, paradoxalmente, no início da carreira Zola criticava o comportamento dos freqüentadores dos grandes banquetes aristocráticos; mais tarde, procurou imitá-los, assimilando seus tiques.

Pistou

Ingredientes

6 dentes de alho

2 ramos grandes de folhas de manjericão

100 g de queijo parmesão ralado na hora

50 ml de azeite de oliva

pimenta-do-reino preta moída a gosto

1 pitada de sal marinho

Preparo

Descasque e pique finamente os dentes de alho. Coloque-os num almofariz e pise-os, juntando uma pitada de sal.

Corte as folhas do manjericão em tiras finas e adicione-as ao alho, no almofariz. Pise tudo, até obter uma pasta homogênea.

Adicione o queijo, tempere ligeiramente com pimenta e mexa bem. Sem parar de mexer, incorpore o azeite, primeiro em gotas, depois num fio fino, até obter uma pasta homogênea.

Rendimento: 6 porções.

As codornas de Sarah Bernhardt

Críticos e fãs dizem que nunca houve uma atriz como a francesa Sarah Bernhardt (1844-1923). Tinha uma voz extraordinária, a dicção perfeita, a beleza estonteante e uma arrebatadora presença no palco. O corpo sensual e o olhar insinuante a habilitavam aos papéis sedutores. Mas Sarah era uma atriz completa. Saía-se igualmente bem nas interpretações da alegria, do ódio, da dor e, sobretudo, da agonia da morte, encarnando nessas cenas, segundo sua definição, "toda uma enxurrada de patologias". Introduziu um estilo revolucionário na arte cênica. Em vez da afetação, privilegiava a naturalidade. Rompeu com o passado teatral, no qual os atores declamavam um texto e faziam gestos forçados. Antes de subir no palco, investigava a psicologia do personagem que representaria. Estudava sua personalidade, caráter, emoções e entonação da voz. Viveu plebéias e rainhas, arrancando aplausos de multidões pelo mundo afora, inclusive no Brasil.

Registrada como Henriette Rosine Bernard, Sarah era filha de uma mulher chamada Julie ou Youle, de origem holandesa, a quem os solavancos da vida instalaram na capital francesa e tornaram prostituta de luxo. A mãe teve outras filhas, todas com homens desconhecidos. A atriz nunca soube ao certo a identidade de seu pai biológico, embora alguns autores digam que se chamava Edouard Bernard: quando estudante, em Paris, ele efetivamente se envolveu com Julie; mais tarde, foi tabelião no porto do Havre.

Como a presença de uma criança interferia na ocupação da mãe, ela enviou a filha à Bretanha, onde a futura estrela passou os primeiros quatro

anos de vida aos cuidados de uma preceptora. Não por acaso, a menina aprendeu a falar na língua da região. Anos depois, traduziu o sobrenome para o bretão: em vez de Bernard, passou a assinar Bernhardt. Aos quatro anos, sofreu um grave acidente. Caiu de uma janela e feriu o joelho direito. Então, voltou a Paris para ser cuidada pela mãe, mas por tempo limitado. Aos sete anos foi internada numa escola feminina nos arredores de Paris; aos nove mudou para um convento perto de Versalhes, onde atuou na primeira peça teatral, *Tobias recupera a visão*, escrita por uma das religiosas. Ali se converteu ao catolicismo, pois era judia. Foi batizada e fez a primeira comunhão em 1856.

Envolvida pelo misticismo do convento, cogitou ser monja. Contava apenas quinze anos. A mãe não só ficou contrariada com a inclinação da filha como tentou desviá-la para o mundo galante, a fim de que também ganhasse a vida como prostituta de luxo. Entretanto, influenciada pela educação conventual, a jovem não lhe quis obedecer. Entre os clientes de Julie figurava o duque de Morny, meio-irmão do imperador Napoleão III. Penalizado com a situação de Sarah e percebendo sua vocação teatral, sugeriu que se inscrevesse no Conservatório de Música e Declamação de Paris.

Graças ao prestígio do duque de Morny, ela se matriculou na instituição em 1859. Com o mesmo padrinho, ingressou na Comédia Francesa, debutando no ano de 1862 em *Iphigénie*, de Jean Racine. Seria exaustivo citar os vários papéis que desempenhou. Em 51 anos de vida artística, atuou em 66 peças e dez filmes. O começo foi difícil. Nos primeiros meses de 1864, Sarah conheceu um dos amores de sua vida, o marechal austríaco Charles-Joseph Lamoral, príncipe de Ligne. Com ele manteve uma relação fugaz e apaixonada. Quando engravidou, o príncipe de Ligne a abandonou. No final do ano, deu à luz seu único filho, Maurice Bernhardt.

Preocupada com a silhueta, Sarah comia pouco. Mas cultuava o prazer da mesa. Conhecia profundamente a cozinha francesa clássica. Oferecia banquetes requintados em sua residência de Paris. Escolhia pessoalmente o cardápio. Provava cada prato antes de ir à mesa. Se algum não estava ao seu gosto, repreendia o cozinheiro. Auguste Escoffier (1846-1935), o *chef* que revolucionou não apenas a cozinha francesa, mas a própria culinária ocidental, autografou-lhe sua obra-prima, *Le guide culinaire*, expressando "admiração fervorosa". Nos jantares e almoços oferecidos por Sarah os convidados sempre comiam e bebiam bem. Ela mandava servir destilados, fermentados e licores. Mas sua bebida predileta era o champanhe Veuve Clicquot. Admirava a senhora que dava nome à marca. Barbe-Nicole Ponsardin, a célebre Veuve Clicquot, tinha 27 anos, em 1805, quando o marido morreu. Assumiu o comando da empresa, aperfeiçoou o champanhe e favoreceu o seu sucesso internacional.

Não é mera coincidência que o nome da grande atriz seja evocado em várias receitas populares. Uma delas é o coquetel Sarah Bernhardt, à base de vermute, Cherry Brand e vinho branco. Outra são as cotovias recheadas e assadas à Sarah Bernhardt, logo substituídas por codornas, porque a homenageada apreciava a carne dessa ave. Uma terceira são os *cookies* Sarah Bernhardt, criados por um fã, confeiteiro dinamarquês. A atriz freqüentava restaurantes, mas detestava pagar a conta. Acabando de comer, levantava e ia embora sem pôr a mão na carteira. Um repórter perguntou ao dono de um estabelecimento próximo ao Teatro Sarah Bernhardt, antigo Teatro das Nações, em Paris, se procediam os comentários de que a atriz não pagava as refeições. "É verdade", disse o proprietário. "Ela jamais me ofereceu dinheiro. Mas eu também não lhe cobro a despesa."

Codornas à Sarah Bernhardt

Ingredientes

8 codornas

marinada (1/2 litro de vinho branco, 50 ml de azeite de oliva, 1 cebola fatiada, 3 dentes de alho fatiados, 1/2 maço de salsinha com os talos, 1/2 maço de cebolinha-verde)

150 g de carne de frango moída

croûtons *(cubos de pão torrados) umedecidos no leite o quanto baste*

uvas-passas o quanto baste

lâminas de bacon *o quanto baste*

raminhos de alecrim a gosto

manteiga (para untar)

sal e pimenta-do-reino moída a gosto

Preparo

Limpe as codornas e coloque-as de molho na marinada, por cerca de 4 horas, virando-as seguidamente nos temperos. Retire-as e tempere-as por dentro e por fora com sal e pimenta. Unte-as com manteiga.

Escorra os *croûtons* e misture-os com a carne de frango, as uvas-passas e o alecrim. Tempere com sal e pimenta.

Recheie as codornas com essa mistura, feche-as e envolva-as com tiras de *bacon*.

Asse-as no espeto, virando-as de todos os lados.

Rendimento: 4 porções.

Isabel, a princesa do Brasil

Desde que casou com francês conde d'Eu, a princesa imperial brasileira Isabel de Bragança e Bourbon, nascida a 29 de julho de 1846, convidava toda terça-feira o pai, imperador Pedro II, para almoçar na sua residência. Além disso, visitava-o de dois em dois dias. Eram oportunidades para a herdeira do trono reforçar os vínculos emocionais com Sua Majestade, completar a educação política e ambos trocarem idéias sobre a condução do país. Nenhum cometia excessos à mesa, repetindo a postura sóbria observada nas vidas privada e pública.

Na casa das Laranjeiras, logo denominado Paço Isabel, o atual palácio Guanabara, no Rio de Janeiro, a princesa Isabel mandava fazer pratos à base de peixe, miúdos, embutidos, carne ovina e bovina, segundo receitas brasileiras, portuguesas e francesas, estas em voga na época. Quando chamava as amigas para um chá, servia confeitos, docinhos e bolo. Encontravam-se em moda na corte o *Gâteau Victoria* e o *Gâteau manioc*, sempre com os nomes em francês, língua considerada "chique". Nunca se falava bolo. Dizia-se *gâteau*. Assim como se chamava mandioca de *manioc*.

D. Pedro II era mais frugal, apreciava sobretudo as sopas. Às terças-feiras, a filha lhe oferecia quase sempre canja, o prato favorito do imperador, elaborada com carne de galinha ou macuco. Na sobremesa, ambos comiam doces de ovos ou sorvete, geralmente de pitanga. A bebida era sem álcool: água com açúcar ou limonada.

Segundo o historiador inglês Roderick J. Barman, autor do livro *Princesa Isabel do Brasil* (São Paulo: Editora Unesp, 2003), a herdeira do trono e o conde d'Eu passaram a receber em casa, a partir de 1867, nas noites de segunda-feira, por duas horas, políticos importantes, diplomatas estrangeiros e intelectuais conhecidos. "Ocasionalmente, também davam recepções maiores às segundas-feiras, com jantar, orquestra e dança, às quais convidavam de oitenta a cem pessoas", conta Barman. "Por vezes, essas festas apresentavam programas musicais, com os convidados a cantarem as partes vocais de *Don Giovanni*, de Mozart, e *Fausto*, de Gounod". Entretanto, os pratos só eram mais requintados quando o protocolo mandava. Luís da Câmara Cascudo, na obra *História da alimentação no Brasil* (São Paulo: Global Editora, 2004), refere-se a uma dessas recepções, oferecida em 1883, ao príncipe Henrique, filho do herdeiro do Império Alemão, à qual compareceram 500 pessoas. Transcorreu no atual palácio Guanabara. O banquete iniciou-se às 17 horas e encerrou-se às 19h30. O cardápio, obviamente escrito em francês, tinha pastéis de *foie gras*, *consommé royal*, *purée de choux-fleurs à la crème*, garoupa cozida *à la chambord*, pato selvagem em *aspic*, *filet à la Richelieu* e doces variados, bem como vinhos e licores finos. Encerrada a refeição, dançou-se bastante.

Herdeira do trono aos onze meses de idade, após o falecimento prematuro de seu irmão mais velho, o príncipe Afonso, e tendo sobrevivido ao príncipe Pedro, segundo filho homem de Pedro II, nascido depois dela, a princesa Isabel foi educada na escola severa do pai. Notas fiscais de compras em açougues e armazéns de secos e molhados, guardadas no Arquivo Nacional do Rio de Janeiro e no Museu Imperial de Petrópolis, documentam a simplicidade dos ingredientes da cozinha imperial. Uma das raras extravagâncias gastronômicas aconteceu na organização do banquete de 15 de outubro de 1889, em que ela comemorou as bodas de prata com o conde d'Eu. Afinal, as circunstâncias exigiam. O evento ocorreu no Paço Isabel e foi registrado com os seguintes detalhes na *História da alimentação no Brasil*, de Câmara Cascudo: "Presença do imperador e da imperatriz. Jantar íntimo, sem registros indiscretos. À noite, baile no Cassino Fluminense. Imperadores e altezas chegam antes das 10 horas. 800 pessoas comparecem. Corpo Diplomático. Ministério. Oficialidade. *High life*, como se dizia, enchendo os salões". A prestigiada Confeitaria Castelões, no centro do Rio de Janeiro, forneceu o *buffet*. Obviamente, o cardápio era em francês. Entre as atrações, encontravam-se os inevitáveis *Gâteau manioc* e *Gâteau Victoria*.

Mulher elegante, educada, generosa, inteligente e culta; versada em história, geografia, literatura, matemática, botânica; fluente em francês, inglês e alemão, a princesa Isabel teria sido uma grande imperatriz se o marechal Manuel Deodoro da Fonseca não derrubasse a monarquia e proclamasse a República a 15 de novembro de 1889, tornando-se o primeiro presidente do país e fazendo um governo tão ruim e tumultuado que sequer conseguiu terminar.

Três vezes a princesa Isabel assumiu a regência do Império Brasileiro, substituindo o pai nas viagens dele ao exterior, por sinal custeadas com o dinheiro do próprio bolso. Em duas tomou decisões que inscreveram seu nome entre os benfeitores da humanidade. Na primeira, assinou a 28 de setembro de 1871 a Lei do Ventre Livre, livrando da escravidão os filhos dos negros nascidos a partir daquela data. Na última, sancionou a 13 de maio de 1888 a Lei Áurea, que baniu para sempre do Brasil a sórdida instituição da escravatura.

A princesa Isabel casou em 1864 com o conde d'Eu e teve três filhos com ele: Pedro de Alcântara, Luís Maria e Antônio. Morreu exilada na França, a 14 de novembro de 1921, no castelo d'Eu, perto de Dieppe, na Normandia, sem realizar o sonho de rever a pátria amada, da qual partira "com o coração partido de dor", conforme sua nota de despedida que assinou a 16 de novembro de 1889. No dizer de um biógrafo, fechou para sempre "aqueles olhos cheios de lembranças do Brasil". Nos tempos em que vivemos, a princesa Isabel e D. Pedro II seriam considerados personagens de ficção, criados pela fantasia de um povo desiludido com os falsos salvadores do Brasil.

Gâteau Victoria

Ingredientes

125 g de manteiga em temperatura ambiente

125 g de açúcar

3 ovos

250 g de farinha de trigo peneirada

2 colheres (café) de fermento em pó peneirado

150 g de geléia de morangos, aproximadamente

1 pitada de sal

açúcar de confeiteiro (para polvilhar)

manteiga (para untar)

farinha de trigo (para polvilhar)

Preparo

Bata a manteiga com o açúcar, na batedeira, até obter um creme. Junte os ovos, um a um, batendo após cada adição. Incorpore a farinha de trigo, o fermento, o sal e bata em velocidade baixa, por 30 segundos. Aumente a velocidade e continue batendo até obter uma massa cremosa e homogênea.

Divida a massa em duas fôrmas (tipo para bolo inglês) untadas e enfarinhadas. Ou, se preferir, coloque numa só fôrma e corte o bolo ao meio na hora de rechear com a geléia.

Asse em forno preaquecido a 180°C, por cerca de 20 minutos.

Depois de frio, desenforme, passe a geléia em um dos bolos, cubra com o outro e sirva polvilhado com açúcar de confeiteiro.

Rendimento: 6 a 8 porções.

A rainha que virou *pizza*

Os paulistanos têm compreensível orgulho da *pizza* feita em sua cidade. É realmente extraordinária, sobretudo em casas como Avanhandava 34, Bráz, Camelo, Jardim di Napoli, Primo Basilico, Speranza e Veridiana. Entretanto, muitos visitam Roma, Florença, Milão, Veneza ou outras cidades do centro-norte da Itália, saboreiam a *pizza* e voltam espalhando um engano. Segundo eles, a de São Paulo seria a melhor do mundo. Esse juízo se apóia em uma desinformação. Na Itália, a verdadeira pizza é uma especialidade típica do sul, particularmente de Nápoles. O centro e o norte jamais se notabilizaram pela preparação, assim como Recife, Fortaleza, Belém e Manaus nunca tiveram o melhor churrasco do Brasil. Quem duvidar da superioridade da *pizza* napolitana precisa ir até lá para comprová-la, comendo a que sai do forno prodigioso da Ciro a Santa Brígida e, sobretudo, da elaborada na célebre Brandi, estabelecimento fundado em 1780. No segundo caso, além de constatar o equívoco, prestará uma homenagem histórica. A Brandi pertenceu ao casal Raffaele Esposito, apelidado Naso 'e Cane (Nariz de Cachorro), e Maria Giovanna Brandi. Eles são apontados como inventores da Margherita, a receita de *pizza* mais conhecida internacionalmente, embora alguns autores acreditem que apenas lhe deram o acabamento definitivo. Funciona até agora no mesmo endereço. Só trocou de nome. Chamava-se Pietro... e basta così; atualmente, denomina-se Brandi ou, então, Antica Pizzeria della Regina d'Italia. O dono é Vincenzo Pagnani.

Esposito foi convocado pela rainha Margherita di Savoia (1851-1926), que se encontrava em visita à cidade, hospedada na imponente Reggia (palácio real) di Capodimonte. A soberana havia recebido informações sobre a habilidade do *pizzaiolo*, transmitidas por uma dama de companhia napolitana. No dia 11 de junho de 1889, Naso 'e Cane preparou o jantar para Margherita e seu marido Umberto I, reis da Itália. Chegou à Reggia a bordo de uma carrocinha puxada por burro, levando todos os ingredientes. Apresentou três versões de *pizza*: uma branca com azeite, queijo e manjericão; outra com *i cecenielle* (diminutos peixes do mar); e a terceira levava tomate, *mozzarella* e manjericão, as cores da bandeira italiana. A rainha e o rei adoraram. O branco era representado pelo queijo; o vermelho vinha do tomate; o verde do manjericão. A soberana provou cada *pizza* e preferiu a tricolor. Por isso, Naso 'e Cane batizou sua obra-prima com o nome dela.

Nápoles não faz por acaso a melhor Margherita do mundo – e qualquer outra *pizza*. A qualidade de suas matérias-primas – farinha de trigo, tomate e *mozzarella* – é imbatível. Ao mesmo tempo, segue regulamentos inexistentes nas demais latitudes. Na capital da Campanha vigoram dois tipos de Margherita. Uma é a *napoletana STG/Specialità Tradizionale Garantita* (*fior di late Appennino meridionale*, ou seja, *mozzarella* de vaca e manjericão fresco); outra, a *napoletana extra STG* (*mozzarella di bufala campana*, manjericão e tomate frescos). São assadas em forno a lenha a uma temperatura de 485°C e cabem num prato com 28 a 29 centímetros de diâmetro – se o diâmetro ultrapassar 30 centímetros, são consideradas "alienígenas". Nenhuma valoriza demais a "cobertura". Ambas equilibram primorosamente a trindade massa-molho-queijo. Talvez os paulistanos estranhem a pouca quantidade de queijo, abundante por aqui, às vezes demasiada. Quanto ao molho, poderão considerar excessivo. É feito com tomates frescos da variedade San Marzano, com muita polpa, poucas sementes e uma doçura inigualável. A *mozzarella*, procedente da vizinha Caserta, apresenta-se delicada e irregularmente distribuída sobre o disco. Enfim, as folhas de manjericão são mais tenras e de sabor envolvente. No Brasil, o tipo mais próximo seria o manjericão gigante. As palavras adequadas para descrever a *pizza* napolitana não são maciez, suavidade ou leveza – embora ela ostente esses predicados. Só o vocábulo italiano *morbidezza* a define com exatidão. Não chega à mesa crocante, nem "pesada". É simplesmente *morbida*. A borda alta (*cornicione*) adquire um dourado intenso depois de 60 a 90 segundos apenas no forno. Por último, antes de ser consumida, recebe um toque de legítimo azeite extravirgem. Vai ser difícil aparecer uma *pizza* que ameace o seu primado.

Quanto à rainha Margherita, era uma mulher fascinante. O povo a adorava. Todos admiravam suas roupas luxuosas, jóias raras, cultura e dedicação às obras assistenciais. Seu magnetismo também atraía os europeus em geral. Irradiava um *glamour* equivalente ao que envolveu Grace Kelly, de Mônaco; Jacqueline Kennedy, dos EUA; e Lady Di, da Inglaterra. "Vós beijareis a mão da rainha Margherita; eu vos invejo", afirmou o imperador Guilherme I, da Alemanha, em 1883, no telegrama enviado ao filho que seria recebido no dia seguinte na corte de Roma. Filha de Ferdinando di Savoia e Maria Elisabetta di Sassonia, casou acidentalmente com o primo Umberto I, em 1868, quando ele ainda não subira ao trono. Anos antes, o pai do futuro rei, Vittorio Emanuele II, acertara a união do filho com Matilde de Habsburgo-Lorena, filha do arquiduque Alberto, da Áustria. O matrimônio tinha interesse político. Consolidaria o novo pacto de amizade entre a Itália e a Áustria.

"Mas a bela Matilde tinha o vício de fumar e, naturalmente, fazia isso escondido", conta Sandro Doglio, no livro *La storia in un Bicchieri* (Alba: Daumerie Editrice, 1988). "Uma noite, procurando ocultar o cigarro da governante, incendiou a levíssima roupa de dormir e morreu tragicamente queimada pelas chamas". Quando Vittorio Emanuele II novamente decidiu casar o filho e herdeiro do trono, escolheu Margherita, prima do rapaz, uma jovem de apenas 16 anos. O casal se dava bem, apesar das constantes infidelidades do marido. Umberto I herdara do pai o grande interesse pelas mulheres e a obsessão pela caça. "Depois de cada aventura, quase para se fazer perdoar (ou para compensá-la), presenteava a esposa com um colar de pérolas", informa Doglio. Ela usava o mimo por vaidade e para disfarçar o pescoço comprido. O rei assediava nobres e plebéias, ricas e pobres. Segundo os biógrafos, apaixonou-se verdadeiramente pela duquesa Eugenia Bolognini-Litta, mulher de enorme influência em sua vida.

Todas as refeições reais, incluindo as privadas, eram formais. No livro *Alla corte di re Umberto* (Milão: Rusconi, 1987), com base no diário secreto do general Paolo Paulucci, ajudante-de-campo do soberano, e organizado por Giorgio Calcagno, há notícias sobre os almoços cotidianos no palácio. Com ou sem convidados à mesa, o serviço era coordenado por um mordomo de fraque que ficava atrás de Umberto I; havia dois outros menos graduados vestindo redingotes; quatro copeiros em roupas vermelhas; e dois criados envergando librés. O primeiro controlava os demais e servia exclusivamente ao rei. O cardápio incluía saladas generosas, sobretudo de cogumelos, eventualmente peixes e frutos do mar fritos, sempre massas com molhos variados e abundantes carnes assadas. Antes da sobremesa, nunca faltava abacaxi.

Iniciava-se a comer quase sempre na companhia de champanhe gelado. A seguir, bebia-se um tinto de Bordeaux, um Chianti ou um Barolo, o vinho predileto da família real, sobretudo do falecido rei Vittorio Emanuele II e de seu neto, o futuro Vittorio Emanuele III, único filho de Umberto I e Margherita. A rainha comia bem, embora evitasse cometer excessos calóricos. Só abria exceção para a *pizza* que conheceu em Nápoles e contribuiu para introduzir na mesa dos nobres e aristocratas, pois até então era comida do povo pobre. Enquanto isso, o rei desprezava a moderação à mesa, recomendada pelo protocolo e por seu apreensivo médico particular. O general Paulucci chegou a flagrá-lo trocando o desjejum frugal por um faisão assado, acompanhado de *crostini* e uma jarra de vinho Barolo. Um biógrafo comentou que, na maioria das refeições, Umberto I se atracava à comida com o mesmo ímpeto de quem interrompia um longo período de jejum.

Pizza Margherita napolitana extra STG (*)

Ingredientes

Massa

2 kg de farinha de trigo italiana tipo "00"

1 litro de água

50 g de sal

3 g de lievito di birra *italiano (levedura de cerveja especial, encontrada em casas de alimentos importados)*

Cobertura

mozzarella di bufala campana DOP *(originária da região da Campanha, onde se encontra Nápoles), manjericão fresco, tomates frescos*

Preparo

Massa

Em 1 litro de água, acrescente 50 g de sal, 3 g de levedura de cerveja especial e cerca de 10% do total de farinha. A farinha deve ser colocada gradualmente e a massa deve ser bem sovada, até resultar macia e elástica, sem ficar pegajosa.

Se a massa for batida à máquina, a operação deve durar cerca de 10 minutos. Se for à mão, cerca de 20 minutos.

Levedação

Para a primeira levedação, cubra a massa com um pano úmido e deixe-a repousar por 2 horas.

Retire uma porção de massa levedada e dê a essa porção a forma de uma pequena bola (*panneto*), que deve ter entre 180 e 250 g.

Para a segunda levedação, coloque a massa em caixas para alimentos e deixe levedar por cerca de 4 a 6 horas. Passado esse tempo, ela estará pronta para ser utilizada.

Elaboração do disco de *pizza*

Com um movimento do centro para a parte externa, e com a pressão dos dedos das duas mãos, faça um disco de massa com cerca de 35 cm de diâmetro, de modo que na parte central a espessura não seja superior a 0,3 cm e na borda não ultrapasse entre 1 e 2 cm, formando assim o *cornicione*.

Cobertura e finalização

Asse exclusivamente em forno a lenha, no qual se atinge uma temperatura de 485°C, essencial para obter a *pizza* napolitana.

Coloque os ingredientes da cobertura sobre a *pizza* e asse de maneira uniforme por, no máximo, 60 a 90 segundos.

Depois do cozimento, a *pizza* se apresentará com as seguintes características: o tomate, perdida a água, ficará denso e consistente; a *mozzarella di bufala campana DOP* ficará fundida à superfície da *pizza* e o manjericão exalará um intenso aroma, sem resultar queimado.

Rendimento: cerca de 6 discos.

(*) A sigla STG significa Specialità Tradizionale Garantita e indica que a receita desta pizza *foi padronizada e se encontra tutelada pela Comunidade Européia. Protege as especialidades alimentares e agrícolas que têm uma "especificidade" ligada ao método de produção ou à tradição de uma zona.*

O pato e o vinho do La Tour D'Argent

Alguns restaurantes do mundo conquistaram fama mais pelo preparo de uma receita solitária do que pelo cardápio inteiro. Com ela atraem uma legião intermitente de fregueses. Mas nenhuma receita conquistou tanto prestígio e *glamour* internacionais para sua casa quanto o *canard à la presse* (pato prensado), também chamado de *canard au sang* (pato ao sangue). Elaborado pelo La Tour D'Argent, de Paris, virou a grande atração do restaurante, um dos mais antigos do mundo, fundado no final do século 16 e localizado no coração histórico da capital francesa. É servido ali desde 1890, cumprindo um ritual invariável: as porções do pato chegam à mesa malpassadas, debaixo de um molho ferrugem e acompanhadas de um número, como as litografias dos artistas plásticos. Assim, sabe-se que o *canard à la presse* 33.642 foi saboreado pelo presidente norte-americano Theodore Roosevelt; o 53.211, pelo imperador Hiroito, do Japão; o 185.387, pela rainha Elizabeth, da Inglaterra: o ator Charles Chaplin comeu o 253.652; a princesa Grace de Mônaco o 496.516; o jogador de futebol Ronaldo Fenômeno o 908.683. Até às 12h20 de 26 de abril de 2005, o La Tour D'Argent já havia preparado 1.027.863 patos.

A idéia de numerar o *canard à la presse* foi um truque usado por Frédéric Delair, inicialmente *maître* e, depois, diretor do estabelecimento. Queria oferecer à clientela uma atração diferente. Delair comandava o cerimonial do pato. Ladeado por dois ajudantes, executava solenemente a receita. Manuseava a ave com destreza e cadência. Vestia-se sempre com elegância. Usava óculos metálicos com lentes pequenas e ovais, barba grisalha que caía em tufos das bochechas, e um impecável redingote (casaco largo e comprido até os joelhos). Os clientes ficavam extasiados ao contemplar a exibição. O poeta e pintor Jean Cocteau chamava Delair de "Henrik Ibsen do pato-selvagem", referindo-se à semelhança física com o dramaturgo e poeta norueguês. O escritor e jornalista Léon Daudet afirmava que ele manuseava a ave "como Claude Monet pintava".

O pato numerado deu uma notoriedade extraordinária ao já famoso La Tour D'Argent. Até hoje, quem o saboreia jamais esquece. Mas, segundo a prestigiada enciclopédia francesa *Larousse gastronomique* (*op. cit.*), a receita do *canard à la presse* não surgiu na casa. Foi criada no início do século 19, por um *restaurateur* chamado Méchenet, que trabalhava em Rouen, capital da Normandia histórica, a cidade onde Joana d'Arc foi queimada na fogueira. Ainda agora a preparam ali, com o nome ampliado. Batizaram-na de *caneton rouennais à la presse*. O acréscimo se explica. A receita local manda usar *caneton*, o pato jovem. Quanto ao qualificativo *rouennais*, refere-se a uma raça de pato com a carne mais avermelhada e macia.

Há bastante tempo o La Tour D'Argent se notabiliza pela excelente comida, embora o respeitado *Guide Michelin* já não concorde com essa opinião. Há dez anos, concedia-lhe três estrelas. Em 2006, porém, atribuiu-lhe apenas uma. No início do século 17, sentado em uma das mesas do La Tour D'Argent, o rei francês Henrique IV aprendeu a usar o garfo. Na mesma época, o duque de Richelieu ofereceu no restaurante um banquete para quarenta convidados. Mandou preparar um boi inteiro de trinta maneiras diferentes. Como encerramento, teria oferecido aos presentes uma novidade na França: o café.

A fase áurea do *canard à la presse* aconteceu na *belle époque* – o período de graça e elegância iniciado em 1890, em conseqüência do progresso industrial, comercial e cultural, com epicentro internacional em Paris, encerrado em 1914 com a barbárie da Primeira Guerra Mundial. Note-se uma coincidência. Foi em 1890 que Delair começou a numerar o pato. Entretanto, antes e depois dele, outra grande atração do La Tour D'Argent tem sido a sua monumental adega.

Em 1916, André Terrail, seu novo proprietário, que dois anos antes casara com a filha do dono do extinto Café Anglais (1802-1913), cuja mulher recebera de presente do pai raríssimas garrafas de vinho pertencentes ao acervo daquele restaurante, tomou uma iniciativa aplaudida. Enriqueceu a adega do La Tour D'Argent com a preciosa coleção da mulher. Apreciador da melhor bebida do mundo, seguiu ampliando o acervo de jóias francesas. Atualmente, são 500 mil garrafas. Muitas procedem da região de Bordeaux. O vinho mais antigo é um Château Citran 1858. A seu lado se encontra um Château Siran 1865. Acima descansa um Château Gruaud-Larose 1870. Na seção dos vinhos brancos doces, distingue-se um Château d'Yquem 1871. Mas, como assinalam os administradores do La Tour D'Argent, o forte da adega são os tintos da Bourgogne, destacando-se um Chambertin 1865, um Clos de Vougeot 1870 e um Romanée 1874.

Todas essas relíquias, acrescidas de garrafas da safra de 1867, a favorita de Terrail, foram escondidas dos nazistas durante a ocupação de Paris, na Segunda Guerra Mundial. A 12 de maio de 1940, um mês antes de as tropas alemãs invadirem a capital francesa, seu filho Claude, ajudado por Gaston Masson, gerente do La Tour D'Argent, ergueu uma parede e ocultou atrás dela os melhores brancos e tintos. "Com tanto vinho (...), logo ficou óbvio que não poderiam esconder tudo, de modo que se resignaram a escolher 20 mil das garrafas realmente melhores, especialmente as de 1867", contam Don e Petie Kladstrup, no interessante livro *Vinho & guerra* (Rio de Janeiro: Jorge Zahar Editor, 2002). Entre os nazistas se perfilava um apreciador da bebida, o criador da Gestapo, marechal do III Reich e ministro da aviação, Hermann Göring. A primeira coisa que fez foi ir ao La Tour D'Argent para conhecer a adega. "Quero ver especialmente as garrafas de 1867", avisou ao chegar. O gerente explicou que elas já haviam sido bebidas, mas não convenceu. Os autores de *Vinho & guerra* contam que Masson, para evitar ser acusado de esconder as garrafas, levou Göring e um grupo de militares até o tesouro, situado cinco andares abaixo. Por mais de duas horas os nazistas mexeram nos vinhos, sem encontrar nenhum de 1867. Entretanto, não saíram de mãos vazias. Confiscaram as 80 mil garrafas que localizaram. Deixaram o La Tour D'Argent exultantes. Masson, ao contrário, permanecia sério, embora interiormente se divertisse. Havia conseguido passar a perna no tenebroso Göring.

Canard à la presse

(pato prensado)

Ingredientes

2 patos com cerca de 2 kg cada (reserve os fígados crus)

100 g de manteiga

2 cebolas em pedaços

2 cenouras em pedaços

1 amarrado de salsinha, louro, tomilho, alecrim, salsão, alho-poró

200 ml de caldo de pato (prepare o caldo com cenoura, cebola, alho, tomate, salsinha, cebolinha-verde, salsão e pedaços do pato como pescoço, asas, ossos e outros)

o sangue que escorre dos patos ao serem cortados

100 ml de vinho tinto

4 colheres (sopa) de conhaque

sal e pimenta-do-reino moída na hora a gosto

Acompanhamento

purê de batatas bem cremoso

Preparo

Corte os patos pelas juntas e apare o sangue que sair.

Tempere os pedaços de pato com sal e pimenta-do-reino.

Coloque a manteiga em uma assadeira grande, deposite os pedaços de pato e leve-os ao forno quente por 10 minutos. Retire e reserve as carcaças.

Escorra a gordura da assadeira e junte aos pedaços de pato, na assadeira, as cebolas, as cenouras e o amarrado de temperos. Asse por mais 35 minutos e retire do fogo. Grelhe um pouco mais as coxas do pato, se for necessário, lembrando porém que ele deve ser servido malpassado.

Coloque as carcaças na prensa junto com os fígados crus. Na falta de uma prensa específica, quebre bem as carcaças, de modo que se adaptem ao espremedor de batatas e esprema bem. Passe em peneira fina. Deposite o caldo dos ossos em uma panela, com o sangue, o caldo de pato, o vinho e o conhaque. Aqueça esse molho sem deixar ferver e ajuste o sal e a pimenta, se for necessário. Distribua o pato nos pratos e junte o molho.

Sirva imediatamente com o purê de batatas.

Rendimento: 4 porções.

O doce da soprano

Na noite em que a cantora australiana Nellie Melba (1861-1931) foi ao restaurante do Hotel Savoy, de Londres, para comemorar seu estrondoso desempenho na ópera *Lohengrin*, do compositor alemão Richard Wagner (1813-83), o *chef* a homenageou com uma sobremesa criada especialmente para ela. Ofereceu-lhe um cisne esculpido em gelo, que repousava sobre um leito de sorvete de baunilha; tinha duas metades de pêssego em compota nas asas e havia sido coberto por um fio de calda de açúcar. O efeito era tão bonito que sensibilizou a soprano. Corria o ano de 1900 e as luzes da *belle époque* enfeitiçavam a Europa.

Algum tempo depois, Nellie Melba reencontrou em Paris o responsável pela homenagem. Na ocasião, ele atuava na cozinha do Hotel Ritz da capital francesa. Chamou-o ao salão, reiterou o agradecimento pela sobremesa e pediu para saboreá-la novamente. A receita ganhara frescor com o acréscimo de uma calda gelada de framboesas naturais e fazia sucesso pelo mundo afora com o nome de *pêches Melba* (pêssegos Melba). Afinal, seu autor era Auguste Escoffier (1846-1935), o genial cozinheiro que modernizou a cozinha francesa.

Essa história reforça o parentesco entre a música e a culinária. São artes que se completam. Uma pode inspirar a outra. No final da vida, o compositor italiano Gioacchino Rossini (1792-1868) afirmou que jamais teria composto 39 óperas, entre as quais *O barbeiro de Sevilha*, se não freqüentasse os melhores restaurantes de Paris, inclusive o célebre Café Anglais. Por sinal, foi ali que ele pediu ao *maître* para colocar sobre um pedaço de filé um escalope de *foie gras* e lâminas de trufa, suas duas paixões gastronômicas. Desse modo, inventou os universais *Tournedos Rossini*. Não por acaso, muitos *chefs* se tornam conhecidos por amar a música, especialmente a erudita. Escoffier era um deles. Já conhecia e admirava Nellie Melba. Assistira a várias apresentações da cantora no Covent Garden, de Londres, durante as temporadas de 1892 e 1893. Encantara-se com a beleza, agilidade e extensão da sua voz de soprano. Os fãs mais ardorosos asseguravam que, após sua retirada oficial de cena, em 1926, aquele som mavioso continuava a ecoar no Convent Garden, seu palco favorito. Nellie Melba era uma das maiores sopranos da época e, segundo alguns críticos, de todos os tempos.

Para compor *Lohengrin*, ópera em três atos, Wagner se inspirou num antigo poema épico alemão, baseado em lendas medievais. Situou a história no extinto ducado de Brabante, hoje dividido entre os atuais territórios da Bélgica e Holanda. Nellie Melba fazia o papel de Elsa, uma princesa acusada injustamente pelo ambicioso duque Telramund e sua mulher Ortrud de haver assassinado o próprio irmão, Gottfried, herdeiro do trono. Ao ser julgada, a moça não se defendeu. Pouco antes de ser condenada, surge miraculosamente Lohengrin, um cavaleiro andante, que conduzia um barco esplêndido, puxado por um cisne encantado. Trava batalha com Telramund e o derrota. Liberta a princesa e lhe propõe casamento. Só impõe duas condições: que ela nunca lhe pergunte quem ele é, nem de onde veio. Mas Ortrud semeia dúvidas no coração de Elsa. Ao ficarem sozinhos no quarto nupcial, a moça solicita ao noivo para confidenciar seu nome e origem. Nesse momento, Telramund aparece e ataca o cavaleiro andante, que o mata em legítima defesa. Então, o misterioso forasteiro convoca uma assembléia. Solenemente, apresenta-se como sendo Lohengrin, filho de Persival, um dos defensores do Santo Graal, a taça sagrada onde teria sido recolhido o sangue de Jesus Cristo. A seguir, comunica a intenção de partir. Despede-se de Elsa e devolve-lhe o irmão, que todos

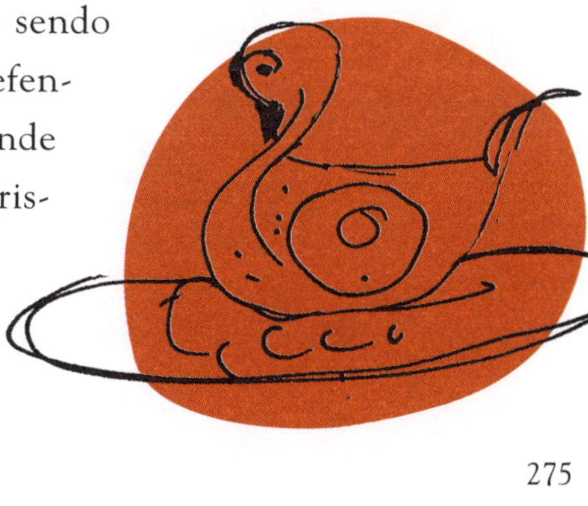

julgavam morto. Ele havia sido atraído à floresta por Ortrud e, por meio de feitiçaria, transformado em cisne.

Infelizmente, a ópera de Wagner e toda a sua obra monumental foram menos apreciadas a partir da segunda metade do século 20. O imaginoso compositor alemão escreveu ensaios anti-semitas, nos quais atacou a influência dos hebreus na cultura alemã em geral e na música em particular – e por isso os nazistas o idolatraram. Adolf Hitler mandou exibi-lo como exemplo de uma de suas miragens patológicas: a primazia da arte e do intelecto alemães. Afinal, música e política também combinam.

Entretanto, Wagner não era um homem requintado à mesa. Amava a cozinha tradicional de sua região natal, a Saxônia. Gostava de *hochzeitsuppe* (sopa de galinha com arroz) e *calenberger pfannenschlag* (variação de panqueca); no inverno, comia *braukohl mit bregenwurst* (couve com lingüiça). Morreu quase duas décadas antes da invenção dos pêssegos Melba. É impossível julgar se teria apreciado a elegante metáfora gastronômica de Escoffier.

Pêches Melba

(Pêssegos Melba)

Ingredientes

400 g de framboesas

100 g de açúcar

50 ml de água

2 bolas de sorvete de baunilha de boa qualidade

4 metades (escorridas) de pêssegos em calda

Preparo

Ferva as framboesas com o açúcar e a água por 5 minutos, em fogo baixo. Espere esfriar e reserve na geladeira.

No centro de cada taça disponha uma bola de sorvete moldada em formato de cisne.

Distribua duas metades de pêssego nas extremidades e coloque a calda gelada de framboesas.

Sirva imediatamente.

Rendimento: 2 porções.

Santos Dumont e o Maxim's de Paris

Antes e depois de construir o primeiro aeroplano que decolou e voou com os próprios meios e o transformou no Pai da Aviação, o inventor brasileiro Alberto Santos Dumont (1873-1932) freqüentou assiduamente o elegante restaurante Maxim's, de Paris, onde vivia. Mudara para a cidade em 1892, por decisão própria e acatada pelo pai. O fazendeiro Henrique Dumont achou que, na capital francesa, o filho tímido e magro, esquisito e genial, encontraria condições para concretizar suas idéias. A decisão foi sábia. Em Paris, Santos Dumont estudou física, química, mecânica e deu asas à imaginação. Entre 1898 e 1909, projetou, construiu e testou mais de vinte inventos, inclusive o aeroplano *14-bis*, a bordo do qual realizou a 23 de outubro de 1906 o vôo mecânico número um da humanidade. Trabalhou intensamente, mas também soube aproveitar a vida, sobretudo à mesa.

O delicioso livro *Asas da loucura* (Rio de Janeiro: Editora Objetiva, 2004), uma biografia de Santos Dumont escrita pelo norte-americano Paul Hoffman, assinala que ele foi um dos primeiros clientes do Maxim's, o célebre restaurante da rua Royale, número 3, no centro da cidade, até hoje em funcionamento. Embora não desfrute do mesmo prestígio do passado, a casa se converteu em santuário da *belle époque*, a fase de *glamour* e deslumbramento que a Europa viveu do final do século 19 até a Primeira Guerra Mundial. Aberta em 1893, por Maxime Gaillard, garçom que trabalhava num bar vizinho, funcionou inicialmente como um bistrô. Servia refeições aos operários que trabalhavam nas redondezas e aos cocheiros cujos patrões jantavam em restaurantes consagrados. Mas, como lembra Hoffman, a clientela não demorou a mudar.

Os patrões descobriram a comida deliciosa do bistrô – as ostras frescas, a sopa de cebola, as lagostas cozidas, o linguado ao conhaque, o frango assado, os escalopes de vitela, os pés e rabos de porco grelhados – e ocuparam as cadeiras dos operários e cocheiros. Além disso, o estabelecimento funcionava em local estratégico, perto dos aristocráticos Automóvel Clube, Jockey Clube e Hotel Crillon. Batizado com o nome anglófilo de Maxim's, conforme a moda da época, o bistrô virou restaurante grã-fino. Sabiamente, Gaillard se cercou de colaboradores talentosos. Entregou a cozinha ao *chef* Henri Chaveau; no salão, colocou o *maître* Eugène Cornuché. Pouco depois, a dupla ficou tomando conta sozinha do Maxim's, pois Gaillard morreu em 1895. Na década de 1930, a casa passou a ter seu *maître* mais famoso: Albert Blazer, impecável no serviço e coadjuvante na criação de receitas memoráveis. Reformado para a Exposição Universal de 1900, o Maxim's ganhou a exuberância da decoração em estilo *art nouveau* que conserva até hoje.

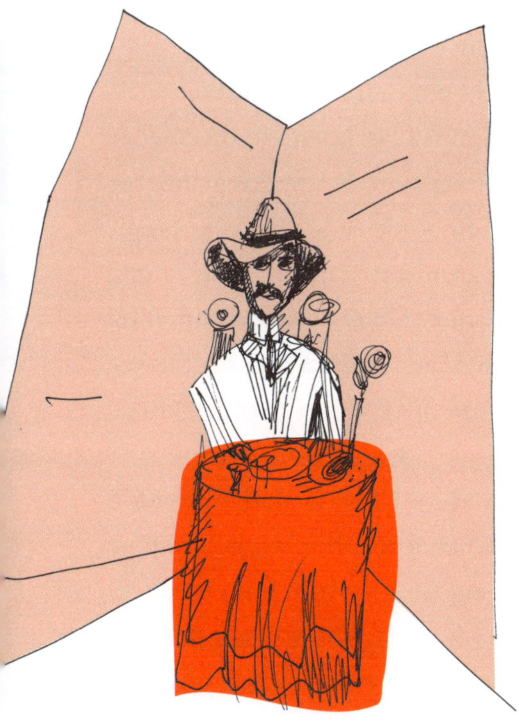

No tempo de Santos Dumont, a clientela era formada pela elite de Paris. Jovens milionários apareciam ali para torrar fortunas paternas com mulheres espertas, iguarias requintadas e vinhos caros. O Maxim's virou um fervilhante ponto de paquera. Inumeráveis encontros foram agenciados por madame Pi-Pi, a senhora que tomava conta dos toaletes. Quando a mulher se interessava por um homem, ou vice-versa, deixava com ela um cartão com o nome ou endereço, obviamente acompanhado de gorjeta. A solícita madame Pi-Pi demonstrava prazer com o ofício. Se necessário, fornecia informações adicionais sobre os hábitos e interesses da outra pessoa, picantes ou não. Nomes brasonados que viviam em Paris ou estavam de passagem desfilavam no Maxim's.

Na indispensável *Historia de la gastronomía* (*op. cit.*), o catalão Néstor Luján menciona vários deles. Eram os duques Vladimir, Michel e Alexis; os duques de Mornryn e de Uzès, que morreu na África, para onde a mãe o enviou, afastando-o da irresistível sedutora Emilienne d'Alençon; os príncipes de Sagan e Murat; o arrogante marquês Boni de Castellane; o conde Arnold de Contades; Max Lebaudy, o magnata da beterraba; o elegante barão James Hennessy; o conde Jouvenel; o eterno embriagado Maurice Bertrand, embaixador do champanhe Heidsieck; o duque de La Rochefoucauld e vários outros. As mulheres primavam pela frivolidade. Chamavam atenção Bella Otero, sempre banhada em perfumes e coberta de jóias cintilantes; Liane de Pougy; Marthe de Kerrien; Blanche d'Antigny e a já mencionada Emilienne d'Alençon, no fulgor da juventude, de quem os *connaisseurs* só reclamavam inexperiência amorosa.

O Maxim's funcionava apenas à noite. Abria às 17 horas, para os aperitivos. Servia o jantar das 20 às 22 horas. A ceia ia até a madrugada. Santos Dumont nunca chegava cedo. Apresentava-se habitualmente para a ceia. Sentava-se na mesma mesa, localizada num dos cantos do salão principal, de costas para a parede, e ficava observando o movimento. Jantava sozinho ou, então, com os amigos, entre os quais Louis Cartier, dono da célebre grife joalheira, que desenvolveu para o pioneiro da aviação um dos primeiros relógios de pulso, com o qual ele calculava o tempo de seus vôos sem precisar tirar a mão dos controles; Gustave Eiffel, o arquiteto da torre homônima; ou o caricaturista e escritor George Goursat, conhecido por Sem, companhia inseparável durante alguns meses em 1903 e clone voluntário de Santos Dumont: quando passeavam juntos, usavam os mesmos ternos extravagantes, idênticos colarinhos altos e chapéus de abas onduladas.

No Maxim's, o inventor conheceu o norte-americano James Gordon Bennett, editor do *New York Herald*, que destacou um repórter imaginoso para cobrir suas peripécias aéreas, autor de reportagens que contribuíram para torná-lo uma celebridade mundial. Nos dias de vôo, a cozinha do Maxim's preparava-lhe um almoço, na verdade uma merenda, para ele comer a bordo.

Embora preferisse alimentar-se fora de casa, Santos Dumont às vezes recepcionava amigos com boa comida e bebida – adorava os grandes vinhos franceses – no seu apartamento da rua Washington, número 9, esquina do Champs-Elysées, perto do Arco do Triunfo. Hoffman começa seu livro descrevendo o curioso cenário de uma dessas reuniões, à qual compareceram Cartier e a princesa Isabel, filha de D. Pedro II, exilada em Paris desde a proclamação da República brasileira. Para jantar, os convidados precisaram subir numa escada portátil e sentar em cadeiras com pés longuíssimos, instaladas em volta de uma mesa ainda mais alta. Entretanto, nenhum se surpreendeu com aquilo. "Desde o final dos anos de 1890, Santos Dumont costumava dar jantares aéreos", afirma Hoffman. "Os primeiros foram em mesas e cadeiras normais suspensas por cabos no teto do grande pé-direito do apartamento". A paixão pelas alturas levou Santos Dumont a cometer outras excentricidades. Uma delas foi pousar em frente ao seu apartamento, em Champs-Elysées, com o balão número 9, que media 12 metros de comprimento e pesava 150 quilos, para tomar um cafezinho e ser aplaudido pela multidão.

Sole Albert

Ingredientes

2 linguados grandes frescos

240 g de manteiga em temperatura ambiente

4 cebolas picadas

250 ml de vermute

farinha de rosca (para polvilhar)

finas ervas (salsinha, cebolinha-verde, cerefólio, estragão) picadas a gosto

sal e pimenta-do-reino moída na hora a gosto

Preparo

Limpe os linguados, tempere-os com sal, pimenta e doure-os levemente, dos dois lados, em 80 g da manteiga. Polvilhe-os com a farinha de rosca.

Numa assadeira, distribua 2 cebolas picadas e polvilhe com a farinha de rosca e com as finas ervas. Disponha os peixes em cima e regue com o vermute.

Numa tigela, misture um pouco mais de farinha de rosca, 80 g da manteiga, as cebolas que sobraram, as ervas finas, o sal e a pimenta-do-reino.

Polvilhe essa mistura sobre os peixes e leve ao forno preaquecido a 200°C, até ficarem cozidos e dourados.

Retire os peixes e mantenha-os aquecidos. Pingue um pouco de água na assadeira, se for necessário, e mexa com uma colher para soltar os resíduos do cozimento. Passe esse líquido para uma panela, levante fervura e deixe reduzir um pouco, caso seja preciso. Passe por uma peneira e, fora do fogo, misture a manteiga restante, batendo com um batedor de arame para homogeneizar e obter um molho.

Sirva o peixe com o molho.

Rendimento: 4 a 6 porções.

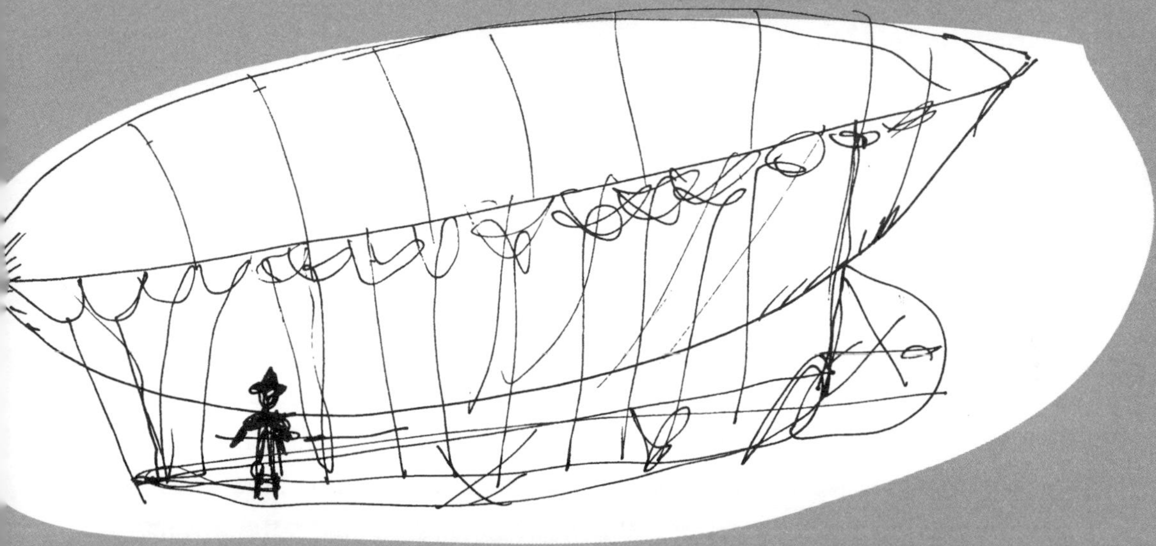

D. Carlos I e a apologia do bacalhau

Os cavalos tinham apenas começado a trotar, puxando a carruagem de capota abaixada, na qual se encontravam os quatro membros da família real portuguesa, quando um homem barbudo apoiado numa árvore retirou debaixo da capa preta a carabina Winchester, encostou um joelho no chão e disparou. O primeiro tiro acertou o pescoço do rei D. Carlos I, matando-o instantaneamente. O segundo atingiu-lhe o ombro esquerdo, fazendo-o tombar sobre a rainha D. Amélia. Outro homem, com bigode de pontas reviradas, sacou uma pistola Browning FN 1900, calibre 7,65, subiu no estribo da carruagem e disparou mais duas vezes no corpo inerte do soberano.

Completamente desnorteada, D. Amélia batia com um impotente ramo de flores, cada vez mais vermelhas, na cabeça do último agressor. Mas ele ainda abriu fogo sobre o príncipe D. Luís Filipe, herdeiro do trono, executando-o à queima-roupa. Além disso, feriu no braço o infante D. Manuel.

Os dois assassinos, republicanos fanáticos, pretendiam eliminar a família real e derrubar a monarquia. Nunca se soube se agiram sozinhos ou se possuíam cúmplices, pois a polícia os abateu ali mesmo. O da carabina era Manuel Buíça, um professor do ensino livre; o da pistola se chamava Alfredo da Costa e trabalhava no comércio. O crime brutal aconteceu a 1º de fevereiro de 1908, quando a carruagem atravessava o Terreiro do Paço, junto ao rio Tejo, em Lisboa. D. Carlos chegara de vapor, regressando do palácio de Vila Viçosa, perto de Borba, no Alentejo, um de seus refúgios favoritos.

Houve quem aplaudisse o regicídio e colocasse flores nos túmulos de Buíça e Costa, promovendo-os a heróis nacionais. A monarquia atravessava um momento de extrema impopularidade, provocada pela instabilidade político-institucional e pelos problemas econômico-financeiros do país. Durou mais dois anos. Coroado rei com o título de D. Manuel II, o príncipe sobrevivente foi destronado em 1910. Os republicanos ascenderam ao poder. Mas, dessa vez, foram civilizados. O rei partiu ileso para o exílio. Todavia, o mundo inteiro se comoveu com a tragédia de D. Carlos e D. Luís Filipe. Paradoxalmente, ela havia ocorrido no primeiro país da Europa a abolir a pena de morte. Seu caráter hediondo parecia não ter precedentes históricos. Alguém a comparou à execução de Luís XVI. Antes de decapitar o rei, porém, a Revolução Francesa (1789-95) teve o cuidado de encenar um processo.

No livro *D. Carlos I, rei de Portugal* (Lisboa: Bertrand Editora, 2002), o investigador francês Jean Pailler afirmou que seu personagem foi talvez o mais culto dos monarcas lusitanos. Gostava da vida, amava os esportes, as ciências, as artes em geral e as mulheres bonitas, e levava a sério seus deveres governamentais. Exímio caçador, desenvolveu pontaria certeira. Entretanto, no dia do atentado os algozes não lhe deram tempo para puxar o gatilho do Smith & Wesson calibre 32 transportado no bolso do capote. Bom

esportista, jogava tênis, golfe, gostava de futebol e de navegar no iate *Amélia*. Conhecia profundamente oceanografia e biologia marinha. Pintor de talento, suas aquarelas e pastéis conquistaram prêmios internacionais. Também apreciava o canto, exibindo forte e bela voz. Além disso, interessou-se pelo estudo das aves de Portugal, publicando sobre elas um lindo catálogo ilustrado.

Sempre teve constituição robusta, mas engordou bastante com a dieta vigorosa à qual se submeteu após convalescer da febre tifóide. Afinal, herdara o portentoso apetite dos Bragança, a mesma família à qual pertenceram os dois imperadores do Brasil. D. Carlos vinha a ser bisneto do nosso D. Pedro I e neto de D. Maria II. Adorava a avó. "Ela transmitiu-lhe a prudência desconfiada dos Bragança", assinala Pailler.

Algumas refeições memoráveis a bordo do *Amélia* ficaram documentadas em cardápios desenhados por ele ou, então, pelo seu professor de pintura, o artista plástico espanhol Enrique Casanova. As receitas, apesar de portuguesas, eram escritas em francês, conforme a moda da época. Frangas assadas se tornavam *poulardes rôties*; arroz-doce se transformava em *riz sucré a la portugaise*; bacalhau virava *morue*. Aliás, D. Carlos fazia apologia desse peixe salgado e desidratado. Teria inspirado até a uma apetitosa receita com o precioso ingrediente. Segundo a lenda, certa vez apareceu de surpresa numa de suas quintas – eram sete. O problema é que havia ali poucos ingredientes para preparar um prato variado, além de bacalhau. Então, a cozinheira tomou a iniciativa de misturá-lo com o que encontrou na despensa. O rei adorou a improvisação e não parava de repetir o prato. Seria essa a origem da receita do bacalhau "nunca chega", embora uma versão divergente garanta que ela já existia há bastante tempo.

Desde criança, D. Carlos e o irmão mais novo, infante D. Afonso, revelaram-se comilões. Os filhos do rei D. Luís I freqüentaram boa escola. A mãe, D. Maria Pia, nasceu na Itália, um país cujo povo sempre teve com os alimentos uma relação sensual. Ela pertencia à ilustre família Savoia, do Piemonte. Era filha de Vittorio Emanuele II, primeiro rei da Itália reunificada. Recebeu educação esmerada. Ensinou os filhos a apreciarem todos os alimentos e a conhecerem o vinho. D. Carlos preferia comer à mesa, respeitando a etiqueta. Foi uma criança tranqüila, obediente, inteligente e esforçada. O irmão D. Afonso, porém, logo se mostrou extravagante e *bon vivant*. Preferia comer na rua, com os amigos. "Gostava de sardinhas, das iscas, do bacalhau, de azeitonas, de tremoços e de amendoins", conta Manuel Guimarães no livro *À mesa com a história* (Sintra: Colares Editora, 2001).

Participava de corridas de automóvel em Lisboa e não se metia em política, julgando-a ofício do irmão. Um dia, almoçava com o fiel criado Luís Francisco, o Ponta da Unha, quando este confidenciou temer a deposição violenta da monarquia. D. Afonso desconversou: "Ora bolas! Atira-te a este arrozinho de frango que está de primeiríssima". D. Maria Pia amava os filhos, preocupando-se muito com o segundo. Temia pelo seu futuro. D. Afonso casou aos 52 anos com uma norte-americana divorciada quatro vezes e incontrolável caçadora de homens ricos. A família real se opôs à união e o abandonou definitivamente. Morreu pobre numa pequena cidade da Itália, abandonado pela mulher, deitado numa cama que possuía jornais no lugar dos lençóis. Ponta da Unha o localizou na véspera, levando para o príncipe, como última refeição, um frango corado à portuguesa. Os filhos de D. Maria Pia não viveram contos de fadas. Mulher de coragem, enfrentou sucessivos reveses. Sobreviveu ao assassinato de D. Carlos e do neto D. Luís Filipe, mas não suportou a dor. Faleceu no exílio, junto à nora D. Amélia e ao outro neto, o deposto D. Manuel II, mentalmente desequilibrada. Nos últimos anos, sua obsessão era regar as flores dos tapetes.

Bacalhau "nunca chega"

Ingredientes

2 postas de lombo de bacalhau de 200 g cada

1/2 litro de leite aproximadamente

2 colheres (sopa) de azeite de oliva

1 cebola fatiada

60 g de presunto cru, cortado em tirinhas

3 a 4 xícaras (chá) de batata palha

6 ovos inteiros

salsinha picada a gosto

pimenta-do-reino moída a gosto

sal, caso seja necessário

Preparo

Lave o bacalhau e deixe-o de molho em água, durante 36 a 48 horas, de preferência na geladeira. Troque a água seguidamente.

Escorra o bacalhau, cozinhe-o no leite e depois passe-o na água fria.

Retire as peles e as espinhas do bacalhau. Desfie-o em finas lascas. Em uma frigideira, doure-as no azeite quente junto com a cebola e o presunto.

Adicione aos poucos a batata palha e os ovos crus, ligeiramente batidos.

Misture bem, sem parar, até os ingredientes se tornarem homogêneos e os ovos ficarem cozidos.

Tempere com pimenta, corrija o sal e acrescente a salsinha.

Sirva quente.

Rendimento: 4 porções.

O príncipe dos gastrônomos

O escritor e jornalista francês Curnonsky, nascido Maurice Edmond Sailland (1872-1956), era uma criatura que, sentando-se à mesa de refeições, não precisava explicar por que ostentava a silhueta portentosa. Alto e gordo, pois media 1,85 metro de altura e nunca baixou dos 120 quilos, possuía apetite colossal. Demonstrava clamorosamente essa aptidão nos restaurantes Maxim's, Weber ou Closerie des Lilas, todos situados em Paris, nos quais mantinha cadeiras cativas. Os demais clientes ficavam espantados com o elenco de pratos que devorava sucessivamente, suspirando, murmurando ou trocando opiniões sobre eles com os vizinhos de prazer. Não foi isso, porém, o que notabilizou Curnonsky. Ele foi o mais erudito, talentoso e influente gastrônomo que a França já teve. A enciclopédia *Larousse gastronomique* (*op. cit.*) dedica-lhe um obeso verbete.

Natural de Angers, no Vale do Loire, morou na casa da avó durante toda a infância e a adolescência. Com a morte da mãe, o pai simplesmente o abandonou. Sofreu bastante com isso, mas deu a volta por cima. Aos 19 anos mudou para Paris, a fim de estudar literatura. Na capital francesa, dedicou-se à profissão de escritor e, a seguir, de jornalista.

Seguindo a moda da época, quis adotar um pseudônimo ao mesmo tempo original e sonoro. Um amigo sugeriu-lhe Curnonsky e ele aceitou. A França e a Rússia eram nações amigas. Depois, as relações azedaram. O pseudônimo vinha do latim *cur* (porque) e *non* (não). Já a terminação *sky* revelava ascendência russa. Ocultava uma divertida pitada de sarcasmo, talvez uma deliberada brincadeira. Em tradução livre, Curnonsky significava "por que não russo?". Entretanto, o pseudônimo lhe trouxe problemas. Em 1914, no início da Primeira Guerra Mundial, ele foi preso durante alguns dias sob a acusação ridícula de ser espião russo. Inicialmente, Curnonsky ganhou a vida como *nègre* – nome dado na França aos escritores ocultos que redigem obras de autores famosos. Trabalhou para Willy, nascido Henry Gauthier-Villars, romancista e teatrólogo, primeiro marido da escritora Colette. Além disso, fez sucesso com livros assinados, como por exemplo *Demi-veuve* e *Métier d'amant*. Na verdade, redigiu-os a quatro mãos. Seu parceiro foi outro *nègre* de Willy, denominado Paul-Jean Toulet. Finalmente, escreveu uma interessante obra sobre a Indochina, baseado nas anotações trazidas de uma viagem ao Extremo Oriente, em 1903. Fez revelações enriquecedoras, destacou a prodigalidade da culinária da China. Foi o primeiro a apreciá-la e difundi-la no Ocidente. Apaixonou-se pelo seu acervo. "A China e a França são os dois países que criaram uma cozinha", afirmou Curnonsky.

Dedicando-se inteiramente à gastronomia, publicou uma série de livros sobre a cozinha regional de seu país, entre os quais convém destacar *Les recettes des provinces de France* (com Austin de Croze, 1933) e *Les fines gueules de France* (com Pierre Andrieu, 1935). A enciclopédia *Larousse gastronomique* louva seu esforço em promover a cozinha tradicional, "em oposição à sofisticação de certos grandes restaurantes parisienses". Essa obsessão se encontra reiterada no *Dicionário da academia dos gastrônomos*, que Curnonsky criou no final da década de 1920, com um grupo de colegas de talher: "Ele colocou seu talento feito de sinceridade, malícia e *finesse* a serviço de uma causa, a da boa cozinha marcada de honestidade e simplicidade, a que apresenta as coisas com o sabor que têm". Mas era uma pessoa solitária e esquisita.

Henriette Parientè e Geneviève de Ternant, na obra *La fabuleuse histoire de la cuisine française* (Paris: Editions O.D.I.L., 1981), contam que detestava telefonar, passava horas inteiras debruçado nos livros, municiando a imensa cultura, queimava no cachimbo um fumo de cheiro enjoativo e, em casa, não dispunha de uma sala para refeições. Entretanto, todos o admiravam e respeitavam. Em 1927, quando a revista *Le Bon Gîte et la Bonne Table* promoveu uma eleição destinada a escolher o Príncipe dos Gastrônomos, Curnonsky bateu facilmente o refinado escritor Maurice Des Ombiaux. Recebeu 1.823 votos contra os 1.037 dados ao seu oponente. Como uma espécie de prêmio de consolação, o candidato derrotado passou a ser chamado de Cardeal do Bem Comer.

Curnonsky adorava viver na capital francesa. Assustado com a deflagração da Segunda Guerra Mundial, porém, deixou Paris em 1939. Refugiou-se na pequena localidade de Riec-sur-Bélon, de apenas 4 mil habitantes, perto de Quimper, na região da Bretanha. Instalou-se num hotelzinho charmoso. Na cozinha, cintilava Mélanie Rouat, uma de suas descobertas. Ali, seguiu comendo divinamente, lendo e produzindo textos inspirados. Como o dinheiro minguava e não havia reposição, quis pagar meia pensão no hotelzinho, ou seja, ter apenas o almoço e nunca jantar. Mélanie deu-lhe uma resposta tranqüilizadora: "Príncipe, quando alguém ajudou a construir a casa, tem o direito de pendurar a conta".

Após a Segunda Guerra Mundial, voltou à capital francesa, onde recuperou seu apartamento e fundou, em 1946, a revista *Cuisine et vins de France*, até hoje prestigiada e com excelente circulação. Dez anos depois, caiu da janela do terceiro andar e morreu na calçada. Estava com 84 anos. Antes de partir, criticou os políticos pelo hábito de comer de graça, custeados pelo dinheiro público, e os hierarquizou gastronomicamente: "A extrema direita só aceita a grande cozinha dos banquetes diplomáticos; a direita prefere a culinária familiar tradicional, os velhos licores e as receitas preparadas lentamente; o centro aprecia as comidas regionais e freqüenta restaurantes; a esquerda gosta da cozinha rápida, feita às pressas (omelete e fatias de presunto); e a extrema esquerda reúne os amantes do exotismo". Qualquer semelhança com o que ainda sucede em certos países é mera coincidência.

Enguia à moda do Loire

Ingredientes

1 enguia de cerca de 1,2 kg

caldo de legumes o quanto baste para cozinhar a enguia

1 bouquet-garni *(maço de temperos composto de salsinha, tomilho, louro, salsão e alho-poró)*

3 colheres (sopa) de vinagre de vinho

cerca de 6 colheres (sopa) de farinha de trigo

3 ovos

6 colheres (sopa) de óleo vegetal

salsinha picada (para polvilhar)

sal e pimenta-do-reino moída na hora a gosto

Acompanhamento

molho tártaro (numa tigela, misture maionese, pepinos em conserva, alcaparras, ovo cozido e salsinha, tudo bem picado)

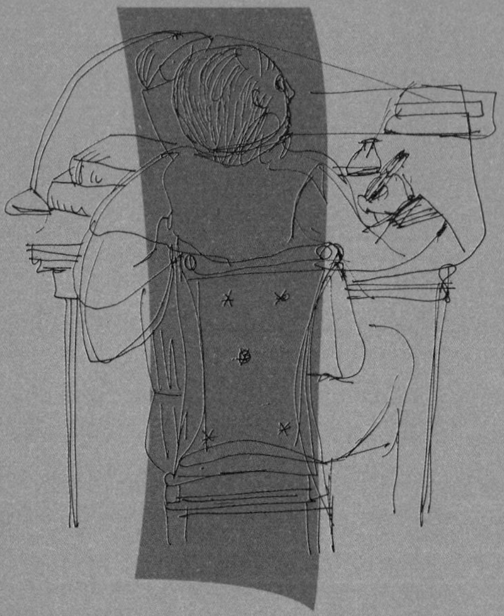

Preparo

Limpe, lave e retire a pele da enguia.

Enrole-a em círculo e amarre-a com um barbante de cozinha.

Cozinhe-a no caldo de legumes, com o *bouquet-garni* e o vinagre por cerca de 15 minutos.

Retire-a do caldo, deixe-a secar e envolva-a na farinha de trigo.

Bata os ovos com o óleo e tempere com sal e pimenta.

Passe a enguia nessa mistura e complete o cozimento, dourando-a sobre uma grelha.

Sirva-a polvilhada com salsinha e acompanhada pelo molho tártaro.

Rendimento: 4 porções.

Gardel, o gênio do tango

O cantor, compositor e ator Carlos Gardel, que morreu há mais de 70 anos, fumava, bebia e comia sem remorsos, apesar da permanente luta contra a balança.

Passado tanto tempo após a sua morte, ocorrida a 24 de junho de 1935, em acidente de avião na Colômbia, o genial cantor, compositor e ator Carlos Gardel, pseudônimo de Charles Romuald Gardes, continua a ter o carisma imaculado. Arrasta multidões ao túmulo no cemitério La Chacarita, em Buenos Aires, onde o sepultaram após quatro velórios solenes, seus discos são vendidos aos milhares, encantando os fãs de todas as idades com uma voz de impostação natural e timbre caloroso, jamais igualada por outro intérprete do tango. Mas, sobretudo, ainda causa polêmica. Não se chega a um acordo sobre o ano e o local de nascimento de Carlitos, como o público o chamava afetuosamente. Os argentinos, que lhe concederam a nacionalidade, afirmam ter ocorrido em Toulouse, na França. Seria filho de Berta Gardes, uma mulher de vida airada que desembarcou com o garoto em Buenos Aires, no ano de 1893. Os uruguaios afirmam que o cantor veio ao mundo em Taquarembó, no norte do seu país. Seria filho do líder político local Carlos Escayola e de Maria Lelia Oliva, então com 13 anos. Logo após o nascimento, garantem eles, foi entregue a Berta Gardes, uma francesa que se prostituía numa mina de ouro vizinha. Argentinos e uruguaios exibem documentos comprobatórios. Impossível saber de que lado se encontra a razão.

O fato é que Gardel era portenho por adoção e esteve artística e sentimentalmente mais ligado a Buenos Aires do que a qualquer outra cidade.

Com base na capital argentina, viajou pela Europa e Estados Unidos, mas sempre voltou com prazer à cidade adotiva. Nos vinte anos anteriores ao seu desaparecimento, foi aclamado por multidões e popularizou internacionalmente o tango. Aprendeu a interpretá-lo na zona boêmia, na qual passou a juventude, e difundiu seu arrebatador compasso binário simples, o andamento moderado e sincopado, pelo mundo afora.

Gravou 1.500 discos de vinil, compôs em parceria com letristas cerca de 30 composições antológicas, entre as quais *El día que me quieras* e *Por uma cabeza*, *Mano a mano* e *Mi Buenos Aires querido*, atuou em 20 filmes, entre mudos, sonoros e curtas-metragens. Boêmio incorrigível, mulherengo contumaz, era também um notável sibarita – palavra de origem grega usada para designar uma pessoa dada à vida de prazeres. Fumava bastante – sua enorme estátua de bronze, no cemitério La Chacarita, apresenta-o com um cigarro na mão; bebia sem culpa, especialmente champanhe; e se entregava ao prazer da comida. Não por acaso, vivia em litígio com a balança. Em 1916, chegou a pesar 118 quilos. Submetendo-se a uma dieta severa, à base de iogurte, fazendo ginástica sueca e correndo no Parque de Palermo, em Buenos Aires, conseguia emagrecer e voltar à antiga forma.

Revelava grande apetite, sobretudo diante dos amados pratos italianos. Aos domingos, dirigia-se à casa do amigo Gillermo Barbieri, na capital argentina, para saborear *ravioles caseros* preparados pela mulher do anfitrião. Eram feitos do jeito que ele gostava, ou seja, recheados com carne de vitelo. Em Nova York, no ano de 1934, durante a filmagem de *El día que me quieras*, inspirado na composição homônima, comia os *spaghetti* feitos por D. Asunta, mãe de um coadjuvante, bandeonista de talento promissor, chamado Astor Piazzolla. Cozinheira de mão cheia, a massa da senhora colecionava apreciadores. Após a refeição, Piazzolla, que ainda não se dedi-

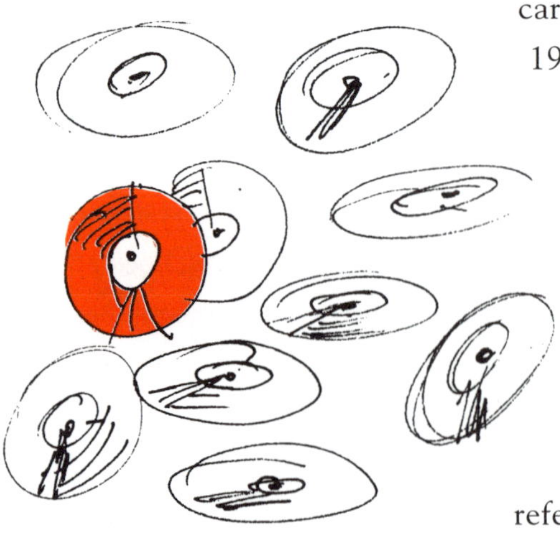

cara integralmente ao tango, tocava músicas eruditas. Certa vez, tentando acompanhar Gardel, ouviu do cantor uma crítica desestimulante: "Garoto, tocando bandoneón és um fenômeno, mas no tango és um galego". Em Buenos Aires, a mulher de José Rozzano, com o qual formou dupla por treze anos, preparava-lhe *risotto de funghi* e açafrão. O cantor se sentia em casa, até porque namorou Cristina, filha do casal. Paralelamente, apeteciam-lhe certas receitas típicas argentinas. No ano de 1932, enquanto rodava em Paris a fita *Melodía de Arrabal*, convenceu o cozinheiro francês a preparar-lhe um *puchero criollo*, o tradicional cozido dos pampas. Costumava igualmente pedir esse prato no El Tropezón, da capital argentina.

O pesquisador argentino Carlos Hugo Burgstaller, no *Boletín tango y cultura popular* (Buenos Aires: Volume IV, 2003), arrola os restaurantes favoritos de Gardel e os pratos dos quais gostava. No El Tropezón, o cantor sentava invariavelmente na mesa de número 48, a conselho de seu motorista particular, El Aviador. O empregado recebera esse apelido por apertar demais o acelerador do carro. El Aviador orientava sua vida pelos ensinamentos do livro napolitano *La Molfetta*, que relacionava números, tragédias e sonhos. "Assim, por exemplo, se passava na frente de um incêndio, parava o automóvel, pegava o livro guardado cuidadosamente debaixo do banco e começava a análise a partir do número a que correspondia", escreveu Burgstaller. Lendo as especulações da obra, El Aviador atribuiu o 48 a Gardel. Além de freqüentar El Tropezón, o cantor aparecia no El Conte, o mais luxuoso e caro restaurante da cidade, em companhia de Razzano e outros três companheiros. Ali, pedia faisão ao calvados (um dos mais finos destilados do mundo, feito na região da Normandia, com maçãs). Afinal, se era realmente francês, como querem os argentinos, tinha a obrigação de apreciar alguma receita da terra natal.

Puchero criollo

(Receita preparada pelo *chef* Eric Berland, do restaurante Parigi, de São Paulo, SP)

Ingredientes

1/2 kg de charque (carne-seca) em pedaços grandes

1/2 kg de chorizo *em rodelas*

250 g de toucinho defumado em pedaços grandes

1 kg de ossobuco de cordeiro (com os ossos) em pedaços grandes

1 kg de músculo em pedaços grandes

1 galinha caipira cortada pelas juntas

2 xícaras (chá) de feijões brancos deixados de molho durante a noite

1 cebola grande, espetada com 2 cravos

2 folhas de louro

4 batatas grandes em pedaços

4 batatas-doces em pedaços

4 cenouras em rodelas

2 alhos-porós em pedaços

4 mandioquinhas em pedaços

1 repolho cortado em pedaços grandes

3 xícaras (chá) de cubos grandes de abóbora

salsinha picada a gosto (para polvilhar no momento de servir)

sal e pimenta-do-reino moída na hora a gosto

Acompanhamento

arroz branco

Preparo

Coloque o charque de molho por cerca de 24 horas, trocando a água seguidamente, para tirar o sal.

Depois de dessalgado, cozinhe o charque em uma panela, com o *chorizo* e o toucinho. Após o cozimento, jogue a água fora e reserve as carnes.

Cozinhe as demais carnes – ossobuco, músculo e galinha – com a cebola e o louro, em bastante água. Tempere com sal e pimenta.

Depois de cozidas, retire as carnes e reserve-as. Utilize o caldo do cozimento para cozinhar o feijão, colocando mais água se necessário.

Na metade do cozimento do feijão, ou quase no final, junte os legumes e verduras por ordem de textura, cozinhando-os nesse mesmo caldo.

Sirva bem quente, com um pouco do caldo.

Finalize polvilhando a salsinha.

Acompanhe com o arroz.

Rendimento: 8 a 10 porções.

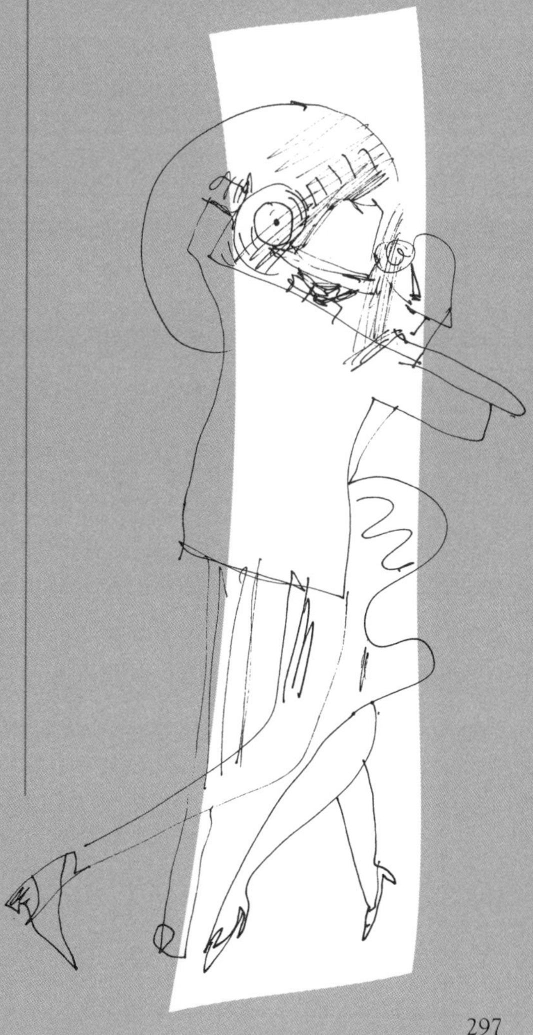

Chaplin, o palhaço que comia botinas

Vagabundo por natureza, Carlito (como o chamavam no Brasil), Carlitos ou Charlot, o adorável palhaço e poeta vivido no cinema pelo ator e diretor Charles Chaplin (1889-1978), debutou na comédia *O vagabundo* (*The tramp*, 1915), no tempo do cinema mudo. Apareceu em mais de 70 filmes curtos e longos que combinavam humor e drama. Apresentava-se com chapéu-coco, bigodinho preto, calças bufantes e sapatos maiores do que o necessário, bengala de junco e um coração de criança. Dominava a arte da mímica e da expressão corporal.

Viveu situações tragicômicas que provocaram gargalhadas e emoção, calafrio e ternura. Tinha modos refinados e a dignidade de um lorde inglês, décadas antes de o genial Charles Chaplin ser elevado à dignidade de Cavaleiro de Sua Majestade, a rainha Elizabeth II. O ator e diretor que o inventou nasceu em Londres, onde passou a infância nas ruas boêmias e sujas de Kennington Road, um fato marcante que ajudou a desenvolver sua ideologia vagamente socialista. O inconseqüente Carlito não ligava para nada, inclusive para a comida, exceto quando precisava matar a fome. Na comédia *Em busca do ouro* (*The gold rush*, 1925), porém, elaborou e serviu a refeição mais divertida da história do cinema.

O filme gira em torno da corrida do ouro na fria e hostil região canadense do Yukon, cortada pelo rio Klondike, no final do século 19. Carlito é um dos milhares de forasteiros que tentam a sorte como garimpeiro. A história tem final feliz. Entretanto, antes que isso aconteça, ele enfrenta sucessivas dificuldades. Certa vez, encontrava-se em uma cabana nas montanhas, esperando passar a tempestade de neve. Dividia a habitação miserável com outro aventureiro, o grandalhão e truculento Big Jim McKay, vivido pelo ator Mack Swain. As barrigas de ambos roncavam, sem haver um único osso capaz de apaziguar os seus clamores. Além disso, era o Dia de Ação de Graças – o *Thanksgiving Day* –, festa que os norte-americanos celebram na quarta quinta-feira de novembro, para reverenciar a bondade, generosidade e proteção de Deus. O ponto culminante é uma refeição com familiares e amigos. Portanto, deve ter comida. Sem outra saída, Carlito retira a botina do pé, enfia na panela e leva ao fogo. Depois, coloca-a delicadamente no prato, tendo o cuidado de acrescentar, com uma concha, o "caldo" do cozimento.

Na mesa, divide a botina em porções. A parte que cobria o alto do pé e o tornozelo fica com Big Jim; a sola repleta de pregos compete a Carlito. Idêntico destino encontra o cadarço, que o *chef* de araque dispõe num pratinho auxiliar. Na delirante imaginação de Carlito, aquele cordão surrado se converte em delicioso espaguete, que enrola nos dentes do garfo para levar à boca. Já a sola dura e insípida vira uma tenra e saborosa ave de caça. Alucinado pelo estômago, ele chupa prazerosamente os pregos, como se fossem ossos sublimes. Big Jim, embora sem qualquer elegância, faz o mesmo com a sua porção. Entretanto, continua açoitado pela fome. Carlito propõe cozinhar a outra botina. Ele recusa. Então, Big Jim é acometido por uma miragem. Aos seus olhos, Carlito se converte numa imensa, gorda e apetitosa galinha carijó. Tenta matá-la de qualquer jeito, para comer. Felizmente, não consegue. Por essas e outras cenas, Chaplin declarava que *Em busca do ouro* era o filme pelo qual desejava ser lembrado.

Pouca gente sabe, mas a dupla de comediantes saboreou de verdade – e repetidas vezes – aquela botina feia. Extremamente perfeccionista, o talentoso ator e diretor fez dezenas de tomadas. Duas dúzias de botinas foram confeccionadas por um confeiteiro italiano especialmente contratado. Ele misturou xarope de alcaçuz, açúcar, goma-arábica, obtendo uma massa firme. A seguir, moldou o sapato. O alcaçuz é um arbusto da família das leguminosas. Difunde-se espontaneamente nas regiões mais quentes do Mediterrâneo, sobretudo no sul da Itália, onde o chamam de *liquirizia*. Para alimentar centenas de extras,

Chaplin instalou uma cozinha de campanha junto ao local das filmagens, que aconteceram tanto nas geleiras de Truckee, na Sierra Nevada, como em Hollywood, em Los Angeles. O cozinheiro também era italiano e oferecia como prato único uma receita de seu país, batizada de espaguete à moda das montanhas. O nome homenageava as cordilheiras que serviram de cenário aos falsos garimpeiros e devoradores das botinas de mentira.

Espaguete à moda das montanhas

Ingredientes

100 g de manteiga

1 cebola grande bem picada

4 tomates grandes e maduros, sem pele, bem picados

1 colher (sopa) de alfavaca em pó

1/2 colher (chá) de orégano

200 g de espaguete

200 g de queijo ralado

4 ovos ligeiramente batidos

sal e pimenta-do-reino moída a gosto

Preparo

Leve ao fogo médio uma panela grande, de preferência de barro. Quando estiver quente, coloque a manteiga. Junte a cebola e misture bem, até dourar. Adicione os tomates e tempere com a alfavaca, o orégano, o sal e a pimenta-do-reino. Misture bem e deixe por alguns minutos no fogo, para os temperos se mesclarem.

Cozinhe a massa em abundante água fervente com sal, mexendo de vez em quando com um garfo grande. Escorra quando estiver *al dente*.

Junte a massa à panela com o molho, misture e deixe-a ligeiramente em fogo baixo, mexendo com bastante cuidado.

Acrescente o queijo ralado e misture novamente.

Tempere os ovos previamente batidos com sal e pimenta. Coloque-os sobre a massa e conserve por alguns instantes em fogo muito baixo, o suficiente para os ovos cozinharem.

Mexa delicadamente a massa e sirva em seguida.

Rendimento: 4 porções.

Uma torta para Martha Rocha

O Brasil ainda não havia se recuperado da derrota para o Uruguai, por 2 a 1, na partida final da Copa do Mundo de 1950, jogada no Rio de Janeiro, amargando o título de vice-campeão, quando veio a segunda decepção nacional. Martha Rocha, a mais linda mulher vencedora de um concurso de beleza no país, também ficou em segundo lugar na disputa do título de Miss Universo de 1954. A baiana de 21 anos, 1,70 m de altura, 58 kg de peso, 59 cm de cintura, olhos azuis transparentes e sorriso luminoso, que vestia elegante maiô Catalina, perdeu a coroa para a norte-americana Myrian Stevenson, em desfile realizado na praia de Long Beach, Califórnia.

Teoricamente, foi preterida porque apresentava duas polegadas ou cinco centímetros a mais nos quadris (97 cm) em relação ao busto (92 cm) – e isso era negativo. Ninguém por aqui entendeu os dois reveses. No futebol, sempre jogamos melhor e mais bonito do que o Uruguai. Bateram-nos na raça, em pleno estádio do Maracanã, porque entramos em campo com a presunção da vitória e eles transformaram a camiseta na bandeira da pátria. O caso de Martha Rocha também parecia incompreensível. No Brasil, sempre consideramos virtude uma mulher ter quadris avantajados.

Hoje se sabe que o motivo foi outro. Os juízes elegeram Myrian Stevenson porque a população norte-americana estava se desinteressando pelo concurso de Miss Universo e os patrocinadores ameaçavam retirar os milhões de dólares que o sustentavam. Uma norte-americana no trono daria novo fôlego ao espetáculo, o que efetivamente aconteceu. Quanto às duas polegadas a mais, não passaram de uma invenção do repórter João Martins, que cobriu o evento para *O Cruzeiro*, do Rio de Janeiro.

O jornalista Accioly Netto, diretor de redação da revista na época, revelou isso no livro *O império de papel – os bastidores de O Cruzeiro* (Porto Alegre: Editora Sulina, 1998). Afirmou que seu enviado especial combinou a versão com outros colegas brasileiros presentes em Long Beach, a fim de consolar o estraçalhado orgulho nacional. "Na volta, todos (...) guardaram o maior segredo sobre a mentirinha", garantiu Accioly. Martha Rocha autorizou a versão. "Nem eu soube se essa história das duas polegadas teria sido verdade mesmo", assegurou a eterna Miss Brasil em *Martha Rocha – uma autobiografia*, ditada a Isa Pessoa (Rio de Janeiro: Editora Objetiva, 1999). "Ninguém nunca me apresentou uma versão convincente sobre o detalhe que ficaria famoso – aquele que foi sem talvez nunca ter sido."

Um consolo mais doce veio de Curitiba, a capital do Paraná. Ali, o *pâtissier* Jesus Alvarez Terzado, um espanhol da Galícia, dono da Confeitaria das Famílias, até hoje em funcionamento na rua XV de Novembro, rebatizou sua antiga torta de *fondant* com o nome de Martha Rocha. Fez isso pela consternação observada no rosto da mulher, a brasileira Dair da Costa Terzado. "Foi um consolo para mim, que estava inconformada com a injustiça da perda do título de Miss Universo, e um sucesso total para a confeitaria", comentou ela após a morte do marido, ocorrida em 1984. O doce continua a ser feito ali e em todo o país. Caiu no gosto público, sobretudo no Sul e Sudeste. É preparado pelas avós, mães, tias e madrinhas do interior quando fazem aniversário ou recepcionam netos, filhos, sobrinhos e afilhados residentes na capital, apesar do risco de proporcionar duas polegadas a mais aos que abusam das suas fatias.

Curiosamente, a homenageada jamais o saboreou. "Não gosto muito de doces", explica Martha Rocha. "Certa vez, em Porto Alegre, deram-me uma de presente. Mas, como precisava ficar na geladeira, deixei-a lá sem experimentar." Mesmo assim, julga a homenagem simpática. "Espero que a façam sempre bem e que todos a apreciem", diz. No fundo, porém, a eterna Miss Brasil gostaria que a elaboração da torta Martha Rocha se restringisse ao âmbito doméstico e fica um pouco incomodada ao vê-la comercializada. O problema é que a difusão da receita se tornou incontrolável.

Torta Martha Rocha

Ingredientes

Massa

10 ovos

1 copo de açúcar

2 copos de farinha de trigo

1 colher (chá) de fermento em pó

100 g de chocolate em pó, sem açúcar

margarina (para untar)

Creme de ovos

500 g de açúcar

1/4 (litro) de água

25 gemas

1 copo de leite

Crocante de nozes e castanhas

1 kg de açúcar

200 g de nozes picadas

200 g de castanhas picadas

Nata

500 g de creme de leite fresco, gelado

3 colheres (sopa) de açúcar

1 colher (chá) de rum ou de essência de baunilha

Calda de açúcar

2 xícaras (chá) de açúcar

2 xícaras (chá) de água

2 colheres (sopa) de rum ou maraschino

Montagem

1/2 xícara (chá) de doce de leite cremoso

1 disco de suspiro comprado pronto

Preparo

Massa

Bata as claras em neve firme.

Bata as gemas e adicione aos poucos o açúcar, batendo, até obter ponto de gemada. Acrescente lentamente a farinha com o fermento. Despeje metade dessa massa numa tigela e misture o chocolate em pó. A outra parte da massa ficará branca.

Divida pela metade as claras em neve e misture-as às massas, delicadamente, cada uma numa tigela.

Coloque cada massa em fôrma untada com margarina. Asse em forno médio, por cerca de 30 minutos. Retire, espere amornar, desinforme e divida cada uma das tortas em duas partes, obtendo 4 discos no total.

Creme de ovos

Ferva o açúcar com a água em fogo brando, até obter uma calda em ponto de fio. Passe as gemas na peneira e misture-as à calda. Ponha o leite e deixe ferver em fogo brando, por cerca de 5 minutos, até obter consistência de creme.

Crocante de nozes e castanhas

Leve o açúcar ao fogo, mexendo, até obter ponto de caramelo. Junte as nozes, as castanhas e ferva em fogo brando, por 2 minutos. Retire do fogo, espalhe em mármore até que esfrie. Pressione o rolo de macarrão sobre o caramelo, triturando-o, para obter o crocante.

Nata

Na batedeira, bata em velocidade média, por 2 a 3 minutos, o creme de leite gelado com o açúcar, até obter um creme denso. Misture o rum ou a essência de baunilha.

Calda de açúcar

Leve o açúcar e a água ao fogo e ferva até formar uma calda rala. Adicione o rum ou o *maraschino*.

Montagem

Disponha um disco de massa escura sobre um prato redondo. Umedeça com a calda de açúcar e recheie com um pouco da nata e do crocante. Reserve o restante desse recheio para a cobertura.

Coloque por cima um disco de massa branca umedecido com a calda de açúcar e recheie com o creme de ovos. Faça uma terceira camada com o disco de massa escura, umedeça, recheie com o doce de leite e disponha por cima o disco de suspiro.

Finalize com o último disco de massa branca umedecido e cubra toda a torta com a nata e o crocante restantes.

Sirva a torta gelada.

Rendimento: 20 porções.

Juscelino Kubitschek e a baba-de-moça

Simpático, risonho, original, como Juca Chaves o descreveu na letra satírica de *Presidente Bossa-Nova*, que o Brasil inteiro cantava, Juscelino Kubitschek de Oliveira ou simplesmente JK governou o país de 1956 a 1961. Morto há mais de três décadas ainda não foi esquecido pela memória nacional, tão fraca em relação a outras personalidades ilustres, porque virou uma daquelas saudades que o povo gosta de ter. Quem desfrutou do privilégio de viver em sua época – e conseguiu relevar as escaramuças políticas, as duas tentativas de golpe que lhe ameaçaram o mandato, os desacordos com o Fundo Monetário Internacional e a inflação de 30,5% em 1960 – também não o apaga da lembrança.

JK presidiu o Brasil nos chamados anos dourados, período assinalado pela efervescência cultural e um progresso material que levaram o país a ter confiança no futuro e escolher o caminho da modernização. Eleito pela aliança PSD-PTB, prometeu fazer o Brasil crescer 50 anos em 5 – e honrou a palavra. Espalhou alegria e otimismo. Atraiu o capital estrangeiro, investiu em energia, transportes, educação e saúde. Implantou as indústrias de base, várias fábricas de automóveis, acelerou a construção naval e incentivou a exportação de minérios. Mandou construir Brasília e estimulou a ocupação do interior. Gerou empregos e melhorou a qualidade de vida de uma parcela da população.

Ele se preocupava com a aparência. Vestia roupas elegantes e fixava os cabelos com Gumex, embora nunca tivesse se adaptado completamente ao uso dos sapatos, que costumava tirar quando sentava à mesa. Menino pobre na mineira Diamantina, a cidade onde nasceu, andou muito tempo descalço. Só ganhou o primeiro par de sapatos aos doze anos de idade. Mas, apesar da imagem pública de homem refinado, continuava a ser na intimidade o brasileiro simples do interior. Amava as serestas, dançava bem, aplaudia repentistas, violeiros e sanfoneiros, sabia contar histórias, encantava-se com as terras cultivadas e as estrelas no céu, tinha fixação por avião, adorava voar e se deliciava com a culinária simples da terra natal.

Dona Lucinha Nunes, grande dama da culinária mineira, testemunhou isso. Cozinhou para JK em duas ocasiões, no município do Serro, a 304 quilômetros de Belo Horizonte. A primeira foi no final da década de 1950, quando ele exercia o mandato de deputado federal e queria candidatar-se ao governo do estado. Com a ajuda da sogra, uma tia e das cunhadas, ofereceu ao ilustre homenageado angu de escravo (um dos pratos favoritos dele): couve, batata-doce, tutu, frango ao molho pardo, costelinha com ora-pro-nóbis e leitoa assada.

O outro banquete aconteceu quando JK já se tornara governador, ou seja, entre 1951 e 1955. Dona Lucinha preparou-lhe empadão de massa folhada recheado com frango, lingüiça, palmito, ervilha, batata e macarrão; lombo de porco assado, com fios de ovos, abacaxi e ameixas pretas; e outros pratos típicos.

"Ele saboreou e elogiou a comida", orgulha-se a cozinheira. No final da refeição, sorriu ao ver na mesa algumas sobremesas pelas quais tinha apreço: compotas de laranja, figo e goiaba; ambrosia; geléias e demais tentações. Curiosamente, o doce favorito de JK não figurava entre as especialidades de Minas Gerais, era uma receita de domínio nacional. Aliás, por sua influência acabou nos livros de cozinha dos lugares em que viveu. Leva gemas de ovos e leite de coco. É a baba-de-moça. Gilberto Freyre divulgou essa preferência na obra *Açúcar* (São Paulo: Companhia das Letras, 1997). A princesa Isabel e o escritor José de Alencar também amavam baba-de-moça.

Os anos JK ainda se mostraram dourados para a qualificação da nossa cozinha. Com o crescimento da classe média urbana, muitos restaurantes foram abertos nas melhores cidades, apresentando comida popular ou requintada, porém sempre inovadores no cardápio. Nos mais elitizados, surgiram atrações como o coquetel de camarão, camarões à grega e à Newbourg, peixe *à la belle meunière*, supremos de frango à cubana e à Kiev, lombo à Califórnia, arroz de Braga, *lasagne alla bolognesa* e *filet alla parmigiana*, que aqui perdeu o queijo *parmigiano*, razão de seu nome, e ganhou a *mozzarella*.

No início da década dos anos dourados, o florentino Fabrizio Tatini, aportado em Santos em 1952, fundou o Don Fabrizio e nos revelou a pirotecnia do *réchaud* – fogareiro usado pelo *maître* para finalizar e flambar pratos diante do cliente. Em São Paulo, o emiliano Fabrizio Guzzoni inaugurou o Ca'd'Oro, em 1953, e introduziu massas recheadas ao molho de manteiga e sálvia, pratos como o *bollito* misto, codorna com polenta e pato *alla Colleoni*. No final da década, aparecem os primeiros supermercados, revolucionando o comércio de alimentos. Enfim, nos anos dourados éramos felizes e sabíamos – ao contrário do que aconteceu com Ataulfo Alves, na infância pobre em Miraí, Minas Gerais, como ele revelou na canção *Meus tempos de criança*, morrendo de saudade da professorinha que lhe ensinou o bê-a-bá, e da Mariazinha, a primeira namorada.

Baba-de-moça

(Receita preparada por dona Lucinha Nunes)

Ingredientes

250 g de açúcar
1 vidro de leite de coco
6 gemas de ovos
cravo e canela a gosto

Preparo

Numa panela, misture o açúcar com o leite de coco. Leve ao fogo e deixe engrossar um pouco até atingir uma calda de espessura média.

Numa tigela, bata bem as gemas com um garfo e passe-as na peneira.

Retire a calda do fogo e deixe esfriar ligeiramente. Junte as gemas e retorne rapidamente ao fogo, adicionando cravo e canela, mexendo sempre.

Sirva fria.

Rendimento: 6 porções.

O colossal apetite de Elvis Presley

As comemorações do cinqüentenário do *rock'n'roll* – se é que o *blues That's All Right*, gravado em julho de 1954 por Elvis Aaron Presley (1935-77), pode ser considerado o lançamento oficial de seu ritmo e melodia trepidantes – envolveram a mesa. Não a gastronomia requintada, pois o estilo extravagante do pioneiro trombava com o conceito habitual de elegância. Ele usava topete alto, enormes óculos escuros, jaqueta de couro apertada, calças boca-de-sino, calçados de verniz com salto alto, anéis, gargantilha, cinturão e adereços de metal, e arremessava ao público lenços nos quais enxugava o suor. Para arrematar, possuía uma voz tonitruante, cheia, doce e máscula, dançava de maneira *sexy*, requebrando os quadris, e levava os fãs ao delírio, influenciando o comportamento de uma geração que imediatamente o transformou em símbolo de sua rebeldia.

Na verdade, em matéria de comida, Elvis, o imortal rei do *rock*, nunca se livrou do paladar do rapaz que nasceu pobre em Tupelo, no Mississippi. Seus pais logo mudaram para Memphis, no Tennessee, em busca de uma vida melhor. Aos dez anos ganhou de aniversário a primeira guitarra. Meses depois, cantou pela primeira vez em público, num concurso regional. Aos 16 anos, empregou-se como caminhoneiro e colocou o pé na estrada. Sempre foi um incorrigível glutão, inclusive no tempo em que pesava apenas 70 quilos, ou seja, antes de ultrapassar os três dígitos da balança. Comia com prazer, mas nunca refinou o paladar.

A vida de Elvis foi explorada quase à exaustão. Sobre ela existem inúmeros livros. Vários se referem aos seus hábitos alimentares. Uma meia dúzia aborda exclusivamente o tema. As in-formações mais preciosas se encontram em dois: *The life and cuisine of Elvis Presley*, escrito por David Adler (Nova York: Crown Trade Paperbacks, 1962); e *The Presley family cookbook* (Memphis: Wimmer Cookbooks, 1980), de autoria de duas pessoas ligadas ao cantor, o tio Vester Presley e a cozinheira Nancy Rooks.

Na infância pobre, o cardápio de sua casa se resumia a broas de fubá, quiabo empanado, batatas e tomates fritos, sanduíche recheado com pasta de amendoim. Quando havia dinheiro, o menino se deliciava com um pouco de carne, que pedia bem passada. Também existiam algumas verduras e grãos, vindos da horta de uma tia dele: berinjela, couve, mostarda, feijão e ervilha.

Gladys, a mãe, que teve frustrado o sonho de ser atriz, não era grande cozinheira, mas se virava. Vernon, o pai, caçava por prazer e necessidade. Às vezes chegava em casa com um animal selvagem abatido, preparado e consumido em festa pela família. Nas refeições, o garoto Elvis bebia chá gelado, quase uma calda de tão doce. Aos domingos, mãe e filho iam aos cultos da igreja Assembléia de Deus. Os hinos da barulhenta liturgia pentecostal educaram a voz do futuro grande cantor. Encerrada a cerimônia religiosa, Elvis podia comer um pouco melhor. Os fiéis faziam piqueniques com o que de melhor conseguiam trazer e, obedientes às lições da fé, trocavam pratos: saladas um pouco mais incrementadas, frangos fritos, a onipresente broa de milho, sobremesas apetitosas.

Quando Elvis alcançou a adolescência, os Estados Unidos foram assolados por uma das epidemias de mau gosto que grassam de vez em quando no país. A culinária capitulou à onda da salada azul, da sopa de tartaruga *fake*, do bolo açucarado em formato de coração – e aí por diante. O pior é que ele adorava comer aquelas porcarias. Tanto que, no início da carreira, comprou um Cadillac cor-de-rosa e passou a gostar de algodão doce, cachorro-quente com bastante *ketchup* e mostarda, pipoca com manteiga e pimenta-do-reino, jujuba, xarope

de glicose de milho e refrigerantes artificiais. Aprendeu a apreciar charuto. Igualmente, nunca fumou bem. Possuía dinheiro suficiente para baforadas melhores. Mas gostava de fato dos charutos populares norte-americanos Hav-a-Tampa, fabricados na Flórida, produzidos à máquina com uma pasta de fumo, água e aglomerante. Ao ser convocado pelo exército, em 1958, e servir na base norte-americana de Bad Nauheim, Alemanha, como motorista de tanque, já era cantor famoso. Os soldados americanos consumiam couve, lingüiça, ovo na manteiga e carne de porco frita. Ele nunca se queixou da mesa da caserna.

Deu baixa em 1960 e voltou aos *shows*, filmes e gravações. Sete anos depois, casou com Priscilla Beaulieu, que lhe deu a filha Lisa Marie. Atuou em 33 filmes e vendeu em vida 500 milhões de discos. Ganhou fortunas e vários quilos, chegou a pesar mais de 115, pois comia descontroladamente. Um de seus pratos favoritos era o *ugly steak*, literalmente bife feio. A receita fazia jus ao nome. Recomendava cortar um pedaço de carne, passar na farinha de trigo e fritar com frango. O *ugly steak* ia à mesa estraçalhado, como a comida das crianças. Acompanhavam-no ervilha em lata, passada na manteiga, com cebola picada e vagens. Elvis havia ampliado o cardápio pessoal. Adorava costeleta de porco, peru, *roast beef* e todos os tipos de doce, sobretudo *sundae*.

Demonstrava particular afeição por banana. Certa vez, atracou-se com tanta afoiteza em meia dúzia de *sundaes* com calda quente que desmaiou e foi parar no Hospital de Memphis, cidade onde morava na mansão de Graceland, na qual acabou morrendo de ataque cardíaco, aos 42 anos, após ingerir drogas. Aliás, tornara-se um guloso incorrigível, revelando até hábitos noturnos. Acordava de madrugada para atacar a geladeira. Se estava no Hospital de Memphis – foi internado algumas vezes ali para desintoxicação –, uma enfermeira sua fã o ajudava na convalescência, ministrando ao ídolo fatias de torta de banana.

Até 2003, quem visitasse Memphis e entrasse no Elvis Presley's Memphis Restaurant, na rua Beale, 126, podia experimentar essa e outras receitas prediletas do rei do *rock*. A casa fechou as portas quando os clientes minguaram. Ao contrário de Elvis, que continua aplaudido em filmes e discos, admirado e imitado no mundo inteiro, sua comida saiu de moda.

Torta de banana

Ingredientes

Massa

125 g de manteiga em temperatura ambiente

1 ovo

1/2 xícara (chá) de açúcar

21 colheres (sopa) de farinha de trigo

1 colher (sopa) de fermento em pó

1 pitada de sal

Recheio

1/2 litro de leite

2 colheres (sopa) de maisena

3 gemas

6 colheres (sopa) de açúcar

1 colher (chá) de essência de baunilha

6 (ou mais) bananas maduras e firmes (montagem)

canela e açúcar cristal (para polvilhar – montagem)

Preparo

Massa

Misture a manteiga com o ovo, o açúcar e o sal.

Junte a farinha de trigo peneirada com o fermento e amasse com as mãos, até a massa ficar homogênea, úmida e tenra.

Coloque a massa numa fôrma redonda, abra-a e estenda-a com as mãos, no fundo e na borda da fôrma, de maneira que fique bem fina. Reserve.

Recheio

Em uma panela, misture o leite com a maisena, as gemas e o açúcar. Leve ao fogo brando, mexendo, até ferver e ganhar consistência. No final do cozimento, misture a essência de baunilha.

Montagem

Corte as bananas em tiras, no sentido do comprimento.

Deposite sobre a massa algumas tiras de banana, cobrindo toda a torta. Polvilhe com canela.

Coloque o creme de baunilha em cima e finalize com mais tiras de banana, distribuídas harmoniosamente sobre o creme.

Polvilhe com canela e açúcar cristal.

Leve ao forno preaquecido a 200°C, por cerca de 30 a 40 minutos.

Desenforme a torta fria.

Rendimento: 8 a 10 porções.

Mazzaropi e a culinária caipira

Descendente de italianos de Nápoles, pelo lado paterno, e de portugueses da Ilha da Madeira, por parte de mãe, Amácio Mazzaropi (1912-81), o caipira mais querido do Brasil, poderia ter sido um artista de inspiração urbana, como tantos outros de sua geração. Afinal, nasceu na capital paulista. Mas isso não aconteceu. Aos dois anos de idade foi morar no interior, acompanhando o pai, motorista de táxi, e a mãe, empregada doméstica. O casal mudou para Taubaté, no Vale do Paraíba, a fim de trabalhar na indústria têxtil. Então, o menino da cidade passou uma temporada na casa do avô materno, o português João José Ferreira. Com ele, descobriu os encantos do interior.

O pai da mãe era exímio tocador de viola, animador de festas e bailarino de cana-verde – dança de roda na qual homens e mulheres se defrontam e permutam lugares, formando pares. Aos sete anos, Mazzaropi voltou com os pais para São Paulo, retornando a Taubaté dois anos depois. Entretanto, já havia sido picado simbolicamente pela mosca azul, ou melhor, pela içá, a tanajura vale-paraibana. Se bem que, nos primeiros anos do século 20, as casas da grande metrópole nacional ainda possuíam hortas, galinheiros e até vacas leiteiras nos quintais; as crianças brincavam soltas, correndo nas ruas e subindo nas árvores; ninguém imaginava a invenção do videogame e dos jogos de computador; os vizinhos se conheciam e conviviam uns com os outros; a brutalidade do trânsito e a violência urbana eram impensáveis; e, para completar, o Brasil inteiro tinha alma caipira.

Acima de tudo, Mazzaropi soube tirar proveito dessa experiência. Trabalhou em circo, inicialmente como ajudante de faquir, depois contando piadas, e a seguir no teatro, rádio e TV, na qual foi o primeiro comediante a se apresentar, em 1950, na pioneira Tupi de São Paulo. Finalmente, chegou ao cinema, fazendo o Brasil rolar de rir entre as décadas de 1950 e 1970, representando um tipo popular, direto, puro, honesto e astuto, que levava a melhor sobre quem tentava enganá-lo; ou a vítima da adversidade, que superava com esperteza o inusitado; ou, então, o herói por acaso, feio, malvestido, desengonçado no modo de andar, mas que fazia sucesso com mulheres bonitas.

A crítica não se entusiasmava. Ele não se importava. Lembrava que crianças e adultos do país inteiro o adoravam. "Faço o humor que interessa ao povo", declarou certa vez. Além disso, ficou milionário, a ponto de comprar 184 alqueires de uma fazenda em Taubaté e instalar ali, em 1961, a sua produtora cinematográfica, a Pam Filmes.

Ator, cantor e diretor, Mazzaropi deixou 32 filmes, o primeiro intitulado *Sai da frente* (1952), hoje um clássico do cinema popular, e o último *O jeca e a égua milagrosa* (1979), todos de sucesso. Revelava senso de oportunidade. O êxito da novela *Beto Rockefeller*, da extinta TV Tupi, motivou *Betão Ronca Ferro* (1970); a onda de viagens dos brasileiros ao sul gelado da Argentina originou *Um caipira em Bariloche* (1973); *O exorcista*, de William Friedkin, resultou no *Jeca contra o Capeta* (1975).

Um dos segredos do fenômeno Mazzaropi era sua fina percepção da alma brasileira, que o fazia se interessar por todas as expressões populares, entre as quais se destacava a culinária, sobretudo a vale-paraibana. Em 1961, enquanto rodava *Tristeza do Jeca*, sua primeira fita colorida, encarregou um funcionário da Pam Filmes de encontrar uma cozinheira que soubesse "fazer comida gostosa do interior". A escolhida foi Maria Aparecida Barbosa. Trabalhou com ele até 1979, ou melhor, por dezoito anos. Mazzaropi gostava tanto dos seus pratos que a presenteou com uma ponta, no papel de cigana, em *Paraíso dos solteiros* (1969). "Meu patrão apreciava as comidas simples, mas exigia que fossem preparadas com capricho", contava Maria Aparecida.

A cozinha do atual Hotel Fazenda Mazzaropi (estrada dos Remédios, Taubaté), instalado no local em que funcionava a Pam Filmes, reproduz

algumas de suas receitas favoritas: bolinho-de-chuva, broinha e bolo de fubá, bolo de banana, ambrosia, paçoca de carne-seca no pilão, canjiquinha com carne, leitoa pururuca e filé grelhado com mexido de queijo.

Maria Aparecida destacava, entre as preferências do grande humorista, um dos pratos antológicos do Vale do Paraíba: o afogado. Ainda é saboreado com prazer pelos habitantes da região. Servem-no gratuitamente na tradicional festa do Divino Espírito Santo – cujas origens remontam ao tempo de Santa Isabel (1271-1336), mulher do rei português D. Diniz, elevada à glória dos altares no século 17, pelo papa Urbano VIII –, em louvor da Terceira Pessoa da Santíssima Trindade. Custeada pelos festeiros, a receita é preparada em grande quantidade, a fim de atender aos inúmeros fiéis que afluem à Casa da Festa. O enorme tacho exige a construção de um fogão redondo, erguido com tijolos de barro, unidos por uma liga de barro amassado com açúcar mascavo e estrume seco, extremamente refratária ao calor.

A receita do afogado varia de uma cidade para a outra, mas a principal diferença consiste em levar ou não mocotó. Seus ingredientes básicos: carne bovina, gordura, alho, cebola, tempero-verde, pimenta, sal e farinha de mandioca. Quanto mais tempo cozinhar, melhor o sabor. O resultado é um ensopado que nos remete às raízes da ocupação do Vale do Paraíba pelos colonizadores portugueses e sertanistas paulistas. Na festa do Divino Espírito Santo, cada participante recebe um prato de afogado, acompanhado de uma porção de arroz e meia cuia de farinha de mandioca. Também pode haver a iguaria nas festas juninas, em benefício das paróquias, e nas campanhas políticas, oferecido aos eleitores pelos candidatos a cargos eletivos.

O mais extraordinário na cozinha vale-paraibana é a sua resistência à tendência moderna de simplificação da culinária e à crescente influência exercida entre nós pela gastronomia estrangeira. E tudo isso acontece a poucos quilômetros de São Paulo, a metrópole mais cosmopolita do Brasil. Suas receitas continuam a ser preparadas do modo tradicional. Exemplo: seria imperdoável heresia servir na festa do Divino Espírito Santo um afogado feito na panela de pressão. Estranhamente, a literatura especializada dá pouca importância a essa cozinha monumental. Nas grandes cidades, só as comemorações juninas reproduzem algumas de suas receitas elementares para animar a exibição barulhenta das quadrilhas. Entretanto, seus pratos fortes sobrevivem incólumes, transmitidos de geração a geração, oralmente ou através dos cadernos de receitas das famílias da região. Impossível saber até quando isso acontecerá. Se valer o exemplo de Mazzaropi, porém, a estrada é longa. Falecido em 1981, o saudoso comediante permanece na memória do povo, que explode em gargalhadas quando algum canal de TV tem a idéia luminosa de reprisar um de seus filmes.

Afogado

Ingredientes

3 kg de músculo

2 patas de mocotó

30 ml de gordura vegetal ou animal

3 dentes de alho grandes socados

1 cebola grande picada

1 maço de tempero-verde (salsinha e cebolinha-verde) picado

1 folha de louro

4 folhas de alfavaca

sal e pimenta-do-reino moída na hora a gosto

Acompanhamento

farinha de mandioca o quanto baste

arroz branco

Preparo

O afogado deve ser preparado na véspera.

Limpe a carne, retirando toda a gordura e corte-a em pedaços médios.

Lave bem as patas de mocotó.

Numa panela grande, de fundo grosso, leve a gordura ao fogo.

Quando estiver quente, coloque o alho, depois a cebola e deixe dourar.

Junte o mocotó, em seguida a carne, e refogue bem.

Coloque os demais temperos e adicione bastante água ao refogado.

Cozinhe em fogo baixo, por cerca de 3 a 4 horas, até a carne ficar macia e o caldo um tanto denso.

Depois que estiver pronto, retire os mocotós e reserve o afogado na geladeira.

No dia seguinte, desengordure o caldo, retirando as placas de gordura que se formaram na superfície.

O afogado deve ser servido em pratos fundos e chegar à mesa fervendo.

A farinha de mandioca é colocada no prato de cada um, na proporção aproximada de 1 colher (sopa) rasa para 1 concha de caldo.

O arroz é servido separadamente.

Rendimento: 8 a 10 porções.

O mafioso que comia bem

Poucos chefões da máfia se revelaram mais influentes, frios e implacáveis do que Totó Riina, nascido na Sicília em 1930 e batizado com o nome de Salvatore Riina. Seu elenco de crimes e hábitos pessoais, até mesmo à mesa, foram exaustivamente investigados pelas autoridades italianas, inclusive pelo procurador Ignazio De Francisci. Pela estatura pequena, o poderoso chefão ainda recebeu o apelido secundário de Totó u Curto (Totó, o Curto). Embora medisse apenas 1,58 metro de altura e parecesse mais baixo com o passar do tempo, após engordar e aumentar a pança, muita gente sempre pronunciou seu nome em voz baixa.

As autoridades italianas associam Totó Riina aos delitos mais hediondos que a organização criminosa praticou no final do século 20. Graças à habilidade de trapacear os rivais e driblar as forças da lei – conseguiu ficar mais de duas décadas em liberdade – recebeu uma terceira alcunha: Homem sem Rosto. Eliminou todos os eventuais concorrentes, tornando-se uma espécie de ditador da facção da máfia surgida em Corleone, localidade de aproximadamente 12 mil habitantes, onde nasceu, perto de Palermo, a capital da Sicília. Assassinou o primeiro desafeto aos 19 anos de idade, foi condenado a seis anos de prisão, cumpriu pena, e nunca mais parou de matar.

Apesar de ter sido recapturado pela polícia em 1993, aos 62 anos de idade, e ficar encerrado desde então, num presídio de máxima segurança, as autoridades italianas atribuem a Totó Riina os principais homicídios da *cosa nostra* (outro nome da máfia) ocorridos antes e depois desse episódio, sobretudo a execução dos juízes federais Giovanni Falcone e Paolo Borselino. O automóvel no qual se encontravam os dois magistrados, coordenadores do *pool* que acossava a organização criminosa, foi explodido por um carro-bomba, nos arredores de Palermo. Outros representantes da lei, juízes e policiais, tiveram fim trágico. Nos anos 1980 e 1990, em meio aos sucessivos assassinatos, Totó Riina ampliou os negócios da máfia, primeiro no contrabando e depois no tráfico de drogas, fazendo-a acumular enorme fortuna.

Discreto e gentil, econômico nas palavras e paciente interlocutor, comia muito bem. Sempre que precisava arregimentar a família (o grupo submetido ao controle de um chefão) para operações de defesa ou agressão, promovia grandes banquetes. Exigia que tudo estivesse impecável: a toalha bordada, os talheres de prata, os pratos de porcelana, os copos de cristal. Como falava pouco, o baixo clero mafioso aprendeu a ler seus pensamentos. O procurador De Franscisci anotou um episódio delicioso sucedido no início de 1992, durante um farto almoço presidido por Totó Riina. Ele havia reunido à mesa diferentes famílias da *cosa nostra*, das cidades sicilianas de Marsala e Mazara del Vallo.

O objetivo era planejar um ataque conjunto contra a *stidda*, organização rival surgida na região em meados da década de 1980, com o propósito de destruir a hegemonia dos antigos chefões. No final do banquete, sem fazer qualquer pedido, manifestando-se apenas pela expressão facial, Totó Riina teve o desejo rapidamente interpretado por um *uomo di fiducia* (pessoa de influência média na máfia). O desconhecido pegou uma fruta, descascou e ofereceu ao *capo* (líder da *cosa nostra*). "Daquele almoço resultaram dezenas de homicídios, alguns com metralhadora, ocorridos em pleno dia, no centro de Marsala", conta De Francisci. "Militarmente derrotada, a *stidda* enrolou a bandeira."

Paradoxalmente, Totó Riina tinha um interesse em comum com os inimigos que exterminou. Também gostava de *spaghetti col sugo di grongo* (espaguete ao molho de congro), prato típico de Marsala, mencionado nos processos de De Francisci. Um dos *stiddari* sobreviventes confessou ao procurador ser receita emblemática. Após a prática de cada execução, seus comparsas chegavam em casa e pediam à mulher que a preparasse, para festejar.

Acompanhavam o prato com vinho siciliano, é óbvio. A seguir, iam descansar, já que não eram de ferro.

Recolhidos à prisão, os mafiosos continuavam a ter direito a um cardápio excelente. Nos primeiros dias de cadeia, Totó Riina só comia o que lhe fornecia a família. Afirma-se que o café-da-manhã, o almoço e o jantar vinham de um dos melhores restaurantes de Palermo. Um *uomo d'onore* (homem de honra, aquele que lava um insulto com sangue) precisa demonstrar seu desprezo a tudo o que vem do Estado, até mesmo a comida. Só deve aceitá-la quando não há outro jeito. Afinal, a fome também mata.

Spaghetti col sugo di grongo

(Espaguete ao molho de congro)

Ingredientes

500 g de spaghetti

600 g de congro fresco e limpo

75 ml de azeite de oliva

3 dentes de alho picados

3 colheres (sopa) de pinoli

1 peperoncino *(ou pimenta-dedo-de-moça) picado*

250 ml de vinho branco

6 tomates sem pele, grandes e maduros picados

3 colheres (sopa) de salsinha picada

sal e pimenta-do-reino moída na hora a gosto

Preparo

Corte o peixe em pedaços médios.

Numa frigideira grande, aqueça o azeite e faça murchar o alho. Baixe o fogo, junte o peixe e doure de todos os lados.

Introduza os *pinoli*, o *peperoncino* e o vinho branco.

Assim que o vinho evaporar, acrescente os tomates picados. Tempere com sal e pimenta-do-reino.

Tampe a frigideira e mantenha em fogo baixo, até o peixe cozinhar.

No último momento, introduza a salsinha picada.

Cozinhe a massa em abundante água fervente salgada. Escorra quando estiver *al dente*, passe para a frigideira e misture delicadamente ao molho.

Sirva imediatamente, em pratos fundos.

Rendimento: 4 a 6 porções.

O procurador que aprecia a comida da máfia

Desde o dia em que assumiu o cargo de procurador da República Italiana, em 1999, e foi transferido para a cidade de Agrigento, na Sicília, Ignazio De Francisci jamais deu descanso à máfia. Admirador e seguidor dos juízes Giovanni Falcone e Paolo Borselino, com os quais trabalhou, passou a combatê-la sem trégua. Severo e incorruptível, pertence à mesma estirpe daqueles bravos magistrados, assassinados em 1992 pela organização criminosa. Já mandou para a prisão vários mafiosos.

No curso de suas investigações, porém, De Francisci descobriu que eles têm uma boa qualidade: o paladar apurado. O procurador de Agrigento reconheceu essa virtude em textos publicados nos jornais e revistas da Itália. Seu artigo de maior repercussão saiu na edição de julho de 2002 da revista *Slow*, editada em Bra, no Piemonte. No texto, explicou o motivo de sua admiração. Segundo ele, o estudo dos alimentos consumidos pela máfia fornece "interessantes conclusões sobre a natureza da organização criminosa". Entretanto, na verdade, De Francisci se interessa pelo cardápio dos fora-da-lei porque gosta de comer bem.

O procurador de Agrigento nasceu em Palermo, a capital da Sicília. Antes, atuava no tribunal de sua cidade natal, como procurador substituto e juiz instrutor. Freqüentava o Carcere dell'Ucciardone, onde estiveram presos mafiosos famosos. Aparecia para interrogar os acusados. Ali foi parar Tommaso Buscetta, em 1984, após ser extraditado do Brasil, antes de se tornar o primeiro grande *pentito* (arrependido) da organização e de entregar o organograma e as atividades da máfia ao infortunado juiz Falcone, permitindo que o governo italiano operasse uma devassa nos quadros criminosos.

Pois bem, até hoje De Francisci guarda na memória olfativa as visitas ao Carcere dell'Ucciardone. Recorda com saudade o perfume das berinjelas fritas que emanava das celas ao percorrer os corredores. Certa vez, quebrou o mandamento profissional da circunspeção e expressou ao réu que ouvia, falando em siciliano fluente, sua admiração pelo aroma inebriante vindo do fogão instalado na cela. "Instintivamente, imaginei aquelas berinjelas dentro da 'mafalda', meu pão preferido, profundamente 'palermitano', com as gotas de azeite escorrendo na mão", recorda De Francisci. "O clima mudou, o réu continuou a não me dizer nada, mas seu rosto se distendeu." Evidentemente, o juiz instrutor recusou o convite para dar uma dentada naquela maravilha, socorrendo-se de uma mentira. Alegou sofrer de gastrite.

De Francisci conta que os mafiosos promoviam grandes banquetes nas celas do Carcere dell'Ucciardone. Chamavam-se *schitcchi* (comilanças, em siciliano) e aconteciam no Natal e na Páscoa. O chefão também festejava com bons pratos o aniversário e onomástico (dia do santo com o mesmo nome). "Ser admitido (para comer) em algumas celas era sinal de poder, enquanto ser excluído podia significar que aquele homem se tornara *posati*, ou seja, marginalizado pela organização", revela o procurador. Nesse caso, a vida dele valia pouco ou nada. A comida nas celas era a melhor possível. Enquanto, no meio rural, o cardápio dos mafiosos da Sicília se limitava a pratos rústicos, como a *pecora bollita* (ovelha cozida), que valiam por uma refeição completa – a receita foi revelada e divulgada por De Francisci –, na prisão se caracterizava pela delicadeza e variedade. Eram os mesmos dos banquetes urbanos.

Segundo o procurador de Agrigento, levavam muitas verduras e legumes, com destaque para as citadas berinjelas, elaboradas de várias maneiras, e os pimentões multicoloridos, especialmente os recheados. "A massa nunca faltava, quase sempre com tomate; o mesmo acontecia com sopas à base de verdura", assinala De Francisci. "Muito presentes eram as favas, difundidas na Sicília, e as alcachofras, aquelas com os espinhos, grelhadas nas brasas." Contrariando a dieta do interior, os criminosos saboreavam pouca carne. O procurador de Agrigento lamenta que, estando agora na defensiva, a máfia não lhe permita aprofundar sua pesquisa gastronômica. Para evitar os estragos do militante *pentito*, a organização se dividiu em pequenas células, reduzindo o conhecimento que os homens da base têm dos chefões e dos atos que praticam. Com isso, deixaram de realizar os grandes banquetes do passado, na prisão ou fora dela. Obviamente, ficou mais difícil para De Francisci saber o que os mafiosos comem.

Pimentões recheados

Ingredientes

6 pimentões vermelhos grandes
5 berinjelas picadas
2 colheres (sopa) de alcaparras
4 filés de anchovas esmagados
10 azeitonas pretas picadas
2 dentes de alho bem picados
1/2 cebola picada
50 ml de azeite de oliva
2 xícaras (chá) de purê de tomates
2 colheres (sopa) de folhas de manjericão picadas
sal e pimenta-do-reino moída na hora a gosto
azeite (para fritar)

Acompanhamento

salada verde e folhas de salsinha

Preparo

Corte a parte superior dos pimentões, reservando as tampas. Retire as sementes e coloque os pimentões de molho por uns 15 minutos em água com sal. Escorra.

Polvilhe as berinjelas com sal e deixe escorrer numa peneira.

Frite as berinjelas no azeite quente. Coloque em papel absorvente.

Misture as berinjelas com as alcaparras, as anchovas e as azeitonas. Recheie os pimentões com essa mistura.

Refogue o alho e a cebola no azeite. Junte o purê de tomates, o manjericão, a salsinha e tempere com sal e pimenta. Ao levantar fervura, incorpore os pimentões recheados, tampe a panela e cozinhe até eles ficarem macios.

Sirva os pimentões com as tampas, acompanhados da salada verde e da salsinha.

Rendimento: 6 porções.

A ovelha da máfia

Romances e filmes já falaram bastante da máfia – organização criminosa formada na Sicília, Itália, a partir do século 18, quando a dinastia espanhola dos Bourbon conquistou a coroa daquela ilha e de Nápoles, no continente. A fragilidade do poder regional, aliada ao sentimento de autonomia da população, propiciou o surgimento de uma sociedade secreta, hierarquicamente ordenada, arregimentada em "famílias", que passou a atuar arbitrariamente no território. Sobrevivendo até hoje, suas ações se amparam na *vendetta* (vingança) e vários calibres de violência contra as pessoas que não querem se sujeitar a ela, e na milenar *omertà* (lei do silêncio) respeitada pela população rural. Mas a maioria dos trabalhos sobre a máfia enfatiza sua ramificação norte-americana, a *cosa nostra* que imigrantes sicilianos levaram para os Estados Unidos. Até sua cozinha já foi explorada, da montagem da salada ao preparo do macarrão.

Um filme sempre lembrado é *O poderoso chefão*, de Francis Ford Coppola. Na verdade, foram três. O primeiro e mais atraente, feito em 1972, narra a história do imigrante siciliano Don Vito Corleone, interpretado por Marlon Brando –, que deixou a terra natal para "fazer a América" e ali se tornou líder da *cosa nostra* – e da ascensão de seu filho americano Mike, vivido por Al Pacino. Chefões e subalternos da organização criminosa foram retratados no cinema vivendo em Chicago, Nova York e outras metrópoles dos Estados Unidos que eles tumultuaram nas décadas de 1920 e 1960, tiroteando com a polícia. Vestem roupas elegantes, fumam charutos cubanos, bebem vinho tinto e comem bem. Mas pouco se tem falado da cozinha dos mafiosos que nunca saíram da Sicília.

Surgida entre agricultores e pastores, era natural que a máfia siciliana adotasse a dieta camponesa. A cozinha da região é provavelmente a mais antiga da Itália e talvez a mais rica em especialidades. Tem receitas à base de abobrinha, alcachofra, brócolis, fava, pimentões, tomates, enfim, usa muitos vegetais. É grande a variedade de frutas, destacando-se o prestigiado limão e a laranja vermelha, com sumo dessa cor, a uva de mesa e o figo-da-índia. Próximos ao litoral, existem pratos de mar. Os habitantes da província de Trapani são famosos pelo preparo do atum, conservado em óleo e sal, e pelo emprego das ovas desse peixe na elaboração da *bottarga*; os de Messina são mestres em cozinhar o peixe-espada, grelhado ou frito. No interior da ilha, aparecem as carnes, sobretudo de caprinos e ovinos, guiados por pastores silenciosos. Entre os queijos, distinguem-se o *pecorino* e o *ragusano*, além da ricota. As massas jamais faltaram. Pode ter sido ali que começaram a ser preparadas na Itália, por ocasião da dominação árabe, nos séculos 9º e 10º Recebem molho de tomate e manjericão, às vezes enriquecido com berinjela frita; ou de sardinha, anchova, erva-doce, uva-passa, *pinoli* e açafrão.

O azeite e a azeitona sempre foram ingredientes obrigatórios. No 6º volume da obra *Cucina regionale italiana*, de 1987, editada em Bergamo, Stella Donati ressalta que uma das características da cozinha siciliana é o fato de um mesmo prato ser preparado em versão pobre e rica. "Típico exemplo é a *caponata*, originalmente uma salada de aipo, berinjela e molho de tomate agridoce", diz. "Também pode receber alcaparra, azeitona, *bottarga*, peixe-espada, lagosta, alcachofra e pontas de aspargo." Os vinhos regionais que acompanham a comida exibem a mesma capacidade de exaltação dos sentidos. São o Alcamo, Cerasuolo, Contea, Contessa, Eloro, Etna, Faro, Malvasia delle Lipari, Menfi, Moscato di Noto, Moscato di Pantelleria, Moscato de Siracusa, Regaleali, Santa Margherita di Belice e o célebre Marsala, desenvolvido no século 18 por influência inglesa.

Desde o seu aparecimento, a máfia siciliana senta à mesa com finalidades logísticas. Comendo e bebendo, planeja ações, discute insucessos, estreita vínculos entre as "famílias". Nas grandes cidades, realiza banquetes a portas fechadas, com algum militante vigiando a porta, para controlar a aproximação da polícia e grupos rivais. Nas pequenas comunidades, promove almoços com a aparência de reuniões entre amigos. Razões estratégicas mandam que esses encontros se repitam esporadicamente e raramente no mesmo lugar. Por isso, os banquetes urbanos precisam ser demorados e os repastos interioranos têm que incluir pratos de longo preparo – como a receita da ovelha cozida que publicamos. Na zona rural, os militantes acompanham em volta do fogo a elaboração da comida, bebendo e tramando. Em qualquer caso, nenhum assunto da pauta continuará pendente após a sobremesa.

Um dos últimos banquetes da máfia siciliana aconteceu em 1992, patrocinado por Salvatore Riina, líder da facção Corleonese. O chefão convidou "famílias" das cidades de Marsala e Mazara del Vallo, perto de Trapani, para traçar uma estratégia de combate a dois rivais. Um mafioso arrependido concedeu às autoridades de Trapani precioso relato sobre a cerimônia. Descreveu o chefão Riina como um homem de aparência serena, equilibrado nas palavras e amante da boa mesa. Durante toda a refeição foi cercado de amabilidades. A certa altura, alguém lhe tirou delicadamente a fruta da mão e a descascou para ele comer com firmes dentadas. Foram servidos inúmeros pratos e vinhos à vontade. O banquete resultou em dezenas de execuções à luz do dia, em Marsala e Mazara del Vallo. Os adversários do chefão foram aniquilados militarmente.

O impassível Riina seguiu ao pé da letra o código da organização criminosa. O chefão – também chamado de *capo* – precisa ser discreto. Nas atividades cotidianas, não pode aparentar pertencer à organização criminosa ou revelar seu *status* aos outros, exceto para os companheiros aos quais for apresentado ritualmente. Deve viver sem ostentação, como uma pessoa comum. Quando mandar matar, que dê a ordem com naturalidade, "como se pedisse para abater uma árvore". Atualmente, são raros os banquetes iguais ao de Riina. Para se proteger do estrago provocado pelos mafiosos arrependidos, os chefões se limitam a ter contato com a alta hierarquia, expõem-se cada vez menos aos militantes da base.

Em artigo publicado na imprensa italiana, o procurador federal Ignazio De Francisci, da cidade siciliana de Agrigento, afirmou que a máfia da região continua a preparar pratos históricos nos seus encontros, como é o caso da ovelha cozida. Antiga especialidade de pastores, leva horas para ficar pronta, pois usa a carne fibrosa e dura da ovelha velha, a fêmea do ovino em final de vida, e não a do cordeiro, o macho jovem, suculento e macio. Além disso, a receita manda trocar três vezes a água do cozimento, para eliminar a gordura. A última é utilizada em uma *minestra* (prato úmido, sem ser uma sopa) que precede a ovelha na mesa. As referências a esse alimento tosco aparecem em diversas investigações, particularmente as realizadas na província de Trapani. "Comer a ovelha cozida é descobrir um dos elementos fundamentais da máfia", afirma De Francisci. "Serve para entender a lógica da organização criminal, impiedosa e dura como a vida do pastor siciliano, anárquico por vocação, contrário a toda forma de lei por instinto natural."

Quando o chefão é preso, o cardápio não costuma mudar radicalmente. Por tradição, ele deve recusar os alimentos oferecidos pelas autoridades, desprezar tudo o que vem do Estado. Sempre que possível, come apenas o que lhe traz a mulher ou a família. Reparte os alimentos com os companheiros de prisão, externando solidariedade. No passado, os mafiosos podiam comer nas celas dos outros. O endurecimento da repressão à máfia acabou com essa liberalidade. Afinal, os convites serviam ao jogo do poder.

Uma pessoa que suspeitava estar ameaçada de morte, porque falara demais, era convidada para comer na cela da outra. A recusa seria um gesto imperdoável. Aceitava a convocação e recebia acolhida afetuosa. Quase sempre lhe davam a melhor porção de comida. Saía convencida de que sua suspeita era infundada. Mas tanto podia ser poupada como *filata* – palavra que na gíria mafiosa significa enganada. Nesse caso, abaixava a guarda e era assassinada facilmente na prisão ou fora dela. No final de seu artigo, De Francisci sublinha a importância do alimento na organização criminosa e propõe um estudo adicional: pesquisar a cozinha das autoridades que combatem a máfia. Se forem sicilianas, o levantamento será redundante. Não haverá grandes diferenças entre a comida de mocinhos e bandidos. Ambos nasceram em uma região da Itália onde a devoção à boa mesa equivale ao genético amor à terra.

Ovelha cozida

Ingredientes

Ovelha

3 kg de carne de ovelha velha (costela ou carré)

vinagre e água, em quantidades iguais, para deixar a carne de molho

2 cebolas picadas

1 dente de alho picado

60 ml de azeite de oliva

2 talos de aipo picados

500 g de tomates sem pele, bem maduros

150 g de lingüiça defumada em pedaços

1 pimenta-dedo-de-moça picada

1 folha de louro

água o quanto baste

sal a gosto

caponata *para acompanhar (dourar em azeite cubos de berinjela, aipo e cebola. Junte cubos de tomate, alcaparras, azeitonas,* pinoli, *uva-passa e tempere com vinagre balsâmico, sal, pimenta e uma pitada de açúcar. Cozinhe por cerca de 10 minutos, cuidando para os ingredientes não perderem a textura. Sirva a* caponata *quente ou fria, conforme preferir)*

Minestra

80 g de toucinho picado

400 g de pão caseiro, de dois dias, cortado em fatias de no máximo 1 centímetro

400 g de queijo fresco (de ovelha ou cabra) cortado em fatias finas

2 dentes de alho picados

1 xícara de chá de salsinha picada

caldo do cozimento da ovelha, o quanto baste

folhas de hortelã picadas a gosto

sal a gosto

pimenta-do-reino a gosto

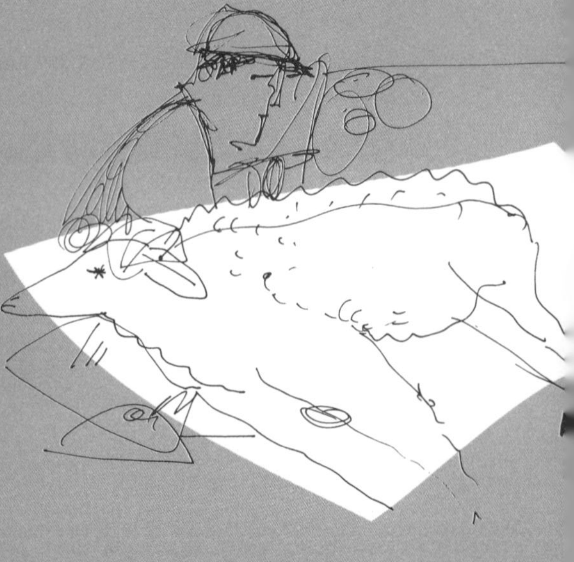

Preparo

Ovelha

Tire fora o excesso de gordura da carne e deixe-a de molho por 30 minutos numa solução de vinagre diluído em igual quantidade de água. Retire a carne do molho, passe para uma panela e leve ao fogo com bastante água. Quando levantar fervura, troque a água e ferva novamente. Repita a operação pela terceira vez. Passe o caldo pelo coador e reserve.

Numa panela de fundo grosso, murche a cebola no azeite e em seguida junte o alho. Coloque a carne cortada em pedaços e deixe dourar. Adicione o aipo, o louro, os tomates, a lingüiça e a pimenta. Tempere com sal e incorpore o caldo do terceiro cozimento, aos poucos. Cozinhe lentamente, por cerca de 3 horas.

Minestra

No fundo de um prato refratário, distribua o toucinho. Coloque em cima uma camada de pão e outra de queijo.

Numa tigela, misture o alho, a salsinha, a hortelã, a pimenta e o sal. Polvilhe esses temperos sobre o queijo e faça novas camadas de pão, queijo e temperos, até quase completar o refratário.

Finalize colocando por cima, lentamente, um pouco do caldo quente, o suficiente para amolecer o pão. No final, o prato deve ficar úmido.

Leve ao forno aquecido a 200°C, até gratinar a superfície.

Finalização

Enquanto a ovelha cozinha na panela, retire a *minestra* do forno e sirva-a em temperatura moderada.

Quando a carne estiver bastante macia, leve-a à mesa acompanhada da *caponata*.

Rendimento: 6 porções.

O chefão preso pela boca

Agentes da polícia militar italiana, treinados para missões especiais, pertencentes ao ROS (Raggruppamento Operativo Speciale), cercaram em setembro de 2005 um edifício do bairro de Secondigliano, na periferia de Nápoles; arrombaram a porta de um apartamento e prenderam sem encontrar resistência o cidadão local Paolo Di Lauro, 52 anos, considerado um dos trinta criminosos mais perigosos do país. "Estou calmo, tranqüilo, tranqüilo", afirmou ele ao perceber que não poderia escapar. A operação consumira quatro meses de investigações secretas. Apesar de ser o poderoso chefão de uma das mais temidas facções da *camorra*, a versão napolitana da máfia siciliana, Di Lauro parece um homem comum. Fala educadamente, veste-se com elegância e, acima de tudo, sabe comer muito bem. Foi preso justamente pela boca.

Foragido há três anos, perambulou disfarçado pela Campanha, a região cuja capital é Nápoles, e outros pontos da Itália. Na metade do ano retornou à cidade natal, epicentro de suas atividades, aparentemente para encerrar a guerra desastrosa que a ala liderada por ele travava desde 2004 com a facção dos *scissionisti* (secessionistas), da qual resultaram mais de cinqüenta mortos de ambos os lados. Os rivais se recusaram a aceitar as novas regras impostas por Di Lauro para os negócios da *camorra*: tráfico de drogas, lavagem de dinheiro sujo, comércio ilegal de armas, extorsão, agiotagem e lenocínio. Escondeu-se no apartamento de Fortuna Liguori, 40 anos, mulher de um subalterno encarcerado pelo ROS. Mesmo na clandestinidade, o chefão continuou a cultuar a boa mesa. Três ou quatro dias na semana, Fortuna o deixava trancado e ia comprar os frutos do mar favoritos de Di Lauro, necessariamente frescos, sobretudo as *vongoli* (*amêijoas*, em dialeto napolitano) *veraci* (verdadeiras); peixes como a *pezzogna*, também chamada *occhioni*; *bottarga* de uma variedade de tainha, ou seja, ovas levemente salgadas, prensadas e maturadas durante certo tempo.

Ciente das preferências gastronômicas do chefão, os agentes federais passaram a investigar os comerciantes de peixe de qualidade na orla de Nápoles. Localizaram o seu fornecedor; esperaram pela chegada de Fortuna, seguiram-na e capturaram Di Lauro. No apartamento de Secondigliano, a mulher lhe preparava deliciosas raridades. As *vongoli veraci* estão escassas. Além de mais carnudas e perfumadas do que as outras variedades regionais, apresentam mais sabor. Por isso, rareiam com a captura indiscriminada e as doenças provocadas pela contaminação do mar. Agora, sobrevivem em pequenos bancos, tornaram-se iguaria proibitiva aos bolsos pouco endinheirados. Com esse ingrediente excelso, Fortuna lhe preparava molhos destinados às massas de fio, como *spaghetti* e *vermicelli*. A *pezzogna* se caracteriza igualmente pela exclusividade. Peixe da família do pargo, tem olhos graúdos, corpo cinza-prateado, barbatanas e rabo avermelhados, carne delicada e apetitosa. É consumida assada ou cozida, especialmente com molho de tomate. Pesa em média 800 gramas, embora possa alcançar 5 quilos. Até o século passado, nadava a uma profundidade de 100 a 200 metros; hoje, permanece abaixo de 500 metros.

A *camorra* nasceu em Nápoles no século 16, durante a dominação espanhola. Ao contrário da máfia siciliana, não possui raízes rurais, mas urbanas. Instalou-se nos bairros mais populosos da cidade, como por exemplo Secondigliano, reduto de Di Lauro. Originalmente, vivia de cobrar proteção das casas de jogos de azar. Depois, passou a extorquir dinheiro dos comerciantes em geral. Também difere da máfia por não dispor de um comando central, a chamada *comissione*. As autoridades descobriram que a *camorra* se subdivide em 111 famílias, mais ou menos ligadas entre si, com cerca de 6.700 filiados ativos na região da Campanha e no exterior. Distribui heroína enviada pelas máfias da Turquia, Síria e Egito; a cocaína vem da Colômbia;

a maconha é do Marrocos. Só em 2004 faturou 7.230 milhões de euros com o tráfico de armas, enquanto a lavagem de dinheiro sujo rendeu-lhe 2.582 milhões, o comércio ilegal de armas 2.066 milhões, a extorsão e a agiotagem 362 milhões e o lenocínio 258 milhões.

Após a detenção, Di Lauro foi conduzido ao Carcere di Poggioreale, um presídio de segurança máxima, onde já se encontravam outros comparsas. Entretanto, nada garante que deixou de comer bem. Apesar do endurecimento da repressão à *camorra*, as autoridades toleram que os parentes levem comida aos presos. Bom apetite, chefão!

Pezzogna al sugo

Ingredientes

1 kg de pezzogna *(peixe napolitano da família do pargo) em postas*

4 colheres (sopa) de azeite de oliva

2 dentes de alho inteiros

1 cebola grande picada

150 ml de vinho branco

600 g de tomates pelados picados

1 pimenta dedo-de-moça picada sem sementes

salsinha picada para polvilhar

sal e pimenta-do-reino branca moída a gosto

Preparo

Tempere as postas de *pezzogna* com sal, pimenta-do-reino e reserve-as por 30 minutos nesses temperos.

Em uma frigideira grande e de fundo grosso, aqueça o azeite, junte os dentes de alho inteiros e em seguida a cebola picada. Quando o alho dourar, incorpore a pimenta dedo-de-moça. Elimine os dentes de alho.

Doure as postas de peixe dos dois lados, por alguns minutos. Coloque o vinho, deixe evaporar, junte os tomates e ajuste o sal.

Cozinhe por cerca de 15 minutos, em fogo brando, com a frigideira tampada. Sirva o peixe polvilhado com salsinha.

Rendimento: 4 porções.

O papa João Paulo II e o bolo de frutas secas

O prelado que trabalhava na Congregação para os Bispos entrou no escritório de João Paulo II e, após a saudação de praxe, dissertou sobre o documento que tinha em mãos. A seguir, depositou-o sobre a mesa para o papa assinar. Mas, antes de ler o texto, João Paulo II indagou: "Já consultaram D. Eugênio Sales?". Referia-se ao então cardeal-arcebispo do Rio de Janeiro, uma das mais ilustres e respeitadas figuras da Igreja católica. Como o documento nomeava o bispo de uma diocese do Brasil, o papa queria a opinião de seu fiel e dileto colaborador. Só depois assinaria o documento. "Santo Padre, D. Eugênio se encontra no Rio de Janeiro e não há tempo para ouvi-lo, pois necessitamos tomar esta decisão nesta semana", respondeu o prelado. Corria o ano de 1989 e o novo bispo substituía um colega, afastado por atingir o limite de idade, que atuava numa região influenciada pela Teologia da Libertação, a corrente teológica de esquerda que a Santa Sé procurava neutralizar.

"D. Eugênio se encontra em Roma", afirmou-lhe o papa. "Esperemos até amanhã." O prelado estranhou a informação, mas obedeceu. Nenhum dos dois tivera contato com o cardeal do Rio nos últimos dias. Naquela manhã, porém, João Paulo II encontrara uma pista de D. Eugênio na mesa do desjejum. Além dos habituais pão, manteiga, geléia e ovo, havia ali uma doce e suculenta papaia brasileira. O papa ficara encantado com essa fruta ao saboreá-la em 1980, na primeira viagem ao nosso país. Toda vez que ia a Roma, o cardeal do Rio pedia à Varig para embarcar uma caixa de papaia endereçada ao papa. As frutas eram entregues no dia da chegada. D. Eugênio só aparecia no Vaticano na manhã seguinte. A papaia indiscreta anunciava sua presença.

João Paulo II foi apresentado a várias frutas tropicais nas primeiras viagens pelo mundo, após assumir o trono de São Pedro, em 1978. Interessou-se por algumas. Além da papaia, descobriu o sabor da manga e do abacaxi. As peregrinações ao exterior, associadas à influência da cozinha italiana, diversificaram sua dieta. Até então, seguia um cardápio rigorosamente polonês, com refeições à base de peixe e pato, salsicha e presunto, batata e nabo, couve e repolho, pepino e cevada, vagem e cogumelo; e, na sobremesa, quase sempre o bolo de frutas secas que o acompanhou pela vida afora. No final, às vezes tomava um pequeno cálice de vodca.

Ao se instalar no Vaticano, inicialmente conservou os hábitos alimentares natais. Para isso, contou com a ajuda das cinco freiras da Congregação das Servas do Sagrado Coração de Jesus, que o acompanhavam desde Cracóvia, onde havia sido cardeal-arcebispo. As dedicadas religiosas cuidavam dele há cerca de vinte anos.

A líder do quinteto era irmã Tobiana, uma médica que trocou o juramento de Hipócrates pelos votos religiosos. Com o agravamento dos problemas de saúde de João Paulo II, virou assistente de seu médico pessoal, professor Renato Buzzonetti. A segunda, irmã Eufrosiana, cuidava da correspondência pontifícia. A terceira, irmã Matilda, encarregava-se das roupas de João Paulo II. A quarta, irmã Fernanda, zelava pela despensa. Encomendava e controlava a qualidade dos alimentos destinados à cozinha. A última, irmã Germana, preparava a comida do papa. Cozinheira de mão cheia, ao se instalar no Vaticano assimilou novidades culinárias. Salvo nos últimos anos, quando a saúde de João Paulo II se complicou, obrigando-o a alimentar-se de sopas leves, verduras cozidas no vapor, carnes brancas grelhadas e chá, ele sempre teve bom apetite, embora nunca haja cometido excessos à mesa.

Um dos derradeiros banquetes do qual participou aconteceu em 2000, em comemoração aos seus 80 anos de idade. O cardápio se compunha de *gnocchetti*, *risotto alla milanese*, medalhões de lagosta e filé com espinafre. O vinho era o italiano Chianti Clássico e não faltou o bolo de frutas.

Em 2002, a comemoração se limitaria a um almoço na companhia de um amigo de muito tempo, o cardeal polonês André-Marie Deskur, e do cardeal italiano Angelo Sodano, secretário de Estado do Vaticano. No final da refeição, a irmã Germana trouxe um bolo de frutas com 82 velas. Os problemas de saúde do aniversariante desaconselhavam uma confraternização exaustiva.

Mais do que um gosto adquirido, o bolo de frutas parecia aguçar, em João Paulo II, antigas reminiscências afetivas. Nas comemorações importantes, sempre esteve em sua mesa, inclusive no Natal.

Coincidentemente, ofereceram-lhe vários bolos de frutas durante os périplos internacionais. Um deles foi em Porto Alegre, no ano de 1980, preparado pela emérita cozinheira e professora de culinária Maria Teresa Pessano.

Eu viajei diversas vezes com João Paulo II, inclusive no período em que fui correspondente da revista *Veja*, em Roma; e o encontrei pessoalmente em 1988, num chá que ele ofereceu à imprensa estrangeira, em Castel

Gandolfo, a residência de verão dos pontífices, perto da capital italiana. Havia uma grande mesa no jardim repleta de biscoitos, docinhos e bolos. O papa cumprimentou cada um dos convidados, trocando breve diálogo e posando para fotografias. Ficaram impressões marcantes: a mão gelada, o olhar forte, quase desconcertante, a imagem de um líder religioso convencido da transcendência de sua missão, que não tinha dúvidas de nada, sobretudo da fé.

Bolo polonês de frutas secas

(Receita tradicional, testada pelo *chef*
Luciano Boseggia, de São Paulo, SP)

Ingredientes

Bolo

1 xícara (chá) de leite morno

50 g de fermento para pão

100 g de manteiga

500 g de farinha de trigo peneirada

2 ovos batidos ligeiramente

2 xícaras (chá) de açúcar

1/2 xícara (café) de óleo

1/2 xícara (café) de cognac

1 colher (chá) de essência de baunilha

1 colher (chá) de raspas de casca de limão

1 colher (sobremesa) de raspas de casca de laranja

1 pitada de noz-moscada

1 pitada de sal

1 1/2 xícara (chá) de uvas-passas

1 1/2 xícara (chá) de frutas cristalizadas

farinha de trigo (para polvilhar)

manteiga (para untar)

Farofa

50 g de manteiga em temperatura ambiente

1 xícara (chá) de farinha de trigo

1/2 xícara (chá) de açúcar

Decoração

frutas cristalizadas

Preparo

Bolo

Dissolva o fermento no leite morno e deixe levedar por cerca de 15 minutos.

Junte os demais ingredientes (com exceção das frutas) e trabalhe a massa, até desgrudar da mão, ficando lisa e homogênea. Cubra com um pano seco e deixe crescer por uns 30 minutos.

Polvilhe levemente as frutas com um pouco de farinha de trigo e misture-as à massa do bolo.

Passe a massa para uma assadeira (ou fôrma) untada com manteiga e deixe crescer novamente até quase dobrar de tamanho.

Farofa

Numa tigela, vá misturando os ingredientes até obter a consistência de farofa.

Finalização

Cubra a massa com a farofa e leve ao forno preaquecido a 200°C, por cerca de 30 a 40 minutos.

Desenforme frio e decore com as frutas cristalizadas.

Rendimento: 10 porções.

O papa Bento XVI e o doce

A discrição que envolve a vida particular do papa esconde suas preferências à mesa, até porque religiosos e fiéis devem evitar a tentação da gula.

O papa Bento XVI, que até ascender ao trono de São Pedro, em 2005, chamava-se Joseph Alois Ratzinger e era cardeal-prefeito da Sagrada Congregação para a Doutrina da Fé, evita participar de refeições públicas, exceto dos banquetes que o homenageiam. Assim mesmo raros e geralmente em instituições eclesiásticas.

Às vésperas do Natal de 2006, porém, um funcionário do Palácio Apostólico confidenciou que, naquele ano, a ceia de Bento XVI teria um doce chamado *tiramisu*, que ele conheceu na Itália. Leva café em pó, água, conhaque, biscoito inglês ou champanhe, gemas de ovos, açúcar de confeiteiro, *mascarpone* (laticínio de massa branca e cremosa, sem sal e ligeiramente ácido) e, no final, é polvilhado com chocolate amargo. O papa foi apresentado a essa delícia em Roma, depois de 1982, quando passou a viver ali.

Sobremesa energética, "*che ti tira su*", ou seja, "que te levanta", o *tiramisú* foi divulgado amplamente no século XX em Treviso, na região do Vêneto, pelo restaurante Da Alfredo, primeira casa aberta pelo Grupo Toulà. Alguns o dizem criado para revigorar boêmios, na região do Vêneto, após a Segunda Guerra Mundial. Outros localizam seu nascimento no século XVII ou XVIII, na região da Toscana, em banquete que homenageou o grão-duque Cosimo III de Médici (1639-1723), membro da ilustre família renascentista que por anos a fio governou Florença. Em virtude da consistência mole, a preparação se chamava *Zuppa del Duca*. Hoje, é uma das sobremesas mais oferecidas nos restaurantes italianos do mundo inteiro.

Desde os tempos de religioso na Alemanha, o atual Bento XVI freqüentou restaurantes. Ao mudar para Roma, manteve o hábito. Na capital italiana, ficou conhecido como um dos prelados da Cúria Romana que mais comia fora de casa. Gostava de sair para jantar. Entretanto, nunca demorava muito, pois no dia seguinte precisava acordar cedo e celebrar a missa matinal. Logo passou a ser visto na Cantina Tirolese, da Via G. Titelleschi, 23, tel. 06.68135297, perto do Vaticano, dedicada à cozinha germânica. Na época, ainda adotava exclusivamente essa culinária. Pedia *consommé*, seguido de um prato de frios ou de salsichas brancas ao molho de mostarda, acompanhadas de *knödel* (bolinho de massa leve, cozido em água). Como sobremesa, solicitava uma fatia de *apfelstrudel* (espécie de rocambole de maçã) ou *sachertorte* (torta de chocolate austríaca), pois adora doces em geral. Tomava quase sempre água e raramente cerveja, a bebida predominante no lugar. Até ser eleito papa, Bento XVI ia à Cantina Tirolese, embora ultimamente fosse menos assíduo. Depois que descobriu a culinária italiana, escolheu outro endereço na vizinhança, o Ristorante Da Roberto al Passeto di Borgo, situado no Borgo Pio, 60-62, tel. 06.68803957. Ali teria descoberto o *tiramisú*.

"O cardeal Ratzinger veio aqui bastante", orgulha-se Roberto Fulvimari, proprietário da casa. "A última foi três ou quatro dias antes do conclave que o elegeu pontífice. Encantava-nos pela simplicidade. Se o vizinho de mesa puxava conversa, respondia com educação. Nunca apareceu sozinho." Na década de 1980, acompanhava-o sua única irmã, Maria Ratzinger, falecida em 1991, que morava com ele e lhe dedicava cuidados como se fosse um filho. "Era uma mulher gentil", relembra Fulvimari. "Além disso, falava pouco e, sentindo-se cansada, apoiava a cabeça no braço direito e tirava uma soneca." Muitas vezes o cardeal alemão Paul Agustín Mayer, então prefeito da Congregação para o Culto Divino e a Disciplina dos Sacramentos, velho amigo de Ratzinger, incorporou-se à dupla. Nos últimos anos, o futuro Bento XVI apareceu no Passeto di Borgo escoltado por seu fiel secretário particular, monsenhor Georg Gänswein, o Don Giorgio, como o apelidaram no

Vaticano. "O cardeal Ratzinger sempre comeu de tudo", acrescenta Fulvimari. Entretanto, revelava predileção pelo *spaghetti alla carbonara* (massa de fio, com molho feito de *pancetta*, alho, azeite, ovos, queijos *pecorino* e parmesão ralados, sal e pimenta moída).

O nome da receita evoca uma sociedade secreta e política que atuou na Itália e França do século 19, chamada Carboneria. Defendia um programa liberal-constitucional, mas ficou mais conhecida pelo *spaghetti* que a homenageia do que pelas idéias políticas. "Como o prato é bastante forte, ocasionalmente o cardeal Ratzinger pedia meia porção", diz Fulvimari. "Terminado o *spaghetti alla carbonara*, ele escolhia um assado de vitelo acompanhado de batatas ou, então, *carciofi alla romana* (alcachofras crocantes, fritas em azeite). Para encerrar, solicitava o *tiramisú*. Também no Passeto di Borgo, o cardeal Ratzinger só bebia água, suco de laranja ou limonada e raramente vinho. Poucos meses antes de ascender ao trono de São Pedro, Bento XVI recebeu para um jantar, em seu apartamento no Vaticano, a jornalista Alessandra Borghese, da revista semanal italiana *Panorama*, e a princesa germânica Glória Thurn und Táxis. Don Giorgio também se uniu ao grupo. O que mais surpreendeu Alessandra foi encontrar um anfitrião afável, doce e, especialmente, bem-humorado. "Quem o descreve como gelado, reservado, inacessível e intelectual demais, não o conheceu", afirmou ela na *Panorama* de 8 de novembro de 2004. Além disso, encantou-a a simplicidade da comida. Ao entrar na sala de refeições, o quarteto já encontrou na mesa o antepasto: finas lâminas de *bresaola* (carne-seca curada na Lombardia) temperadas com azeite, acompanhadas de gomos de *grapefruit*.

Não existia vinho, apenas limonada. Ratzinger explicou que, precisando acordar às seis horas da manhã, para enfrentar intensa jornada de trabalho, convinha-lhe evitar bebidas alcoólicas à noite – e estendeu a cautela aos convidados. Veio a seguir uma *zuppa di verdura* e, na continuação, peito de frango grelhado com salada campestre. Na sobremesa, o cardeal saboreou abacaxi, enquanto os demais iam de sorvete. Na primeira viagem oficial à Alemanha, em 2005, Bento XVI foi homenageado com um banquete no Seminário Redemptoris Mater, de Colônia. Entre os pratos, havia salada de folhas com terrina de fígado e *risotto* de aspargos. Segundo o cardeal Tarcisio

Bertone, atual arcebispo de Gênova, que desempenhava o cargo de secretário da Congregação para a Doutrina da Fé, o papa adora arroz, sobretudo o cultivado em Vercelli, no Piemonte, um dos melhores do mundo, e detesta cogumelo de qualquer tipo e procedência. O vinho era o espanhol Don Román 2002, um tinto elegante, de corpo médio e aveludado, feito na região da Rioja. Já a relação de licores e digestivos incluía um trio italiano: Amaretto di Saronno, Fernet Branca e Grappa Nonino.

Na década de 1990, o cardeal Bertone convidava o chefe e amigo para jantar em casa. Oferecia-lhe, entre outros pratos, *penne all'arrabbiata*, cujo molho combina a doçura do tomate fresco com o sabor picante do *peperoncino* (pimenta cumari). A sobremesa era *bavarese*, doce de consistência delicada e cremosa, à base de creme de leite, gemas, gelatina e chocolate ou purê de frutas. O então cardeal Ratzinger retribuía a acolhida, oferecendo carne de porco assada com batata cozida e chucrute; *tortellini* com abobrinha

e camarões; rabanada flambada com sorvete de *torrone*. Embora coma pouco, Bento XVI entende de comida, pois sua mãe foi cozinheira e, como cardeal, ele chegou a cozinhar por diletantismo. Ao suceder João Paulo II, mandou reformar a cozinha do Palácio Apostólico. Como as freiras polonesas que trabalhavam ali voltaram a Cracóvia de origem, o novo pontífice entregou o preparo de sua comida a um grupo de irmãs leigas filiadas à Associação Memores Domini (Comunhão e Libertação), chefiadas por Ingrid Salotto. A primeira ordem que receberam foi não abrir mão da simplicidade.

Tiramisú

Ingredientes

100 g de café em pó

150 ml de água

50 ml de conhaque

450 g de biscoito inglês ou champanhe

6 gemas

250 g de açúcar de confeiteiro

1 kg de mascarpone gelado

chocolate amargo em pó, para polvilhar

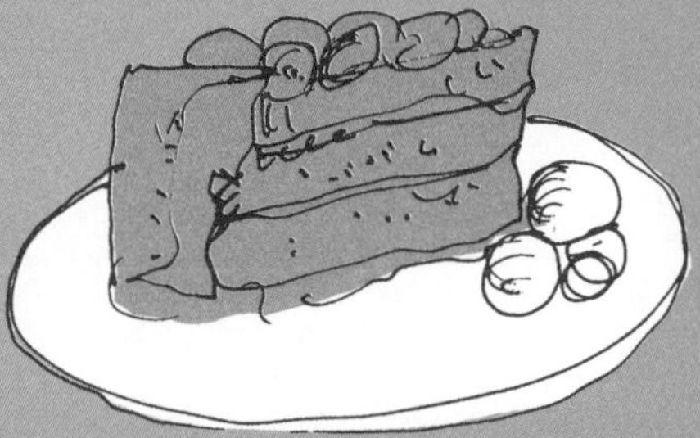

Preparo

Com o pó de café e a água, prepare um café bem forte. Junte o conhaque e os biscoitos, embebendo-os na mistura de café.

Bata bem as gemas com o açúcar de confeiteiro, até crescerem ficando claras e fofas.

Bata o *mascarpone* gelado na consistência de *chantilly*. Acrescente as gemas, misturando delicadamente.

Monte o *tiramisú* num recipiente refratário retangular, intercalando camadas de creme com camadas de biscoito. Comece e termine com camadas de creme.

Cubra com filme plástico e leve à geladeira por pelo menos 6 horas.

Sirva polvilhado com chocolate em pó.

Rendimento: 8 porções.